어원으로 읽는
214 부수한자

어원으로 읽는

214 부수한자

하영삼

도서출판 3
3 Publication

어원으로 읽는 **214부수한자**

저자 하영삼(河永三)
발행인 정혜정
디자인 김소연
펴낸곳 도서출판3

초 판 1쇄 발행 2015년 03월 01일
개정판 2쇄 발행 2022년 06월 30일

출판등록 2013년 7월 4일(제2020-000015호)
주소 부산광역시 금정구 중앙대로1929번길 48
전화 070-7737-6738
전자우편 3publication@gmail.com
팩스 051-751-6738

ISBN: 979-11-87746-33-1 (91710)

이 도서의 국립중앙도서관 출판예정도서목록(CIP)은 서지정보유통지원시스템 홈페이지(http://seoji.nl.go.kr)와 국가자료종합목록 구축시스템(http://kolis-net.nl.go.kr)에서 이용하실 수 있습니다. (CIP제어번호 : CIP2019035834)

머리말

이론적으로 계산하자면 한자의 수는 무한대로 늘어날 수 있다. 현실적으로도 지금까지 사용된 한자의 수만 해도 8만 여자가 넘는다. 물론 이는 지금껏 한번이라도 사용된 적이 있는 한자를 다 모은 숫자이다. 현실 생활에서 이들 한자가 다 쓰이는 것은 결코 아니고 약 2천5백자 정도가 상용한자라 할 수 있다. 중국에서도 이들 한자만 익히면 모든 출판물의 약 99%가 해독 가능하다는 통계도 나와 있다. 우리 교육부가 제정한 사용 1천8백자가 결코 적은 숫자가 아님을 알 수 있다. 중국 다음으로 한자를 많이 사용하는 일본에서도 2,136자를 사용한자로 지정하고 있다. 2010년 새로 제정된 것으로, 그전에는 1,945자를 상용한자로 지정했었다.

그럼 이 많은 한자는 개별적으로 존재하는가? 결코 그렇지 않다. 모든 한자를 의미를 가진 분해하면 더 이상 분리되지 않는 의미의 최소단위가 남게 되는데, 이를 '자소(字素)'라 부를 수 있다. 이러한 인식은 약 2천여 년 전 한나라 때의 위대한 한자학자 허신(許愼)에 의해서 구체화 된다. 100년에 만들어졌지만 지금까지도 최고의 한자 어원사전인 『설문해자(說文解字)』에서 처음으로 '부수(部首)'라는 개념이 제시되었다.

그는 『설문해자』에서 해설 대상으로 삼았던 9,353자를 형태적으로 분해하여 총 540개의 '자소(字素)'를 얻었다. 그리고 그것을 중심으로 글자들을 재분류하였으며, 이들의 해당 분류의 대표자로 설정하였다. 이것이 소위 말하는 '부수(部首)'이다. '부(部)'는 모든 한자를 '부류(部類)'로 나누어 그룹화하였다는 뜻이고, '수(首)'는 어떤 글자를 해당 그룹의 대표로 설정하였다는 뜻이다.

물론 지금의 처지에서 보면 그가 나누었던 540부수에 일부 오류도 있고, 분류를 달리 해야 한다고 하는 이견이 있기도 하다. 허신이 잘못 분류했는지, 전해지는 과정에서 일부 변화가 있는지는 알 수 없지만, 그가 창안했던 '부수'라는 개념은 이후 한자를 이해하는데, 한자를 그룹화 하는데, 한자 사전을 편찬하는데, 중요한 개념이 되었다. 이러한 부수는 한자의 형체 변화와 사용 환경의 변화로 여러 차례 조정을 거쳤다. 위진 때의 『옥편(玉篇)』에서는 542부수를 비롯해 이어지는 당나라와 송나라 때의 여러 한자사전을 통해 상당한 부수 조정이 이루어졌으며, 명나라 때의 『자휘(字彙)』에서 드디어 지금의 214개로 확정되었다. 소위 '214부수'가 그것이다. 이는 청나라 때 만들어졌던 최고의 사전 『강희자전(康熙字典)』에서 계속 사용함으로써 영향력을 발휘해 지금에까지 이르렀고, 가장 대표적인 부수체계로 자리 잡았다. 물론 1949년에 성립한 신 중국에서 '간화자'를 사용함으로써 거기에 맞는 부수체계가 필요하게 되었고, 214부수보다는 줄은 200개 안팎의 새로운 부수 체계 등이 논의되기도 했지만 효과는 미미하다.

　『설문해자』에서 분석대상으로 삼았던 한자가 '소전체'의 고대 한자였다면, 위진 때의 『옥편』 이후는 소위 '해서'체를 중심으로 한 현대 한자체계였다. 그래서 현대 한자를 이해하는 데는 214부수 체계가 가장 적격이다. 특히 중국과는 달리 간화되기 전의 정통 한자를 사용하고 있는 우리의 현실에서는 214부수 체계가 가장 적합하다. 따라서 '214부수'는 한자를 형태적으로, 의미적으로 이해하는 최적의 체계라 할 수 있다. 이 214개의 부수 글자만 잘 이해한다면 모든 한자의 기본 요소를 근본적으로 이해하는 것이 된다. 여기에다 이들 부수들이 어떻게, 어떤 규칙에 의해, 어떤 방식으로 결합해 더 복잡한 글자들을 만들어나가는 간단한 '규칙'만 이해한다면 한자에 대한 이해는 무한대로 확장될 수 있다.

　그 '규칙'이란 허신(許愼)이 말했던 것처럼, 총 6가지의 법칙, 즉 '육서(六書)'로 요약된다. 단독으로 구성되는 글자가 상형(象形), 여기에다 상징부호를 더해 의미를 구체화하고 강화한 것이 지사(指事), 의미와 의미로 결합한 것이 회의(會意), 의미요소와 독음요소의 형식으로 결합한 것이 형성(形聲)이다. 또 어떤 개념은 너무나 추상적이어서 표현할 방법이 없자 기존에 존재하는 다른 글자를 빌려와서 대신 표현하는 방식이 가차(假借)이다. 전주(轉注)에 대해서는 설이 분분하지만 글자를 만드는 방식이라기보다는 동일한 의미를 가진 다른 글자들, 즉 동의이형(同義異形) 한자를 지칭한다는 견해가 일반적이다. 214개의 자소(字素), 가장 기초적인 글자를 이해하고, 이를 기반으로 육서(六書)라는 이러한 방식의 구조적 법칙에 근거해 한자를 인식한다면, 그 이해는 가장 빠른 시간 내에 가장 체계적으로 거의 무한대로 확장해 나갈 수 있을 것이다. 이것이 이 책에서 한자의 근본적 이해를 위해 선택한 '214부수한자'의 의미이다.

그리고 하나 더, 한자는 알파벳 문자와는 달리 의미 중심의 문자체계이다. 그래서 한자를 이해하는 데 '의미'의 파악은 매우 중요하며, 무엇보다 우선시 되어야 한다. 게다가 한자는 발생에서부터 지금까지 구체적 형체를 통한 의미 전달이라는 근본적 속성 변화 없이 계속 이어져 온 문자체계이다. 그래서 한자의 이해에서 '어원'은 매우 중요하다.

예컨대, '대(大)'가 왜 '크다'는 뜻인지, 그것은 무엇을 그렸는지? 또 '복(卜)'이 왜 '점치다'는 뜻인지, 그것은 무엇을 그렸는지? 그리고 '문(文)'은 어떻게 해서 '문자'를 넘어서서 인문(人文)에서처럼 일체의 '정신적', '문화적' 행위를 지칭하게 되었는지? 이러한 것들을 이해하기 위해서는 해당 글자의 어원과 형체 변화 및 의미 확정과 변천 등을 이해해야 한다.

알다시피, 대(大)는 '사람의 정면 모습'을 그렸다. 지금의 자형에도 와 그 흔적은 그대로 남아 있다. 위로 나온 획은 머리를, 가로획은 두 팔을, 아래쪽의 두 획은 다리를 상징한다. 그래서 처음에는 '사람'을 지칭했다. 그러나 사람의 '측면' 모습을 그린 글자 인(人)과 비교해 볼 때 더 '커' 보이기에 '크다'는 뜻을 갖게 되었다. 그래서 '협(夾)'이나 '부(夫)'나 '이(夷)'에서처럼 대(大)가 들어가 의미부로 기능하는 글자는 '사람' 아니면 '크다'는 뜻을 가진다. 또 '태(太)'나 '태(汰)'에서처럼 소리부로 기능하면 '대'라는 발음을 나타낸다('대'와 '태'는 이전에는 같았으나 이후 차이가 생긴 것으로 추정된다). 하지만 발음을 나타낼 때에도 원래의 의미인 '사람'이라는 뜻을 가지는 경우가 많다.

또 복(卜)은 상나라 때 유행했던 거북점에 그 기원을 두고 있다. 거북딱지에다 가로 세로로 홈을 파서 그곳을 불로 지지고 그 때 홈을 따라 갈라지는 모양에 근거해 길흉을 점쳤는데, 그 갈라지는 모양을 그린 것이 복(卜)이다. 이를 보고 점괘를 해석하여 말(口)로 풀게 되면 그것이 '점괘를 해석하다'는 뜻의 점(占)이요, 조명 시설이 없던 옛날에 밤(夕)의 외출은 위험하여 출행 점을 친(卜) 다음 나갔다는 뜻에서 '바깥'이나 '외부'라는 뜻의 '외(外)'가 만들어졌다.

그런가 하면, 문(文)은 원래 시신에 낸 칼집에서부터 근원했는데, 영혼이 피를 타고 나와 육체로부터 분리될 수 있도록 한 '피 흘림'의 상징의식이다. 지금의 자형에서 칼집은 없어졌지만, 사람의 머리, 팔, 다리, 확대하여 그려진 가슴 부위 등은 그대로 남아 있다. 물론 고대 자형을 보면 훨씬 더 구체적이어서 한번 보기만 하면 알 수 있다. 시신에 낸 칼집으로부터 '무늬'라는 뜻이 나왔고, 다시 무늬를 교차시키듯 획을 교차시켜 만든 '글자'를 지칭하였고, '문자'는 물론 글자로 이루어지는 모든 인간행위까지 지칭하게 되었다. 그래서 문(文)은 출발부터 '영혼'과 관련 되었고, 그래서 정신적이며, 숭고하다는 의미 지향을 가진다. 이것이 바로 문(文)이 단순한 '무늬'를 넘어서 '인문'이라는 뜻을 가지는 이유이다.

이렇듯 한자는 의미 중심으로 이해해야 하고, 그 의미는 '어원'을 통하면 쉽게 '이해할' 수 있다. 한자를 외우는 문자가 아니라 이해하는 문자라고 주장하는 이유가 여기에 있다. 한자의 어원은 옛날로 올라가면 갈수록 원형에 가깝고 초기 단계의 뜻을 보존하고 있다. 이 때문에 한자의 어원 분석에서 고대한자 자료의 활용은 필수적이다. 그래서 이 책에서는 확보 가능한 고대 한자의 자형을 다 모아 실물 자형 그대로 제시해 참고가 되도록 했다. 물론 모든 한자의 어원이 다 밝혀진 것은 아니다. 학자에 따라 이견이 많은 글자도 있다. 이 책에서는 가능한 통용되는, 합리적인 추론이 가능한 학설을 채택하고자 노력하였다. 또 필자의 독창적인 견해와 연구 성과를 반영한 해설도 제법 있다. 좀 더 깊이 이해하고자 하는 독자들은 필자의 또 다른 저작 『한자어원사전』(도서출판3)을 참조하면 될 것이다.

또한 이러한 논증과 이해를 위해 일부 필요한 그림을 요소요소에 배치했다. 한자와 중국 문화를 연계해 이해하는데 도움이 될 것이다. 그리고 부수자를 중심으로 확장되는 글자들을 그룹으로 익힐 수 있도록 '한자 겨레표'를 첨부했다. 부수로 불리는 214개 한자의 어원을 우선 철저히 이해하고, 이들 글자로 구성된 한자 가족들을 그룹으로 이해하면 한자를 단시일에 1급 한자인 3천5백자까지도 효과적으로 장악해 나갈 수 있을 것이다. 나아가 해당 한자로 구성된 주요 어휘들을 제시해 놓았다. 해당 한자어들이 어떤 의미를 지니는지, 어원과 그에 반영된 문화 의식과 연계해서 이해한다면 한자어 학습에 큰 도움이 될 것이다.

바로 '어원'과 '부수한자', 그리고 '문화'라는 핵심 키워드에 근거하여 만들어진 것이 "어원으로 읽는 214부수한자"이다. 몇 년 전 초판본이 나왔을 때, 여러 상황의 제약으로 편집도 조약하고, 오자나 탈자도 제법 있었다. 그럼에도 독자들의 과분한 사랑을 받아 개정판을 내게 되었다. 그간의 오류도 잡고, 여러 도표도 새로 만들고 편집도 좀 더 정교하게 수정했다. 하지만 여전히 또 다른 오류와 탈자가 있을 것으로 생각한다. 독자 제현의 질정을 기다린다.

이 어설픈 작업이 한자 문화사는 물론 우리 문자생활에도 지대한 부분을 차지하는 '한자'를 체계적으로, 정확하게, 또 문화적으로 이해하는데 조그만 도움이 되길 빌어본다. 아울러 교정과 디자인에 도움을 준 여러 동료들과 독자들께 이 자리를 빌려 감사드린다.

2019년 9월
도고재(渡古齋)에서 하영삼 씀

차례 (부수)

차례(한어병음)

범 례

1. 대상자: 현행 옥편의 **214**부수 한자를 대상으로 삼았다.
2. 표제자: 다음의 순서로 나열되었다. ①대표 자형(한국 한자 자형 기준), ② 훈독(대표 훈독), ③간화자, ④이체자([   ] 속에 표시), ⑤한어 병음, ⑥부수 (한국 획수 기준), ⑦총획수(한국 획수 기준), ⑧한자 검정시험 급수표시 ("한국어문회" 기준)
3. 주요 자형: 해당 부수자의 대표 갑골문, 금문, 소전, 예서체를 시대 순으로 나열하여 자형의 변천을 이해하도록 하였다.
4. 자해(字解): ①육서, ②글자의 구조, ③원래 의미, ④파생 의미, ⑤현대 자 형으로의 변화 과정 등을 설명하였다.
5. 의미 해석의 특징: 한자 특성을 고려하여 형성 구조의 소리부를 가능한 의 미와 과학적으로 연계시키려 노력하였다.
6. 자형: 화동사범대학(**ECNU**) "중국문자연구와 응용센터" (**www.wenzi.cn**)에서 제공한 각종 출토 자형(갑골문甲骨文, 금문金文, 토기 문자陶文, 석각石刻 문자, 간독簡牘문자, 도장문자璽印文, 화폐貨幣문자, 백서帛書, 맹서盟誓, 한나라 죽간漢簡문자, 『설문해자說文解字』의 소전小篆체 등)이 망라되었다.
7. 단어: 해당 글자로 구성된 한자 단어를 제시하여 한자어 학습에 도움이 되 게 하였으며, 해당 한자로 시작되는 단어와 아닌 것을 구분하여 한글 독음 순으로 배열하였다.
8. 한자 겨레[漢字族] 표: 해당 부수로 구성된 주요 글자를 도표로 작성하여 제시함으로써 해당 글자군의 효과적 학습은 물론 시각적 효과를 도모하였 다. 해당 부수자가 아닌 것은 *로 구분해두었다.
9. 보충 그림: 해당 부수자의 이해를 돕고자 필요한 그림을 제시하였다.

몇 가지 설명

1. 갑골문(甲骨文): 상나라(특히 후반기인 은殷나라) 때의 문자로, 1899년 처음 발견되었으며, 현재까지 확인 가능한 가장 초기 단계의 체계적 한자이다. 갑(甲)은 거북딱지에 새긴 것을, 골(骨)은 동물 뼈(주로 소 어깻죽지 뼈)에 새긴 것을 말하며, 이를 합쳐서 '갑골문'이라 한다. 지금까지 약 15만 편이 발견되었으며, 개별 글자 수는 약 4,700여 자이다. 그중 해독된 글자는 1,800여 자인데, 해독된 글자 중 이견이 별로 없는 글자는 1,000여 자에 이른다.

2. 금문(金文): 청동기에 주조된 문자를 말하는데, 시기는 상나라 때부터 춘추 전국시대 때까지가 주를 이룬다. 그중에서도 서주 때의 금문이 가장 대표적이다. 옛날에는 '청동'을 금(金)이라 불렀기에, 거기에 주조된 글자를 '금문'이라 부르게 되었다. 金(쇠 금)은 원래 청동기물을 만드는 거푸집을 그린 글자이다.

3. 간독(簡牘)문자: 대나무에 쓴 죽간(竹簡)과 나무 조각판에 쓴 목독(木牘)을 합쳐 부른 말이며, 종이가 보편화하기 전 가장 많이 쓰였던 필사재료이다. 전국(戰國)시대 말기와 한나라 초기 때의 것이 많이 발견되었다. 특히 최근에는 장강(長江) 유역의 초(楚)나라 유물이 많이 발견되어 진시황의 문자 통일 과정에서 사라진 남방 지역 한자의 실상을 추측할 수 있게 해 주고 있다.

4. 백서(帛書): 비단에 쓴 글자를 말한다. 염색을 하지 않고 무늬를 넣지 않은 비단을 '백(帛)'이라 하고, 거기에 쓴 글자를 '백서'라 한다. 종이가 보편화하기 전 비단은 고급의 매우 유용한 필사재료였다. 1973년 말 호남성 장사(長沙) 마왕퇴(馬王堆)의 초기 한나라 무덤에서 발견된 것이 대표적이며, 진나라에서 한나라로 변해 가는 한자 모습을 확인할 수 있다.

5. 맹서(盟書): 나라나 제후 간에 서로 맹약을 맺고 그 내용을 기록한 것을 '맹서'라 하는데, 주로 옥이나 돌을 얇게 깎아 썼다. 산서성 후마(侯馬)에서 발견된 '후마 맹서'가 대표적인데, 전국(戰國) 시대 때의 지역적 특색을 살필 수 있는 자료가 된다.

6. 소전(小篆): 진시황이 천하를 통일하고 문자를 통일하는 과정에서 만들어진 표준 서체를 말한다. 통일 전 전국(戰國) 시대 때의 진나라 문자(대전大篆이라 부른다)를 기초로 다른 여러 나라들의 문자를 참조하여 표준화한 것으로 알려졌다. 이후 예서(隷書)를 거쳐 현대 한자로 이어졌다.

7. 예서(隷書): 한나라 때의 표준 서체로, 진나라 때의 통일 서체인 소전체를 구조나 필사법에서 간략하게 만든 서체로, 현대 한자의 초기 표준체가 되었다. 달리 팔분(八分)이나 분서(分書)라 부르기도 한다.

8. 해서(楷書): 한나라 말부터 등장하기 시작하여 위진 남북조시기를 거쳐 당나라 때에 완성되었는데, '해서'는 '표준(楷) 서체(書)'라는 뜻이다. 이후 중화인민공화국의 간화자(簡化字)가 나오기 전까지 대표적 한자로 쓰였다. 지금도 한국과 대만을 비롯한 일본 등지에서 사용되고 있다. 간화자와 대비하여 정자(正字), 혹은 번체자(繁體字)라 불리기도 한다.

9. 간화자(簡化字): 1949년 중화인민공화국에 의해 공식적으로 채택된 한자로, 기존 한자(해서楷書, 번체자)의 불편한 점으로 지적되었던 필획의 숫자를 조정하기 위해 줄여 쓴 한자를 말한다. 그러나 간화자의 출발이 한자를 알파벳으로 바꾸고자 한 과정에서 과도기적으로 출현하였고, 한자의 본질적 특성(의미 중심의 문자 체계)을 과소평가하고 지나치게 줄인 글자들도 있어 일정한 한계 점도 보인다. 1986년 이후 알파벳으로 가겠다는 한자 개혁 정책은 중지되었고 더 이상 간화화지 않는 선에서 타협하여 지금까지 이어지고 있다.

10. 『설문해자(說文解字)』: 서기 100년에 허신(許愼)에 의해 완성된 최초의 한자어원사전이다. 총 9,353자의 방대한 한자를 대상으로 이의 자형, 구조, 원래 뜻, 의미 파생과정, 독음 등을 밝혀 놓았다. 또 '부수'라는 개념을 처음 창안하여 540부수에 근거해 수록자를 분류했으며, '육서(六書)'(상형, 지사, 회의, 형성, 전주, 가차)에 근거해 한자 구조를 분석하였다. 이 때문에 허신은 한자학의 비조일 뿐 아니라 지금까지도 가장 뛰어난 한자학자로 칭송되며, 『설문해자』는 한자학의 바이블로 인정받고 있다.

11. 부수(部首): 한자를 의미 중심으로 분류할 때 해당 범주를 대표하는 글자를

말한다. 허신에 의해 처음 창안되었으며, 그의 『설문해자』에서는 **540**부수로 설정되었다. 이후 여러 차례 조정을 거쳐 명나라 때의 『자휘(字彙)』라는 사전에서 지금의 **214**부수로 확정되었다. 이후 『강희자전(康熙字典)』이 이를 채택하면서 대표적인 부수 체계로 자리 잡았고, 한국의 현행 옥편에서는 모두 이를 채택하고 있다.

12. 육서(六書): 한자의 구조를 여섯 가지로 분류한 것을 말한다. 허신의 『설문해자』의 정의에 의하면, 상형(象形)은 구체적인 물체를 그대로 그린 것이고, 지사(指事)는 추상적인 물상을 이미지화 한 것이며, 회의(會意)는 두 가지 이상의 개념(글자)을 합쳐서 새로운 의미를 그려낸 것을 말하고, 형성(形聲)은 한 부분은 의미를 다른 부분은 독음을 나타내는 것을 말한다고 한다. 가차(假借)는 해당 개념이 없어서 독음이 같은 글자를 빌려와 쓴 경우를 말하며, 전주(轉注)는 논란이 많지만 일반적으로 의미가 같은 다른 글자를 빌려와 쓴 경우를 말한다. 앞의 네 가지는 한자의 본질적 구조이지만, 전주와 가차는 한자의 운용에 관한 것으로 알려졌다. 그래서 이 책에서는 한자의 구조를 상형, 지사, 회의, 형성 등 네 가지로만 구분했다.

13. 소리부의 역할: 의미와 독음과 형체를 문자의 삼요소라 한다. 그래서 모든 문자는 특정한 형체 속에 의미와 독음을 가능한 완벽하게 담으려고 한다. 그러나 이 둘은 서로 모순적이어서 의미 정보가 강해지면 독음 정보가 약하고, 독음 정보가 강하면 의미 정보가 약해진다. 상형문자나 표의 문자는 그림에 가까워서 보면 그 의미를 알 수 있지만 독음을 표기하기 어렵다. 반대로 알파벳 문자는 독음은 쉽게 표현되나 의미를 담기가 어렵다. 예컨대, 한자에서 目(눈 목)은 눈을 그렸고, 目이 들어간 글자는 언제나 '눈'과 관련된 의미를 갖는다. 그러나 한글에서 '눈'은 한글 자모만 알면 쉽게 읽지만 그것이 왜 '눈'을 지칭하는지는 쉽게 알 수 없다. 영어의 'eye'도 마찬가지이다. 그렇다고 한자가 의미만 표현하는 것은 아니다. 한자의 **94**퍼센트 정도가 한쪽은 의미를 다른 한쪽은 독음을 함께 표시하는 '형성구조'인 것으로 알려졌다. 형성구조에서 의미를 표시하는 의미부(부수)는 당연히 의미와 관련 되었고, 독음을 표시하는 소리부는 독음을 표시하겠지만, 사실 자세히 살피면 소리부가 오히려 의미 결정에 매우 깊

게 관여하고 있음을 알 수 있다. 이 책에서는 특별히 소리부가 의미 결정에 관여하는 역할에 주목하여, 그러한 부분을 밝히려 노력했다.

어원으로 읽는

214 부수한자

001

一(한 일): yī, 一-0, 1, 80

字解 지사. 갑골문에서부터 가로획을 하나 그려 '하나'의 개념을 나타냈다. 一이 둘 모이면 二(두 이)요, 셋 모이면 三(석 삼)이 된다. 一은 숫자의 시작이다. 하지만, 한자에서의 一은 단순한 숫자의 개념을 넘어선 오묘한 철학적 개념을 가진다. 一은 인간의 인식체계로 분화시킬 수 없는 카오스(chaos)이자 분리될 수 없는 전체이다. 그래서 一은 하나이자 모두를 뜻하고, 만물을 낳는 道(도)이자, 우주 만물 전체를 의미하며, 劃一(획일)에서처럼 통일됨도 의미하는 숭고한 개념을 가진다.

字形 甲骨文 金文 古陶文 盟書 簡牘文 古幣文 古璽文 石刻古文 說文小篆 說文古文

●단어●

一家(일가)	一帶(일대)	一瀉千里(일사천리)
一家見(일가견)	一同(일동)	一色(일색)
一喝(일갈)	一等(일등)	一生(일생)
一介(일개)	一列(일렬)	一心(일심)
一舉(일거)	一律(일률)	一葉片舟(일엽편주)
一貫性(일관성)	一理(일리)	一元的(일원적)
一括(일괄)	一目瞭然(일목요연)	一字無識(일자무식)
一國(일국)	一般(일반)	一字千金(일자천금)
一年(일년)	一方(일방)	一長一短(일장일단)
一念(일념)	一罰百戒(일벌백계)	一場春夢(일장춘몽)
一旦(일단)	一部(일부)	一切(일절)

● 인면호(人面壺). 신석기 시대. 앙소(仰韶)문화. 서안 반파(半坡) 출토. 기원전 45~40세기. 호리병박에서 인류가 탄생했다는 신화를 형상적으로 보여준다.

一定(일정)	○	言行一致(언행일치)
一助(일조)	乾坤一擲(건곤일척)	唯一(유일)
一種(일종)	九死一生(구사일생)	第一(제일)
一周(일주)	群鷄一鶴(군계일학)	主客一體(주객일체)
一體(일체)	君師父一體(군사부일체)	進一步(진일보)
一寸光陰(일촌광음)	均一(균일)	滄海一粟(창해일속)
一致(일치)	南柯一夢(남가일몽)	千載一遇(천재일우)
一鍼(일침)	單一(단일)	千篇一律(천편일률)
一派(일파)	單一民族(단일민족)	天下一色(천하일색)
一片丹心(일편단심)	同一(동일)	初志一貫(초지일관)
一品(일품)	萬一(만일)	統一(통일)
一攫千金(일확천금)	物我一體(물아일체)	合一(합일)
一環(일환)	始終一貫(시종일관)	劃一(획일)
一喜一悲(일희일비)	十匙一飯(십시일반)	

001_1

壹(한 일): yī, 士-9, 12, 20

字解 형성. 소전체에서 壺(병 호)가 의미부고 吉(길할 길)이 소리부로 되었는데, 자형이 변해 지금처럼 되었다. 壺는 중국 고대신화에서 사람을 탄생할 수 있게 한 호리병박의 원형이고, 吉은 남성 생식기와 관련되어, 모든 만물을 생성해 내는 상징적 존재이다. 그래서 壹은 단순한 숫자 '하나'를 넘어서 만물 창조의 근원인 元氣(원기)는 물론 최고의 개념인 道(도)까지 뜻하는 심오한 글자다. 이후 호리병의 두루마리 발(卷足·권족)과 볼록한 몸통 부분이 豆(콩 두)로, 뚜껑이 士(선비 사)로 변해 지금의 자형이 되었다.

字形 壹 壹 壹 古陶文 壹 簡牘文 壹 說文小篆

002

丨 (뚫을 곤): gǔn, 丨-0, 1

字解 지사. 丨은 세로획으로, 『說文解字(설문해자)』의 해석처럼 "위아래로 관통한 것"을 말한다. 현대 한자에서 단독으로 쓰이는 경우는 없으나, 한자를 구성하는 중요한 획이어서 214부수의 하나로 확정되었다. 丨으로 구성된 글자들은 모두 '관통하다'는 뜻이 있다. 예컨대 中(가운데 중)은 어떤 지역에다 깃대를 꽂아 놓은 모습이고, 串(곶 곶·꿸 천)은 어떤 물건을 꼬챙이로 꿰어놓은 모습을 했다.

字形 丨 說文小篆

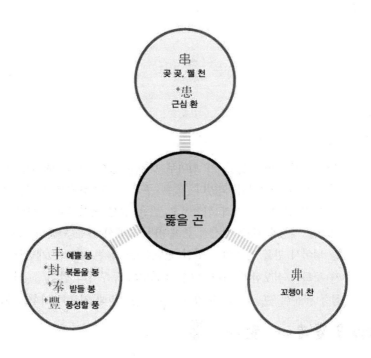

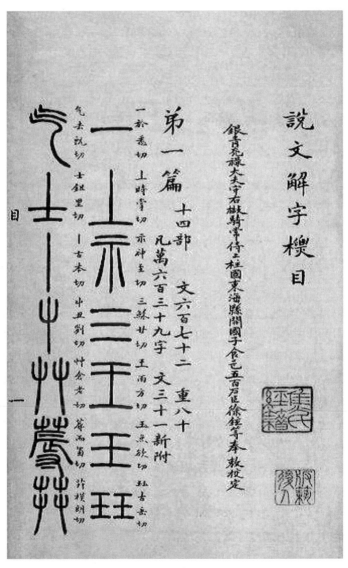

• 『설문해자(說文解字)』 부수표. 『설문해자』는 허신(許愼)에 의해 서기
100년에 완성된 최초의 한자어원사전이다. 총 9,353자를
540부수로 나누고 개별 글자의 어원과 구조를 밝혔다.

003

丶 (점 주): zhǔ, 丶-0, 1

字解   상형. 丶는 『설문해자』의 말처럼 "등잔 속의 불꽃 심지"를 그대로 그린 상형자이다. 하지만, 소전체에 들면서 의미를 더욱 명확하게 하고자, 아랫부분에다 등잔대와 등잔 받침을 그려 넣어 분화했는데, 그것이 지금의 主(주인 주)가 되었다. 『설문해자』의 다른 자형에서는 主의 아랫부분이 나무(木·목)로 이루어져 타오르는 횃불로 그리기도 했는데, 등잔이 등장하기 전 나무를 모아 불을 피우던 '횃불'을 그렸다. 등잔은 어둠을 밝히기 위한 존재이다. 어둠을 밝히려면 가장 중요한 것이 불빛을 내는 심지이다. 그래서 主에는 주위를 밝히는 중심이라는 뜻이, 다시 主人(주인)에서처럼 사람(人)에게서의 중심(主)이라는 의미가 생겼다. '노블레스 오블리제(noblesse oblige·높은 신분에 따른 도의상의 의무)'라는 말처럼, 主人은 모름지기 자신을 불태워 주위를 밝히는 등잔불처럼 언제나 주위를 위해 자신을 바치는 희생정신이 담보되어야 하는 사람이어야 한다는 뜻을 담고자 했는지도 모를 일이다. 主가 불꽃의 심지보다는 주인이라는 일반적인 의미로 더 자주 쓰이자, 원래의 뜻은 다시 火(불 화)를 더한 炷(심지 주)로 구분해 표현했다.

字形   ❘   說文小篆

主(주인 주): zhǔ, 丶-4, 5, 70

字解 상형. 등잔대와 등잔 받침과 불꽃 심지를 그렸는데, 그것이 등잔불의 핵심이라는 뜻에서 핵심, 주인, 주류 등의 뜻이 나왔으며, 이로부터 가장 중요한 것, 주장, 주의 등의 뜻도 나왔다. 이후 主가 '주인'이라는 뜻으로 자주 쓰이자, 원래 뜻은 다시 火(불 화)를 더한 炷(심지 주)로 구분해 표현했다.

字形 古陶文 簡牘文 說文小篆

●단어●

主客(주객)	主要(주요)	株主(주주)
主觀(주관)	主義(주의)	主體(주체)
主權(주권)	主人(주인)	天主(천주)
主導(주도)	主張(주장)	戶主(호주)
主犯(주범)	主從(주종)	主客一體(주객일체)
主席(주석)	○	主客顚倒(주객전도)
主食(주식)	盟主(맹주)	萬乘之主(만승지주)
主語(주어)	物主(물주)	無主空山(무주공산)
主役(주역)	民主(민주)	物各有主(물각유주)
主演(주연)	自主(자주)	

004

丿 (삐침 별): piě, 丿-0, 1

字解 지사. 오른편에서 왼편으로 삐치는 한자의 획을 말하는데, 단독으로 쓰이지 않으며, 한자를 구성하는 한 부분으로 『설문해자』에서부터 부수의 하나로 설정되었다.

字形 丿 說文小篆

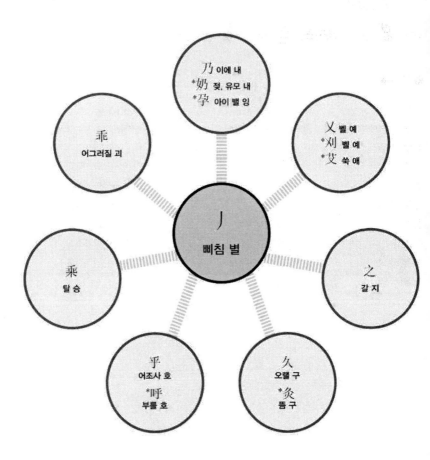

乃 이에 내
*奶 젖, 유모 내
*孕 아이 밸 잉

乂 벨 예
*刈 벨 예
*艾 쑥 애

乖 어그러질 괴

丿 삐침 별

之 갈 지

乘 탈 승

乎 어조사 호
*呼 부를 호

久 오랠 구
*灸 뜸 구

005

乙(새 을): yǐ, 乙-0, 1, 32

丿　丨　乚　乙

字解 상형. 자원에 대한 의견이 분분하다. 다소곳하게 고부라진 모습이 새를 닮았다고도 풀이하고, 『설문해자』에서처럼 "식물이 땅을 비집고 올라오는 모양을 그렸다"라고도 한다. 그런가 하면 적당하게 곡선을 이룬 흉골을 그려, 肊(흉골 억)의 원래 글자라고도 하는가 하면, 또 丙(남녘 병)이 물고기의 꼬리를 그렸다면 乙(새 을)은 물고기의 내장을 그렸다고 하기도 한다. 하지만, 어느 주장이 옳은지 확정하기 어렵다. 지금은 이미 원래의 의미로 쓰이지 않고, 간지자 혹은 순서를 나타내는 데 주로 사용되어 두 번째를 뜻한다.

字形 丿丨 甲骨文 乚乀乚乙 金文 丿丨乙乙乚丿 古陶文 乚乙 盟書 乙乚乚乙 簡牘文 乙丿 石刻古文 乙 說文小篆 說文或體

●단어●

乙巳條約(을사조약)

甲論乙駁(갑론을박)

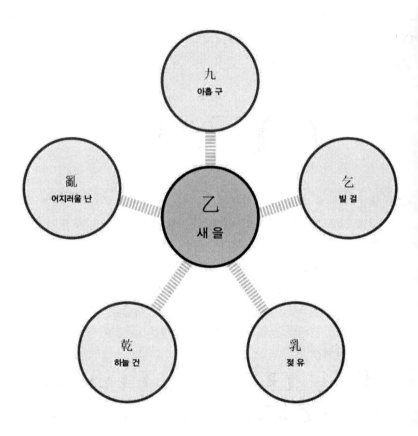

006

亅 (갈고리 궐): jué, 亅-0, 1

字解 상형. 『설문해자』에서는 '낚시 고리'를 말한다고 했는데, 소전체를 보면 낚싯바늘과 대단히 닮았으며, 이로부터 낚싯바늘 모양으로 생긴 '갈고리'를 지칭하게 되었을 것이다. 亅은 단독으로 사용되지 못하며, 해서체에서 了(마칠 료), 予(나 여) 事(일 사) 등과 같은 글자들을 한 곳으로 묶는 부수로 사용되었다. 현대 중국의 『辭海(사해)』나 『新華字典(신화자전)』 등에서는 亅부수를 폐기하였다.

字形 亅 說文小篆

釣鰲

『삼재도회(三才圖會)』(1601년)에 실린 조어도(釣魚圖). 릴낚시를 들고 자라를 낚는 어부의 모습이 그려졌다. 조지프 니덤의 연구에 의하면, 중국에서는 3세기에 이미 릴이 발명되었는데 서구보다 1400년이나 앞선 발명이라고 했다. 또 기원전 320년경의 『묵자』에 그 원형이 기록되었다고 했다.

007

二(두 이): èr, 二-0, 2, 80

字解 지사. 갑골문에서 一을 둘 포갠 것으로 '두 개'를 나타냈다. **1615**년 만들어진 『字彙(자휘)』에서부터 시작해 현대 옥편에서는 二를 따로 부수로 세웠지만, 一이 이미 부수로 설정된 상태에서 二를 독립된 부수로 세워야 하는지에 대해서는 의문이 남는다. 『설문해자』에서는 짝수를 말하며 '땅의 숫자' 즉 陰(음)의 숫자를 상징한다고 했다.

字形 ☰ ☰ 二 甲骨文　☰ 寺 金文　☰ 古陶文　☰ 盟書　二 簡牘文　二 帛書　二 說文小篆　弍 說文古文

●단어●

二分法(이분법)	二品(이품)	十二指腸(십이지장)
二酸化炭素(이산화탄소)	二律背反(이율배반)	唯一無二(유일무이)
二元論(이원론)	二人同心(이인동심)	一擧二得(일거이득)
二人稱(이인칭)	○	一口二言(일구이언)
二重(이중)	不事二君(불사이군)	一石二鳥(일석이조)
二次元(이차원)	身土不二(신토불이)	一人二役(일인이역)

007-01

貳(두 이): 贰, [弍], èr, 貝-5, 12, 20

字解 형성. 貝(조개 패)가 의미부고 弋(주살 익)이 소리부로, 조개(貝)가 양쪽으로 갈라져 대칭되듯 '둘'을 뜻한다. 二(두 이)의 갖은 자이며, 달리 二와 弋으로 구성된 弍로 쓰기도 한다.

字形 𧴪 弎 金文　𧴪 𧴪 簡牘文　貳 說文小篆

●단어●
貳臣(이신)
貳心(이심)

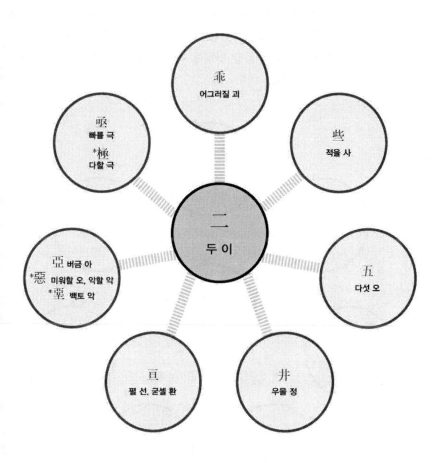

008

亠(두돼지해밑 두): tóu, 亠-0, 2

字解 미상. 亠는『설문해자』에서도 부수로 설정되지 않았지만, 명나라 때의 『字彙(자휘)』에서부터 부수로 설정되어 지금에까지 이르렀다. 하지만『자휘』에서도 독음은 頭(머리 두)와 같으나 뜻은 없다고 한 것으로 보아, 해서의 형체에 근거해 편의상 만들어 낸 부수로 보이며, 亠부수에 귀속된 글자도 많지 않다.

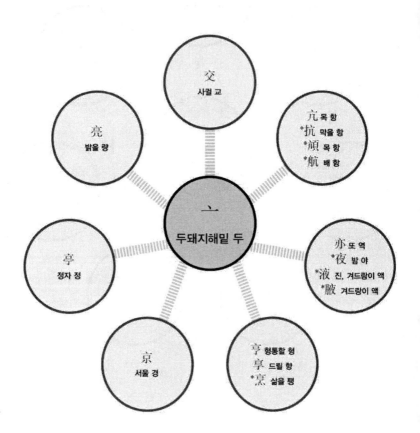

009

人(사람 인): rén, 人-0, 2, 80

彳　ㄱ　几　人

字解 상형. 『설문해자』에서는 "천지의 성정 중에 가장 귀한 존재"가 바로 사람이라고 하여 만물의 영장이 사람임을 선언했다. 갑골문에서는 서 있는 사람의 측면 모습을 그렸다. 人(사람 인)이 둘 모이면 从(따를 종, 從의 원래 글자), 셋 모이면 众(무리 중衆의 원래 글자)이 된다. 人은 먼저 사람 그 자체를 지칭하기도 하고, 이 때문에 인칭 대명사를 나타낼 때도 쓰여 일인칭의 余(나 여), 이인칭의 你(너 이, 爾의 파생자), 삼인칭의 他(그 타)와 伊(저 이)를 구성하기도 한다. 둘째, 企(꾀할 기)처럼 인간의 행위를 나타내며, 셋째 信(믿을 신)처럼 인간 행위의 규범성을 나타내기도 한다.

字形 甲骨文 金文 古陶文 盟書 簡牘文 說文篆文

●단어●

人傑(인걸)	人文(인문)	人心(인심)
人口(인구)	人物(인물)	人爲(인위)
人權(인권)	人事(인사)	人才(인재)
人道(인도)	人死留名(인사유명)	人情(인정)
人道主義(인도주의)	人生(인생)	人造(인조)
人力(인력)	人生無常(인생무상)	人質(인질)
人類(인류)	人生朝露(인생조로)	人體(인체)
人倫(인륜)	人選(인선)	人品(인품)
人命(인명)	人性(인성)	人形(인형)

人和(인화)

○

個人(개인)

巨人(거인)

敬天愛人(경천애인)

公人(공인)

老人(노인)

萬人之上(만인지상)

美人(미인)

美人薄命(미인박명)

法人(법인)

本人(본인)

殺人(살인)

三人成虎(삼인성호)

三人行必有我師(삼인행필
유아사)

聖人(성인)

聖人君子(성인군자)

聖人不仁(성인불인)

詩人(시인)

神人(신인)

眼下無人(안하무인)

愛人(애인)

戀人(연인)

偉人(위인)

絶世佳人(절세가인)

罪人(죄인)

證人(증인)

知人(지인)

天人共怒(천인공노)

寸鐵殺人(촌철살인)

他人(타인)

八方美人(팔방미인)

賢人(현인)

弘益人間(홍익인간)

膾炙人口(회자인구)

黑人(흑인)

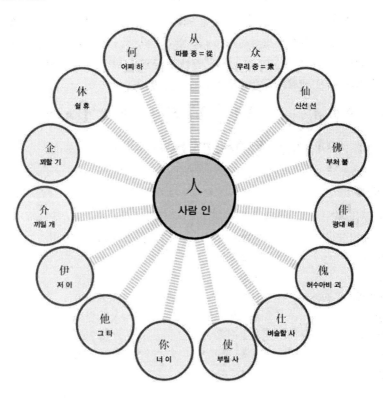

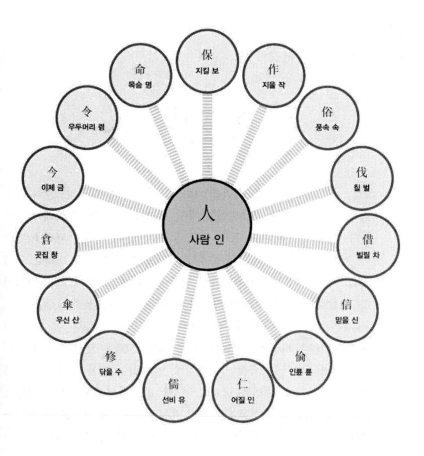

010

儿(사람 인): rén, 儿-0, 23

几　ㄱ　ﾉﾟ　儿

字解　상형. 儿은 원래 사람의 측면을 그린 人(사람 인)과 같은 글자였으나 이후 형체를 조금 바꾸어 분화되었고, 주로 합성자에서 글자의 아래쪽에 쓰였다. 그래서 儿은 人과 뜻이 같고 모두 '사람'과 의미적 관련을 맺는다. 예컨대, 元(으뜸 원)은 갑골문에서 사람의 측면 모습에 머리를 크게 키워 그렸고, 머리가 사람의 가장 위쪽에 자리함으로써 壯元(장원)에서처럼 '으뜸'이나 '처음'의 뜻이 생겼다. 이와 같은 자원을 가진 兀(우뚝할 올)도 같은 이치에서 '우뚝하다'는 뜻이 나왔다. 또 兄(맏 형)은 입(口구)을 벌리고 꿇어앉은 사람으로, 제단에서 축원하는 모습을 그렸고, 제사를 드려 축원하는 것은 장자의 몫이었기에 '형'이라는 뜻이 생겼다. 그런가 하면 允(진실로 윤)은 머리를 앞으로 구부린 모습에서 공손함과 진실함을 그렸으며, 充(찰 충)은 『설문해자』에서 儿과 育(낳을 육)의 생략된 모습이 결합한 구조로 사람이 태어나 '자라고' '充滿(충만)해 가는' 모습을 그렸다고 했다. 현대 중국에서는 兒(아이 아)의 간화자로도 쓰인다.

字形　ﾉﾟ 說文小篆

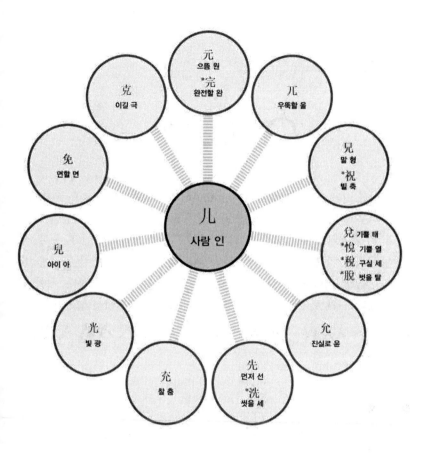

011

入(들 입): rù, 入-0, 2, 70

字解 상형. 자원에 대해서는 의견이 분분하다. 땅속에 박아 놓은 막대나 뾰족한 물건을 그렸다고들 하지만 금문을 보면 동굴 집으로 들어가는 굴의 입구라는 것이 자형과 실제 상황에 가장 근접해 보인다. 동굴 집은 황하 유역에서 초기 중국인들의 대표적인 거주 형태였기에 入에 出入(출입)에서처럼 동굴 집으로 '들어가다'의 뜻이, 다시 참가하다, 적합하다, 맞다 등의 뜻이 나왔다. 또 옛날 사성의 하나로 입성을 말하기도 한다.

字形 入入入入甲骨文 入入入入金文 入盟書 入入入入丈簡牘文 门 說文小篆

●단어●

入庫(입고)	入學(입학)	先入見(선입견)
入口(입구)	入港(입항)	收入(수입)
入金(입금)	○	輸入(수입)
入黨(입당)	加入(가입)	新入生(신입생)
入力(입력)	介入(개입)	迎入(영입)
入社(입사)	購入(구입)	漸入佳境(점입가경)
入賞(입상)	亂入(난입)	進入(진입)
入試(입시)	單刀直入(단도직입)	出入(출입)
入養(입양)	導入(도입)	投入(투입)
入院(입원)	搬入(반입)	編入(편입)
入住(입주)	本第入納(본제입납)	吸入(흡입)
入札(입찰)	挿入(삽입)	

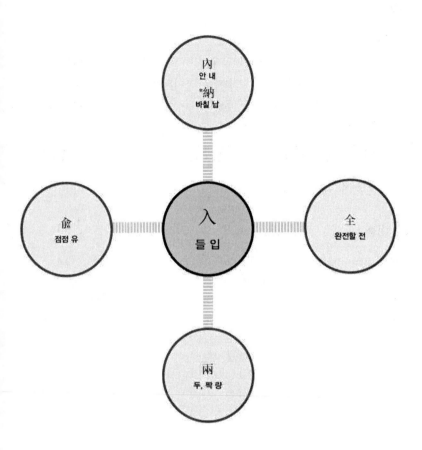

內
안 내
*納
바칠 납

俞
점점 유

入
들 입

全
완전할 전

兩
두, 짝 량

012

八(여덟 팔): bā, 八-0, 2, 80

字解 지사. 갑골문에서부터 어떤 물체가 두 쪽으로 대칭되게 나누어진 모습
이다. 지금은 '여덟'이라는 숫자로 쓰이지만, "나누다"는 뜻으로 풀이한
『설문해자』의 말처럼 어떤 물체가 두 쪽으로 대칭되게 나누어진 모습
을 그렸다는 것이 정설이다.

字形)八 八)(八)(八 甲骨文 八八 金文 八 乚) 古陶文)()(古幣文
八八八 簡牘文)(說文小篆

●단어●

八角(팔각)	八旬(팔순)	四柱八字(사주팔자)
八卦(팔괘)	八佾(팔일)	四通八達(사통팔달)
八達(팔달)	八日(팔일)	三八線(삼팔선)
八道(팔도)	八字(팔자)	十中八九(십중팔구)
八方(팔방)	七顚八起(칠전팔기)	二八靑春(이팔청춘)
八不出(팔불출)	百八煩惱(백팔번뇌)	八方美人(팔방미인)

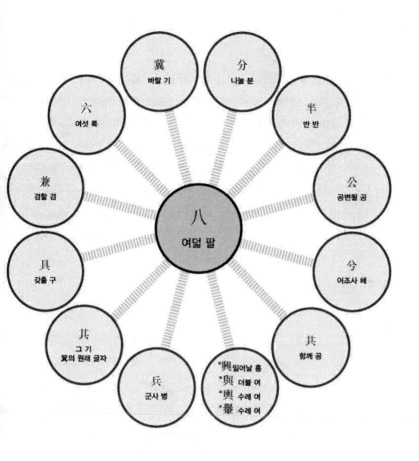

八
여덟 팔

冀
바랄 기

分
나눌 분

半
반 반

六
여섯 륙

公
공변될 공

兼
겸할 겸

兮
어조사 혜

具
갖출 구

其
그 기
冀의 원래 글자

共
함께 공

其
그 기
冀의 원래 글자

兵
군사 병

*興 일어날 흥
*與 더불 여
*輿 수레 여
*轝 수레 여

013

冂(먼데 경): jiōng, 冂-0, 2

字解 지사. 『설문해자』에서는 "邑(읍)의 바깥쪽을 郊(교)라 하고, 郊의 바깥을 野(야)라 하고, 野의 바깥을 林(임)이라 하고, 林의 바깥을 冂이라 한다."라고 했는데, 수도에서 멀리 떨어진 먼 곳을 冂이라 불렀다. 蔡信發(채신발)교수의 『辭典部首淺說(사전부수천설)』에서는 冂을 구성하는 가로획은 경계를, 양쪽의 대칭되는 두 획은 공간의 확장을 상징하며, 육서에서는 (독체)지사에 해당한다고 했다. 현대 한자자전에서는 冂부수에 冊(책 책) 冄(늘어질 염, 冉의 원래 글자) 再(두 번 재) 岡(빛날 경) 冒(가릴 모) 胄(투구 주) 冕(면류관 면) 등이 수록되었으나, 모두 자형의 유사성에 의해 귀속되었을 뿐 의미와는 전혀 관련이 없다.

字形 𦉑 說文小篆

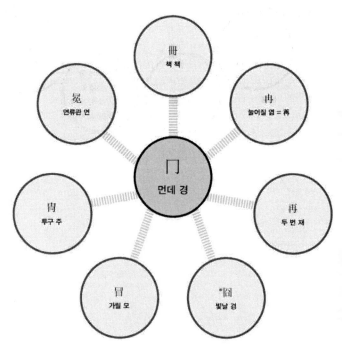

冖(덮을 멱): mì, 冖-0, 2

字解 상형. 『설문해자』에서는 "冖을 덮다(覆·복)는 뜻이다."라고 했다. 소전체를 보면, 수건 같은 것으로 어떤 물건을 덮었고 양쪽 끝이 축 늘어진 모습이어서 『설문해자』의 해설이 정확함을 보여 준다. 冃는 冖에 두 획이 더해져 어떤 물체를 덮고 있음을 형상화했다. 그래서 冖으로 구성된 글자들은 모두 '덮다'나 '덮개'와 의미적 연관을 가진다. 예컨대, 冠(갓 관)은 사람의 머리(元·원) 부분에 손(寸·촌)으로 '갓'을 씌워 주는 모습을 그렸고, 豖(덮어쓸 몽)은 돼지(豕·시)에다 풀이나 거적을 덮어 주는 모습이다. 또 冤(원통할 원)은 토끼(兔·토)가 덮개(冖)를 덮어쓴 모양으로, 재빠른 토끼가 제대로 운신하지 못하는 모습에서 '억울함'을 그렸다고 한다.

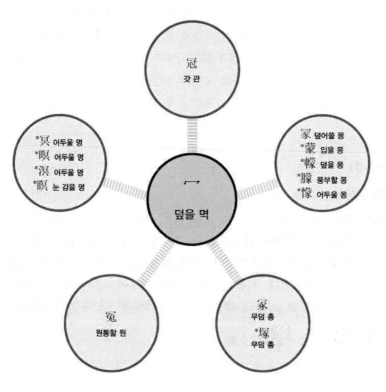

冫 (얼음 빙): bīng, 冫 -0, 2

字解 상형. 冫은 갑골문에서는 두 개의 얼음 덩어리를 그렸고, 금문에서는 얼음이 될 때 체적이 불어나 위로 부풀어 오른 모습을 형상화했다. 이후 얼음이 물에서 만들어짐을 강조하기 위해 다시 水(물 수)를 더해 冰(얼음 빙)이 되었고, 다시 氷으로 축약되었다. 물이 얼어 얼음이 되는 것, 즉 액체가 고체로 변하는 현상은 대단히 신비한 발견이었을 것이다. 그래서 이러한 변화를 표현할 글자가 필요했는데, 凝固(응고)에서의 凝(엉길 응)이 그것이다. 凝은 물인지 얼음(冫)인지 아직 의심(疑)이 가는 結氷(결빙)의 진행 단계를 말한 것으로 보인다. 이외에도 冫부수에 귀속된 冬(겨울 동) 冶(불릴 야) 冷(찰 냉) 凉(서늘할 량) 등은 모두 얼음과 관련되어 있다.

015-01

氷(얼음 빙): bīng, 水-1, 5

字解 형성. 水(물 수)가 의미부고 冫(얼음 빙)이 소리부로, 물(水)로부터 만들어진 얼음(冫)을 말했다. 갑골문에서는 두 개의 얼음 덩어리를 그렸고, 금문에서는 仌으로 적어 얼음이 될 때 체적이 불어나 위로 부풀어 오른 모습을 형상화했다. 이후 얼음이 물에서 만들어짐을 강조하기 위해 다시 水를 더해 冰(얼음 빙)이 되었고, 다시 축약되어 지금의 氷이 되었다.

字形 仌 金文 氷 說文小篆

●단어●

氷山(빙산) 　氷河(빙하) 　氷山一角(빙산일각)
氷魚(빙어) 　結氷(결빙) 　氷炭不相容(빙탄불상용)
氷板(빙판) 　解氷(해빙) 　渙然氷釋(환연빙석)

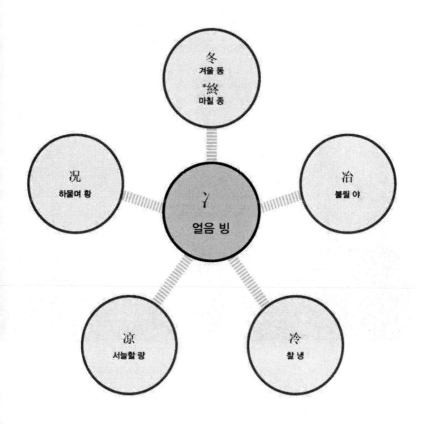

청나라 김곤(金昆) 등이 그린 빙희도(氷嬉圖)(부분). 수백 명의 무사들이
얼음을 지치는 모습이 장관이다. 북경 고궁박물원 소장.

016

几(안석 궤): jī, jǐ, 几-0, 2

字解 상형. 几는 앉아서 기댈 수 있도록 고안된 탁자를 그렸다. 이후 의미를 더 정확하게 하고자 木(나무 목)을 더한 机(책상 궤)로 분화했다. 그래서 凳(걸 상 등)은 올라가(凳 등) 걸터앉을 수 있는 등 없는 의자, 즉 스툴(stool)을 말한 다. 나머지, 几부수에 귀속된 다른 글자들은 사실 '案席(안석)'과는 전혀 관계없는 글자들이 많은데, 해서체의 형체가 유사해 같은 부수에 들게 되었거나, 소리부로 쓰인 글자들이다. 예컨대, 凡(무릇 범, 帆의 원래 글자)은 갑 골문에서 베로 만든 네모꼴의 '돛'을 그린 글자고, 凰(봉황새 황)은 배를 가 게 하는 장치인 돛을 뜻하는 凡이 의미부이고 皇이 소리부인 구조로, 암컷 봉새를 말하며, 凱(즐길 개)는 豈(어찌 기)가 의미부이고 뒷부분의 几가 소리부인 구조로, 豈는 원래 대 위에 올려놓고 옮겨 다닐 수 있도록 고안된 술 달린 북(鼓 주)을 그렸다. 현대 중국에서는 幾(기미 기)의 간화자 로도 쓰인다.

字形 几 說文小篆

●단어●

書几(서궤)

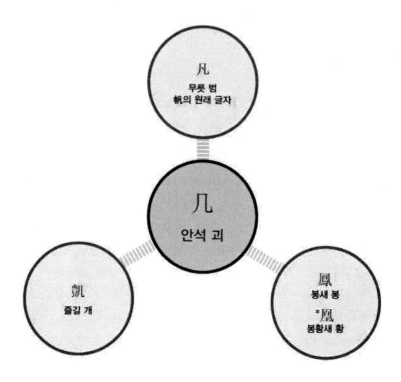

017

凵(입 벌릴 감): kǎn, 凵-0, 2

字解 상형. 凵은 소전체에서부터 등장하는데, 땅을 파 만든 구덩이의 모습을 그렸다. 고대 사회에서 구덩이는 동물, 특히 덩치가 큰 동물을 잡는 대단히 유효한 장치의 하나였다. 갑골문의 기록에 의하면, 함정을 파서 잡은 짐승으로는 주로 돼지(豕·시) 곰(熊·웅) 사슴(鹿·록) 사불상(麋·미) 호랑이(虎·호) 무소(兕·시) 등이 있으며, 후대의 문헌 기록에 의하면 코끼리(象·상)도 잡았다고 한다. 이러한 방법으로 잡은 짐승의 양도 많아 한 번은 사불상 7백 마리를 잡은 적도 있고, 또 사슴과 사불상을 합해 2백9마리를 잡은 적도 있다고 기록되어 있다. 현대 한자에서 出(날 출)은 부수를 알아보기가 매우 어려운 글자의 하나인데, 갑골문에서는 반 지하 식으로 파서 만든 움집(凵)과 발(止·지, 趾의 원래 글자)을 그려, 집(凵)으로부터 나가는 동작을 그린 글자이다. 그리고 凹(오목할 요)는 움푹 들어간 모습을 사실적으로 그려, 볼록 튀어나온 모습을 그린 凸(볼록할 철)과 대칭을 이루며, 坬(흙덩이 괴)는 구덩이(凵)를 파면서 덜어낸 흙(土·토) 덩이를 말한다. 그런가 하면 函(함함)과 凶(흉할 흉)은 凵과 의미적 연관을 하지 않은 글자들인데, 형체의 유사성 때문에 凵부수에 들었다.

字形  說文小篆

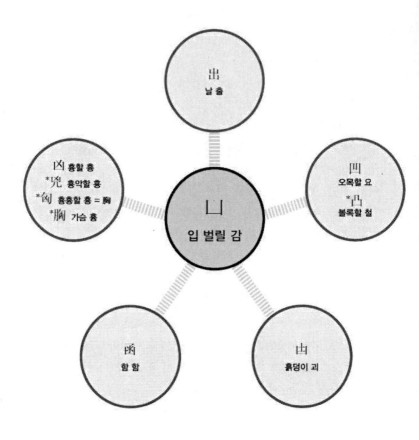

018

刀(칼 도): dāo, 刀-0, 2, 32

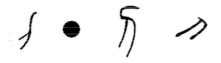

字解 상형. 칼의 모습을 그렸는데 자형이 조금 변해 지금처럼 되었다. 칼은 물건을 자르거나 약속부호를 새기던 도구였다. 또 적을 찌르는 무기였 기에 '무기'를 지칭하기도 했고, 옛날의 돈이 칼처럼 생겼다고 해서 돈 (刀錢도전)을 뜻하기도 했다. 이후 칼같이 생긴 것의 통칭이 되었으며, 또 종이를 헤아리는 단위로도 쓰여 100장을 지칭했다.

字形 ﾉﾉ 甲骨文 ﾉ 古陶文 ﾉﾉ 簡牘文 刀 說文小篆

●단어●

刀劍(도검)

果刀(과도)

短刀(단도)

寶刀(보도)

單刀直入(단도직입)

一刀兩斷(일도양단)

快刀亂麻(쾌도난마)

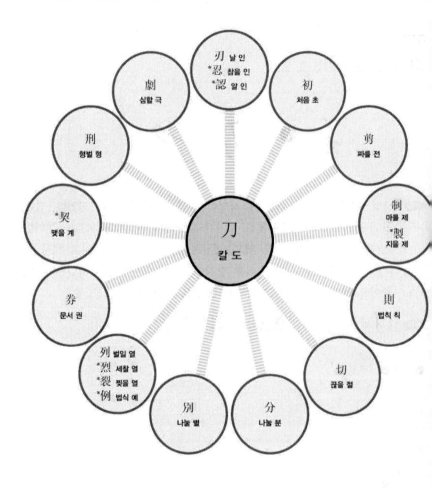

刀 칼 도

刃 날 인
*忍 참을 인
*認 알 인

初 처음 초

剪 짜를 전

制 마를 제
*製 지을 제

則 법칙 칙

切 끊을 절

分 나눌 분

別 나눌 별

列 벌일 열
*烈 세찰 열
*裂 찢을 열
*例 법식 예

券 문서 권

*契 맺을 계

刑 형벌 형

劇 심할 극

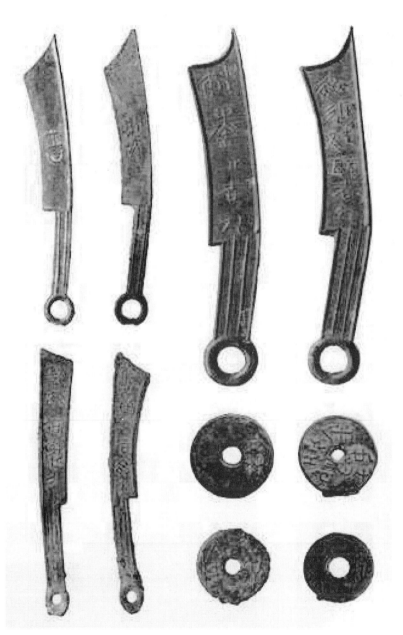

전국(戰國) 시대 칼 모양의 화폐(刀幣·도폐)와 엽전 모양의 화폐(錢幣·전폐)

019

力(힘 력): lì, 力-0, 2, 70

상형. 갑골문에서 쟁기를 그렸다. 동물이 쟁기를 끌기 전 사람이 쟁기
를 직접 끌었기에 '體力(체력)'이나 '힘'의 뜻이, 다시 능력이나 위력, 나
아가 힘으로 제압한다는 의미까지 생겼다.

字形 甲骨文 金文 古陶文 簡牘文 古璽文 石刻古文 說文小篆

●단어●

勸力(권력)

努力(노력)

能力(능력)

魅力(매력)

武力(무력)

勢力(세력)

實力(실력)

壓力(압력)

不可抗力(불가항력)

力拔山氣蓋世(역발산기개세)

全心全力(전심전력)

납서(納西)문자. 중국 운남성 서북쪽에 사는 납서족 문자에서의 '경작하다'는 뜻으로 한자의 耕(밭갈 경)에 해당한다. 사람이 쟁기를 들었거나 소가 쟁기를 끄는 모습, 쟁기로 땅을 파는 모습이 사실적으로 그려졌다.

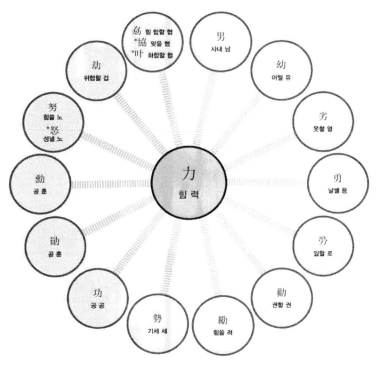

020

勹(쌀 포): bāo, 勹-0, 2

字解 상형. 勹를 『설문해자』에서는 단순히 '싸다'는 뜻이라고 했지만, 자형을 자세히 살피면 배가 불룩한 사람의 측면 모습을 그려, 태아를 싼 모습을 그렸다. 이로부터 '(둘러) 싸다'나 둘러싸여 '둥그런' 모습을 말하게 되었다. 예컨대 包(쌀 포)는 아직 팔이 생기지 않은 아이(巳·사)가 뱃속에서 어미의 몸에 둘러싸인 모습이다. 또 勻(고를 균)은 원래 손(又·우)과 두 점(二)으로 이루어졌는데, 두 점은 동등함을 상징하고 두 손은 그것을 균등하게 나눈다는 뜻이었는데, 이후 손(又)이 勹로 변해 지금의 勻이 되었다. 그런가 하면, 勺(구기 작)은 갑골문에서 국자를 그렸으며, 굽어진 국자 속에 어떤 물체가 들어 있음을 상징적으로 표현한 글자이다.

字形 𠣌 說文小篆

020_01

包(쌀 포): bāo, 勹-3, 5, 42

字解 형성. 巳(여섯째 지지 사)가 의미부고 勹(쌀 포)가 소리부로, 아직 팔이 생기지 않은 아이(巳·사)가 뱃속에서 어미의 몸에 둘러싸여 진 모습이다. 包가 일반적인 의미로 쓰이자 원래 뜻은 肉(고기 육)을 더한 胞(태보 포)로 만들어 분화했다.

字形 𠣬 𠣬 簡牘文 𠣌 說文小篆

●단어●

包括(포괄)　　　　包圍(포위)　　　　內包(내포)
包袋(포대)　　　　包有(포유)　　　　小包(소포)
包攝(포섭)　　　　包裝(포장)
包容(포용)　　　　包含(포함)

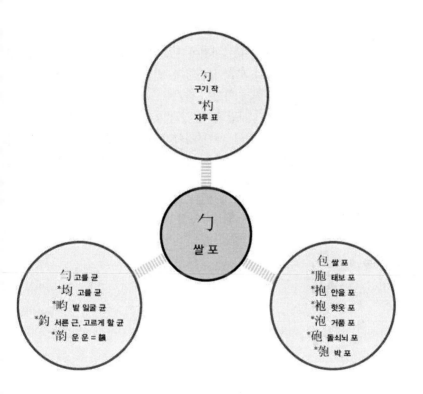

勺
구기 작

*杓
자루 표

勹
쌀 포

勻 고를 균
*均 고를 균
*畇 밭 일굴 균
*鈞 서른 근, 고르게 할 균
*韵 운운 = 韻

包 쌀 포
*胞 태보 포
*抱 안을 포
*袍 핫옷 포
*泡 거품 포
*砲 돌쇠뇌 포
*匏 박 포

021

匕(비수 비): bǐ, 匕-0, 2, 10

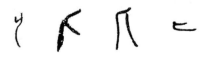

字解 상형. 匕의 자원에 대해서는 의견이 분분하다. 갑골문을 보면 손을 앞으로 모으고 선 사람의 모습이 분명해 보인다. 그러나 '숟가락'의 뜻으로 쓰였고, 예서에 오면서 자형도 숟가락을 닮았다. 이 때문에 匕로 구성된 글자들은 대체로 '사람'과 '숟가락'의 두 가지 의미로 나뉜다. 匕首(비수)에서처럼 숟가락처럼 생긴 길이가 짧고 작은 칼을 의미하는데, 그렇게 되자 원래의 뜻은 의미를 더 구체화하기 위해 소리부 是(이 시)를 더한 匙(숟가락 시)로 구분해 사용했다.

字形 ⺷⺷⺮ 甲骨文 ⺄⺅ 金文 ⺲ 簡牘文 ⺆ 說文小篆

●단어●

匕首(비수)

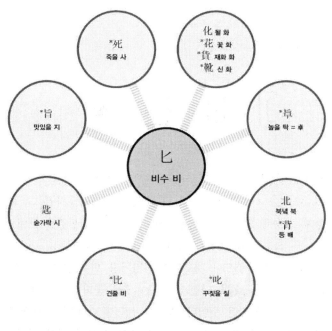

*死
죽을 사

化 될 화
*花 꽃 화
*貨 재화 화
*靴 신 화

*旨
맛있을 지

*卓
높을 탁 = 卓

匕
비수 비

匙
숟가락 시

北
북녘 북
*背
등 배

*比
견줄 비

*叱
꾸짖을 질

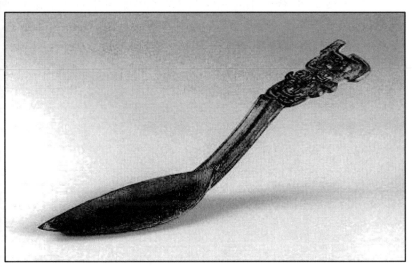

• 용무늬를 새긴 청동 숟가락(雕龍紋靑銅匕). 길이 26센티미터. 서주 초기. 기원전 11~10세기.

022

匚(상자 방): fāng, 匚-0, 2

字解 상형. 匚은 물건을 넣어둘 수 있는 네모꼴의 상자를 그렸으며, 이로부터 '상자'를 지칭하게 되었다. 예컨대, 匠(장인 장)은 자귀(斤·근) 같은 연장을 상자(匚) 속에 넣어 둔 모습을 그려 그것이 공구함임을 보여준다. 또 匣(갑 갑)은 작고 덮개를 갖춘 상자를 말한다. 그리고 匡(바물 광)은 그릇을 담는 대그릇을 말했으나 네모꼴의 상자처럼 '반듯하다'는 뜻을 갖게 되었고, 그러자 竹(대 죽)을 더한 筐(광주리 광)으로 분화했으며, 木(나무 목)이 더해진 框(문테 광)도 같은 뜻이다. 匪(대상자 비)도 筐과 비슷한 대상자를 말했으나, 匪賊(비적)과 같이 非(아닐 비)의 뜻으로 쓰이게 되자 다시 竹을 더해 篚로 분화했다. 그런가 하면, 匱(함 궤)를 구성하는 貴(귀할 귀)는 원래 두 손으로 삼태기를 이용해 흙을 들어내는 모습이며, 이로부터 '남겨두다', '귀한 것' 등의 뜻이 생긴 글자이다. 이에 비해, 匜(돌 잡)과 匜(주전자 이)는 '상자'와는 별 관계가 없는 글자들이다.

字形 匚 說文小篆

• 나전(螺鈿)으로 상감한 다층 칠합(漆盒). 높이 27.4센티미터. 명(明)나라, 15~16세기.

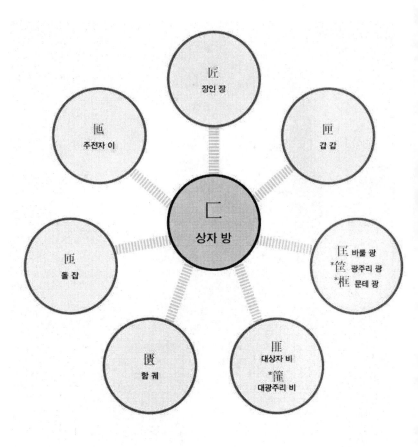

023

匸(감출 혜): xǐ, 匸-0, 2

字解 상형. 匸도 匚(상자 방)과 마찬가지로 어떤 물건을 넣어둘 수 있는 상자를 그렸고, 이로부터 '넣어두다', '감추다' 등의 뜻이 나왔다. 匸와 匚은 匸이 각진 획으로 그려졌다는 것을 제외하면 별다른 의미적, 형태적 차이를 갖지 않는다. 그래서 현대 중국의 많은 한자사전에서는 구분 없이 통합해 쓰고 있다. 匸부수에 귀속된 글자를 보면, 區(지경 구)가 대표적인데, 이는 많은 물품(品품)들이 상자(匸) 속에 든 모습으로부터, '물건을 감추다'는 뜻을 그렸고, 이로부터 물건을 감추어 두는 곳이라는 뜻이, 다시 어떤 일정한 區域(구역)이라는 뜻이 나왔다. 또 医(동개 예)는 활과 화살을 꽂아 넣어 등에 짊어지도록 한 筒介(통개)를 말하는데, 흔히 가죽을 사용하여 활은 반만 들어가고 화살은 아랫부분만 들어가게 한다. 나머지 匿(숨을 닉)은 若(같을 약)이 소리부로, 상자(匸) 속에 '숨기다'는 뜻이다. 하지만 匹(필 필)은 상자와는 관련이 없으며, 주름이 여러 갈래로 진 '베'의 모습을 그린 상형자이다. 그래서 '베'가 원래 뜻이고, 베를 헤아리는 단위로 쓰였다.

字形 匚 說文小篆

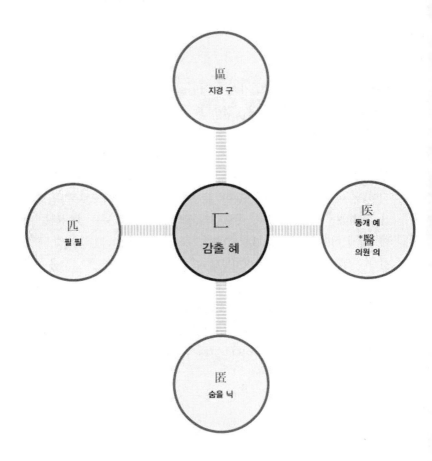

024

十(열 십): shí, 十-0, 2, 80

字解 지사. 원래 문자가 없던 시절 새끼 매듭을 묶어 '열 개'라는 숫자를 나타내던 약속 부호였는데, 문자로 정착된 글자이다. 갑골문에서는 단순히 세로획으로 나타났지만, 금문에서는 중간에 지어진 매듭이 잘 표현되었다. 이후 소전체에 들면서부터 매듭이 가로획으로 변해 지금처럼되었다. 十(열 십)이 둘 모이면 卄(스물 입) 셋 모이면 卅(서른 삽) 넷 보이면 卌 (마흔 십) 등이 된다. 十은 『설문해자』에서 말한 것처럼 十은 "숫자가 다 갖추어짐"을 뜻한다. 그래서 十美十全(십미십전)은 모든 것이 완벽하게 다 갖추어졌다는 뜻이다. 여기서부터 '많다'는 뜻도 가지게 되었다.

字形 甲骨文 金文 十古陶文 簡牘文 十 說文小篆

●단어●

十干(십간)	十伐之木(십벌지목)	聞一知十(문일지십)
十萬(십만)	十匙一飯(십시일반)	三十六計(삼십육계)
十二支(십이지)	十中八九(십중팔구)	數十(수십)
十一租(십일조)	○	五十步百步(오십보백보)
十字架(십자가)	孔門十哲(공문십철)	赤十字(적십자)
十長生(십장생)	權不十年(권불십년)	

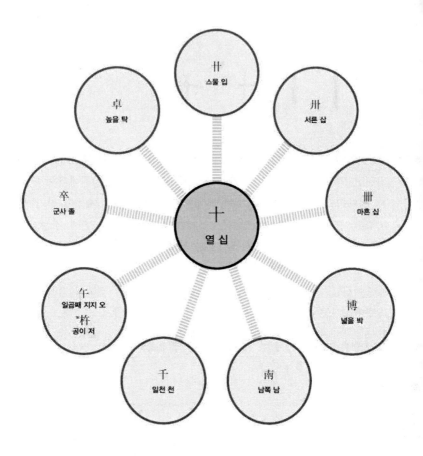

025

卜(점 복): bǔ, 卜-0, 2, 30

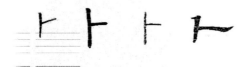

字解 상형. 거북딱지를 불로 지져 갈라진 모양을 사실적으로 그렸다. 상나라 때에는 거북딱지에 홈을 파고 거기를 불로 지져 갈라지는 모습으로 길흉을 점치던 거북점이 유행했는데, 그 갈라진 모습이 卜이다. 이로부터 '점치다', 예측하다는 뜻이 나왔고, 갈라지는 금은 단단한 거북 딱지의 특성 때문에 직선으로 곧게 나타나기에 '곧다'는 의미도 생겼다. 현대 중국에서는 蔔(무 복)의 간화자로도 쓰인다.

字形 卜 Ͻ Ͻ ⺁ 甲骨文 ⺊⺊ 金文 ⺊ 古陶文 ⺊ 盟書 ⺊⺊ 簡牘文 ⺊ 石刻古文 ⺊ 說文小篆 ⺁ 說文古文

●단어●

卜債(복채)

卜辭(복사)

占卜(점복)

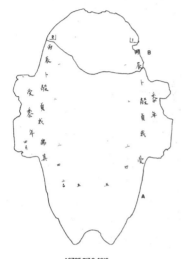

A6725 B3.0.4016

八　6725+13.0.4016
13.0.14107+13.0.4016

九　6726+13O.4016 反
13.0.14107+13.0.4016 反

◀ 점복에 사용된
거북딱지.
배딱지에다 글을
새겼고(위),
안쪽에는 불로
지질 수 있는
홈을 팠다(아래).
얇게 파진 홈을
불로 지지면
뒷면이 卜(점복)자
모양으로
갈라지는데, 이를
보고 길흉을
점쳤다.

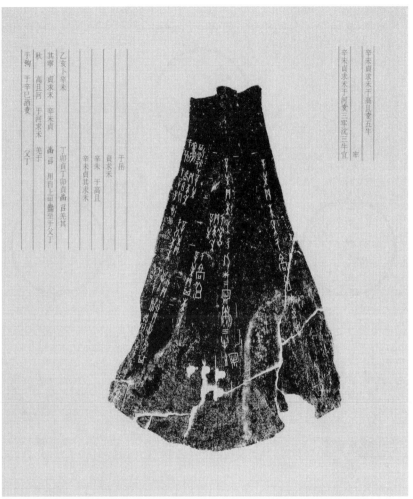

辛未貞求禾于高且夒五牛
宰

辛未貞求禾于河夒三牛沈三牛宜

于岳
貞求禾
辛末 于高且
辛未貞其求禾

乙亥卜辛未
其寧 貞求禾 辛未貞 酓昌 甲申上甲戠至于父丁
高且河 于高求禾 羌于
丁卯貞丁卯貞酓昌 酓羌其

秋
于狗 壬辛巳酒夒
壬辛巳酒夒 父丁

• 소 어깻죽지 뼈에 새겨진 갑골문. 조상과 산신에게 평안함을 빌었 던 내용이다. 거북딱지에 새긴 것을 甲(갑), 동물 뼈에 새긴 것을 骨 (골)이라 하고, 이를 합쳐 甲骨文(갑골문)이라 한다.

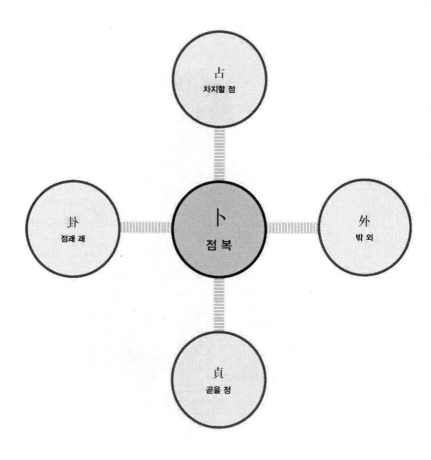

占
차지할 점

卜
점 복

卦
점괘 괘

外
밖 외

貞
곧을 정

卩(병부 절): [㔾], jié, 卩-0, 2

厃 ● 卩 丁

字解 상형. 卩(㔾)은 갑골문에서 꿇어앉은 사람의 모습이다. 예컨대 印(도장 인)은 손(爪·조)으로 꿇어앉은 사람을 눌러 굴복시키는 모습을 그렸다. 도장은 손으로 눌러 찍기도 하고 그 자체가 사람을 복종시키는 권력의 상징이기도 하다. 그래서 印에 도장의 뜻이, 초기의 印刷(인쇄)가 도장처럼 눌러 이루어졌기에 '찍다'는 뜻도 생겼다. 또 卽(곧 즉)은 밥이 소복하게 담긴 그릇(皀·간) 앞에 앉은 사람(卩)을 그려 '곧' 식사하려는 모습을 그렸다. 여기에 식사를 '끝내고' 머리를 뒤로 홱 돌린 모습이 旣(이미 기)이며, 식기를 중앙에 두고 마주 앉은 모습이 卿(벼슬 경)이다. 그런가 하면 卬(나 앙)은 앉은 사람(卩)이 선 사람(人·인)을 '올려다' 보는 모습이며, 卻(却·물리칠 각)은 谷(웃을 각)이 소리부이고 卩이 의미부로, '물리치다'가 원래 뜻이고, 이후 '물러나다'는 의미가 생겼다. 이외에도 令(영 령)은 모자를 쓰고 앉은 사람의 모습을 하였는데, 지금은 人부수에 귀속되었고, 邑(고을 읍)도 성을 그린 囗(나라 국)과 앉은 사람의 卩로 구성되어, 사람이 살 수 있는 성 그곳이 바로 고을임을 그린 글자이다.

字形 卩 說文小篆

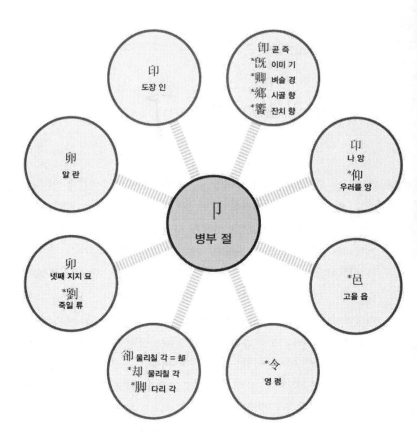

印 도장 인

卽 곧 즉
*旣 이미 기
*卿 벼슬 경
*鄕 시골 향
*饗 잔치 향

卵 알 란

卬 나 앙
*仰 우러를 앙

卩 병부 절

*邑 고을 읍

卯 넷째 지지 묘
*劉 죽일 류

*令 영 령

御 물리칠 각 = 却
*却 물리칠 각
*脚 다리 각

027

厂(기슭 엄): [厈], ān, 厂-0, 2

字解 상형. 厂은 갑골문에서 깎아지른 바위 언덕을 그렸는데, 여기에 돌덩이
가 더해지면 石(돌 석)이 된다. 금문과 『설문해자』의 주문체에서는 소리
부인 干(방패 간)을 더해 厈(굴 바위 집 엄)으로 쓰기도 했는데, 이는 이후 山(뫼
산)을 더한 岸(언덕 안)으로 분화했다. 깎아지른 바위언덕은 초기 인류의
훌륭한 거주지였는데, 이 때문에 『설문해자』에서 厂을 "사람이 살 수
있는 바위 언덕"이라 풀이했다. 그래서 厂은 바위나 돌, 깎아지른 절벽,
집 등을 뜻한다. 예컨대 厓(언덕 애)는 厂과 圭(홀 규)의 결합으로 깎아지른
'높은 언덕'을 말하고, 原(근원 원)은 깎아지른 언덕(厂)에서 물이 흘러나오
는 모습(泉·천)을 그려 샘물의 '근원'을 말했는데, 이후 水(물 수)를 더하여
源(근원 원)으로 분화했다. 또 厚(두터울 후)는 厂과 昦(두터울 후)로 구성되어, 산
(厂)처럼 두터움(昦)을 말한다.

字形 厂 說文小篆 厈 說文籒文

028

ㅿ(사사 사): sī, ㅿ-0, 2

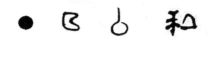

字解 지사. 한자의 어원 해석 대상이 되었던 최초의 글자 중의 하나로, 『설문해자』 이전 『韓非子(한비자)』에서 "창힐이 글자를 만들 때, 스스로 테두리를 지우는 것을 사사로움(私사, ㅿ의 분화자)이라 하고, 사사로움에 반대되는 것이 公(공변될 공)이다."라고 풀이했다. ㅿ는 갑골문에서는 아직 보이지 않고, 『설문해자』에서는 테두리가 지어진 모습을 그렸다. 하지만, 여기서 파생한 公은 이미 갑골문에 등장하여 八(여덟 팔)과 ㅿ로 구성되었는데, 사사로움(ㅿ)을 없애 우리와 남, 안과 밖의 경계를 허문다(八)는 뜻을 담았다.

字形 ㅎ 說文小篆

028-01

私(사사로울 사): sī, 禾-2, 7, 40

字解 형성. 禾(벼 화)가 의미부고 ㅿ(사사 사)가 소리부로, 곡물(禾)을 자신(ㅿ)의 것으로 만든다는 뜻으로부터 '私私(사사)로움'을 그렸고, 이로부터 이기적인, 비공개적인, 비밀스런 등의 뜻이 나왔다. 또 자신을 낮추어 부르는 말로도 쓰였다. 원래는 ㅿ로 써, 울타리를 지워 타자와 자신을 구분짓다는 뜻에서 '사사로움'의 의미를 그렸고, 이후 재산의 대표인 곡물(禾)을 더해 私를 만들었다.

字形 ㅊ古陶文 ㅇㅇ ㅊ0 ㅊ0 ㅊ0簡牘文 ㅇ ㅇ ㅇ ㅇ古璽文 ㅊ 說文小篆

●단어●

私立(사립)　　　　私債(사채)　　　　　　滅私奉公(멸사봉공)

私心(사심)　　　　私利私慾(사리사욕)　　先公後私(선공후사)

私有(사유)　　　　公私(공사)　　　　　　鐵面無私(철면무사)

私財(사재)　　　　無私(무사)

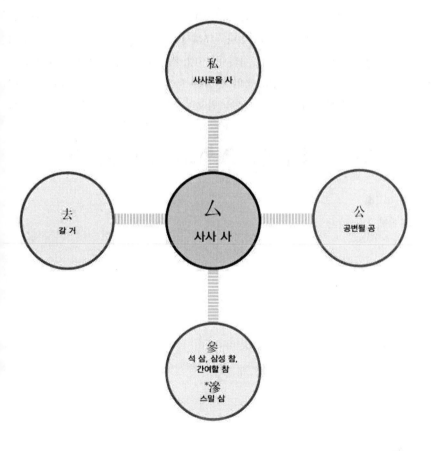

029

又(또 우): yòu, 又-0, 2, 30

字解 상형. 갑골문에서 오른손을 그렸는데, 다섯 손가락이 셋으로 줄었을 뿐 팔목까지 그대로 표현되었다. 그래서 又(또 우)는 取(취할 취)나 受(받을 수)와 같이 주로 손의 동작을 나타내는 데 쓰인다. 형체가 조금 변했지만 秉(잡을 병)이나 筆(붓 필)에도 又의 변형된 모습이 들어 있다. 하지만 又는 이후 '또'라는 의미로 가차되어 원래의 의미를 상실했는데, 지금은 단독으로 쓰이는 경우 주로 '또'라는 뜻으로 쓰인다.

字形 甲骨文 金文 古陶文 簡牘文 說文小篆

●단어●

日日新又日新(일일신우일신)

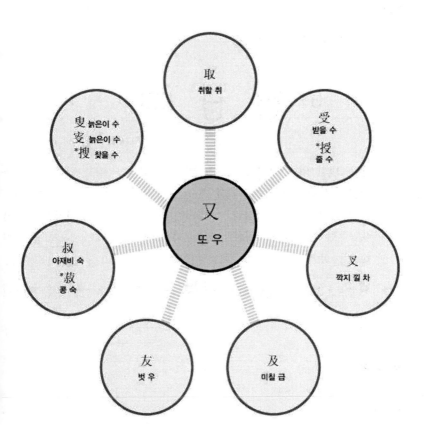

又
또 우

取
취할 취

受
받을 수
*授
줄 수

叉
깍지 낄 차

及
미칠 급

友
벗 우

叔
아재비 숙
*菽
콩 숙

叟 늙은이 수
叜 늙은이 수
*搜 찾을 수

030

口(입 구): kǒu, 口-0, 3, 70

ㅂ ㅂ ㅂ 口

상형. 벌린 입을 사실적으로 그렸으며, 口(입 구)는 먹고 말하는 인간과 동물의 신체기관은 물론 집의 入口(입구)나 기물의 아가리까지 지칭하는 다양한 의미로 확장되었다. 口로 구성된 글자들은 다양하지만 대체로 味(맛 미)와 같이 '먹는' 행위, 占(점칠 점)과 같이 '말'을, 命(목숨 명)과 같이 명령과 권위의 상징, 器(그릇 기)처럼 집의 입구나 아가리를 말하기도 했다.

字形 ㅂ甲骨文 口金文 ㅂ古陶文 ㅂㅂ古幣文 口簡牘文 ⌐古璽文 ㅂ漢印 ㅂ說文小篆

●단어●

口述(구술)

家口(가구)

人口(인구)

入口(입구)

窓口(창구)

港口(항구)

有口無言(유구무언)

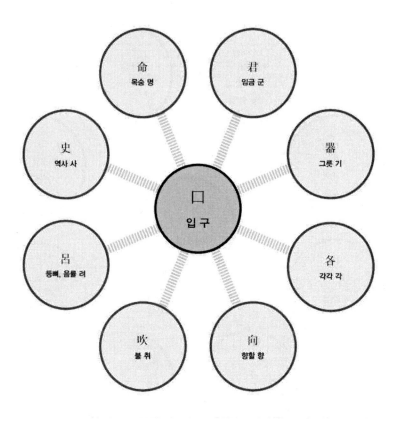

命 목숨 명

君 임금 군

史 역사 사

器 그릇 기

口 입 구

呂 등뼈, 음률 려

各 각각 각

吹 불 취

向 향할 향

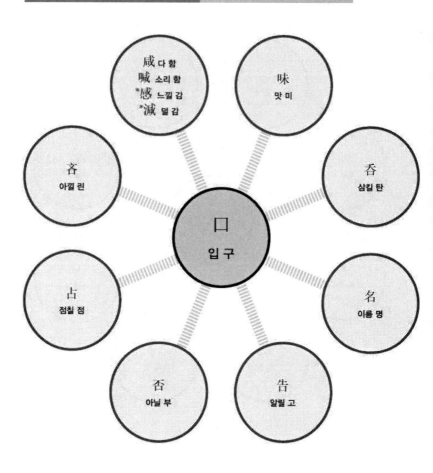

咸 다 함
喊 소리 함
*感 느낄 감
*減 덜 감

味
맛 미

吝
아낄 린

吞
삼킬 탄

口
입 구

占
점칠 점

名
이름 명

否
아닐 부

告
알릴 고

● 취주도(吹奏圖). 한대 화상석. 사천성 중강애묘(中江崖墓) 출토.

031

□(에워쌀 위나라 국): wéi, guó, □-0, 3

字解 □는 갑골문에서 대부분 네모반듯하게 쌓은 城(성)을 그렸다. 하지만 성 주위를 발로 에워싼 모습을 그려 넣어 성을 만든 목적이 공격이 아닌 수비에 있음을 명확히 하기도 했다. 그래서 □에는 '성'과 '에워싸다'는 뜻이 동시에 생겼고, 나아가 성처럼 주위를 둘러싸 경계 짓는 것도 이로써 표현했다.

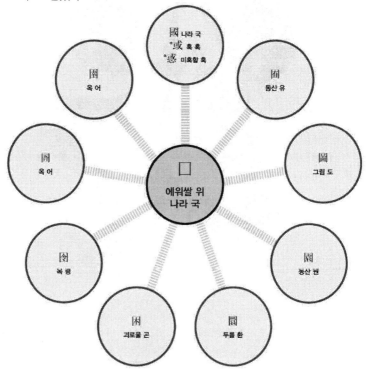

032

土(흙 토): tǔ, 土-0, 3, 80

字解 상형. 갑골문에서 땅(一) 위에 뭉쳐 세워 놓은 흙의 모습으로부터 흙, 土地(토지) 대지 등의 뜻을 그렸다. 어떤 경우에는 ⚱ 처럼 그려 그 주위로 점을 그려 술을 뿌리며 숭배하던 토지 신의 모습을 형상화하기도 했다. 황토 대지 위에서, 정착 농경을 일찍부터 시작했던 고대 중국인들이었기에 흙(土)은 중요한 숭배대상이자 다양한 상징을 담게 되었다. 地(땅 지)에서와 같이 흙(土)은 만물을 낳고 자라게 하는 생산성의 상징이었으며, 在(있을 재)와 같이 만물을 존재하게 하는 상징이었다. 하지만, 이후 흙은 농촌의 상징이었고, 이로부터 향토색이 짙다, 土俗(토속)적이라는 뜻이, 다시 촌스럽다, 사투리, 촌뜨기 등의 뜻도 나왔다.

字形 甲骨文 金文 古陶文 簡牘文 帛書 說文小篆

●단어●

土建(토건)	土壤(토양)	國土(국토)
土器(토기)	土曜日(토요일)	捲土重來(권토중래)
土臺(토대)	土種(토종)	極樂淨土(극락정토)
土木(토목)	土地(토지)	農土(농토)
土砂(토사)	土質(토질)	凍土(동토)
土星(토성)	土着(토착)	盛土(성토)
土俗(토속)	○	領土(영토)

瓦解土崩(와해토붕)　　淨土(정토)　　　鄕土(향토)
積土成山(적토성산)　　風土(풍토)　　　黃土(황토)

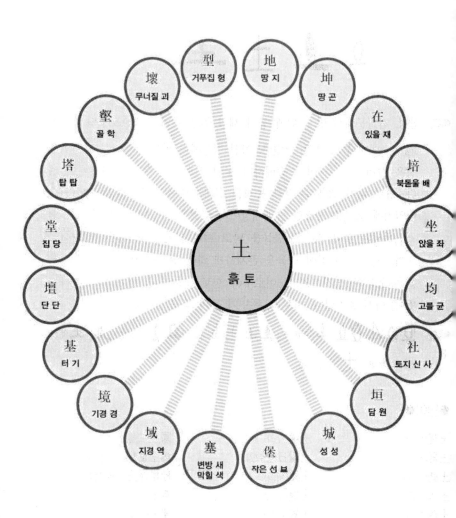

033

士(선비 사): shì, 士-0, 3, 52

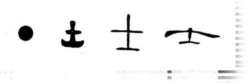

字解 상형. 이의 자형을 두고 어떤 사람은 도끼처럼 생긴 도구를, 어떤 사람
은 단정히 앉은 법관의 모습을 그렸다고도 한다. 하지만 牛(소 우)와 士
가 결합된 牡(수컷 모)가 소와 생식기를 그린 것을 보면 士는 남성의 생식
기임이 분명하며, 이로부터 남성을 지칭하게 되었고, 다시 남성에 대한
미칭으로 쓰여 지식인은 물론 경대부와 서민 사이의 계층을 지칭하였
다. 현대에 들어서는 학위, 군대의 하급관리, 군인 등을 지칭하였다.

字形 𠀒士甲骨文 士士士士士金文 士古陶文 士士古幣文 士古璽文
士士士士簡牘文 士漢印 𠂤切汗簡 士說文小篆 士說文小篆

●단어●

士氣(사기)   博士(박사)   隱士(은사)
士兵(사병)   辯護士(변호사)   著名人士(저명인사)
士農工商(사농공상)   殉國烈士(순국열사)   戰士(전사)
武士(무사)   紳士(신사)   爪牙之士(조아지사)

사상견례(士相見禮). 안휘성 회북시(淮北市) 출토. 세 칸으로 되었는데,
아래 칸은 손님이 타고 온 수레이다. 중간은 주인이 중간에,
오른쪽에는 홀을 든 안내자가 서 있고, 왼쪽은 손님이 주인에게
절을 하고 있다. 위 칸은 날개 달린 신수(神獸) 두 마리가 이를
축하하고 있다.

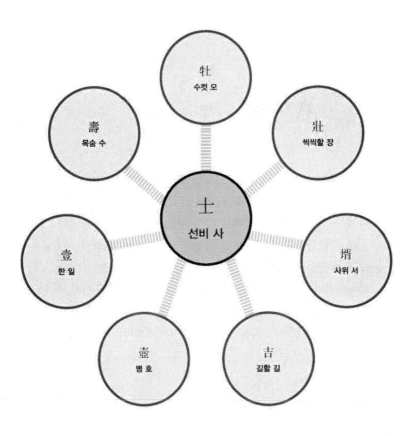

034

夂(뒤져서 올 치): zhǐ, 夂-0, 3

字解 상형. 夂는 발(止·지)을 거꾸로 그려, 뒤처져 옴을 나타냈지만, 夂는 단독으로 쓰이지도 않고, 이로 구성된 글자도 많지 않다. 그래서 현대 중국의 한자자전에서는 이어지는 부수인 夊(천천히 걸을 쇠)와 형체와 의미가 비슷해 통합하기도 한다. 이로 구성된 各(각각 각)은 원래 집의 입구(口·구)와 夂로 구성되어 집에 도착함을 그렸는데, 지금의 옥편에서는 口부수에 귀속되었다. 麥(보리 맥)에도 夂가 들어 있지만, 麥도 독립된 부수로 설정되었다. 다만 夅(내릴 강)은 降(내릴 강·항복할 항)의 원래 글자인데, 두 발(止)이 거꾸로 나란히 선 모습을 그려, 정상적으로 나아가는 모습을 그린 步(걸음 보)와 대칭적 의미를 그렸다. 이후 흙 계단을 '내려오는' 것임을 강조하기 위해 阜(阝·언덕 부)를 더해 降으로 발전했다.

字形 宇 說文小篆

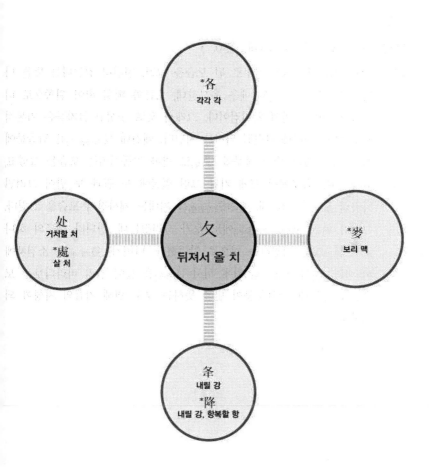

035

夊(천천히 걸을 쇠): chuī, cuī, 夊-0, 3

字解 상형. 夊도 발(止·지)의 거꾸로 된 모습을 그려, 천천히 걷는다는 뜻을 나타냈다. 夂(뒤져서 올 치)와 매우 유사한데, 오른쪽 삐침 획이 왼쪽으로 더 올라간 것이 夂와의 차이점이다. 그래서 夊로 구성된 글자들은 기본적으로 발의 동작과 관련된 의미를 지닌다. 예컨대 復(돌아올 복)은 갑골문에서 포대 모양의 대형 풀무를 발(夊)로 밟아 작동시키는 모습을 그렸고, 夏(여름 하)는 금문에서 크게 키워 그린 얼굴에 두 팔과 두 발이 그려진 사람의 모습을 했는데, 祈雨祭(기우제)를 지내는 제사장의 모습을 그렸다. 그런가 하면, 夔(夒·짐승이름 기)에도 夊가 그려졌는데, 상나라 선조의 하나로 帝嚳(제곡)을 지칭하는 것으로 알려졌다. 나머지, 夐(멀 형)은 소전체에서 사람(人·인)이 동굴(穴·혈) 위에 서서 눈(目·목)을 들어 멀리 바라다보는 모습을 그렸는데, 아랫부분이 발을 뜻하는 夊로 변해 지금의 자형이 되었다.

字形 夅 說文小篆

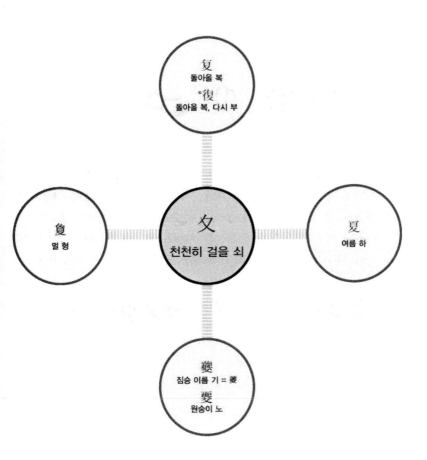

036

夕(저녁 석): xī, 夕-0, 3, 70

字解 상형. 갑골문에서 반달의 모습을 그려 月(달 월)과 같이 썼는데, 달이 뜬 시간대, 즉 '밤'을 의미했다. 이후 '저녁'을 뜻하게 되었고, 그러자 '달' 을 나타낼 때에는 여기서 분화한 月로써 이를 구분했다. 또 일 년의 마지막 계절이나 한 달의 하순을 지칭하기도 했고, 저녁때 해가 지는 쪽이 서쪽이므로 해서 서쪽을 뜻하게 되었고, 서쪽으로 치우치다는 뜻 도 나왔다.

字形 甲骨文 金文 簡牘文 說文小篆

●단어●

夕陽(석양)
一朝一夕(일조일석)
朝令夕改(조령석개)
朝聞道夕死可矣(조문도석사가의)
朝夕(조석)
秋夕(추석)

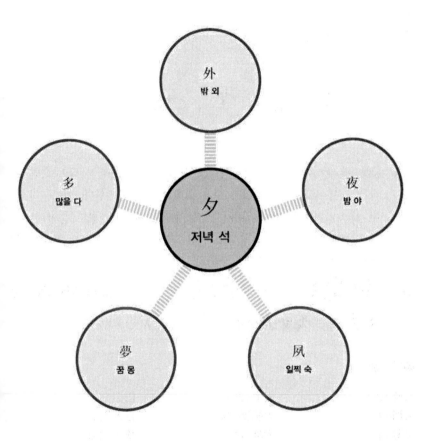

037

大(큰 대): dà, 大-0, 3, 80

字解 상형. 팔과 다리를 벌린 사람의 정면 모습을 그렸는데, 사람의 측면 모습을 그린 人(사람 인)과는 달리 크고 위대한 사람을 말한다. 이로부터 크다, 偉大(위대)하다는 뜻이, 다시 면적, 수량, 나이, 힘, 강도 등이 큰 것을 말했고, 정도가 심하다, 중요하다는 뜻도 나왔다. 또 상대를 존중할 때나 아버지를 지칭할 때도 쓰인다.

字形 大夫大文大大 甲骨文 大大大大 金文 大大大大大 金文

大大 古陶文 大大大 簡牘文 大 石刻古文 大 說文小篆

●단어●

大陸(대륙)   大地(대지)   ○
大門(대문)   大統領(대통령)   巨大(거대)
大勢(대세)   大學(대학)   偉大(위대)
大小(대소)   大韓民國(대한민국)   擴大(확대)
大勝(대승)   大會(대회)

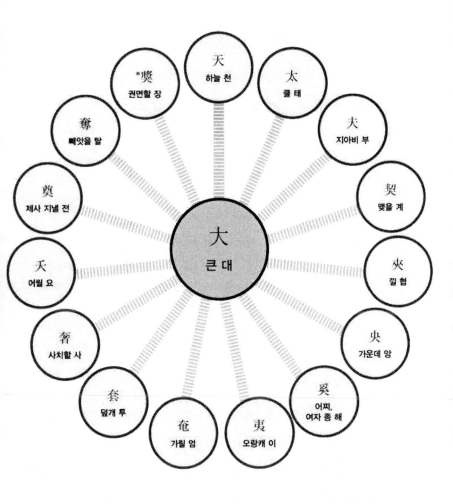

038

女(여자 녀): nǚ, 女-0, 3, 80

字解 상형. 두 손을 앞으로 모으고 점잖게 앉은 여인의 모습을 그렸으며, 이로부터 '여자'의 통칭이 되었다. 이후 이인칭 대명사로도 사용되었다. 한자에서 女의 상징은 시대를 따라 변해왔다. 아이를 낳는 모습을 그린 后(임금 후)나 始(처음 시)처럼 '여성'은 처음에는 인류의 기원이자 무한한 생산성을 가진 위대한 존재로 인식되었으며, 母(어미 모)에서처럼 어미는 아이를 양육하고 문화를 전승하고 창조해 가는 주체로 인식되었다. 그래서 妍(고울 연)에서처럼 여성은 위대한 존재였고, 아름다움의 상징이었다. 하지만, 이후 인류사회가 부권 중심으로 옮아가면서 여성은 모권사회에서 생산 활동의 대부분을 책임질 만큼 강인하고 활동적인 존재였음에도 如(같을 여)에서처럼 나약하고 조용한 힘없는 존재로 인식되었다. 나아가 여성에 대한 인식 변화는 여기서 그치지 않았는데, 사회의 약자로 그 지위가 변하면서 여성은 姦(간사할 간)에서처럼 간사하고 투기 잘하는 비천한 존재로 그려졌다.

字形 甲骨文 金文 古陶文 盟書 簡牘文 帛書 石刻古文 古璽文 說文小篆

●단어●
女子(여자)
女性(여성)

子女(자녀)
南男北女(남남북녀)
男女老少(남녀노소)
善男善女(선남선녀)

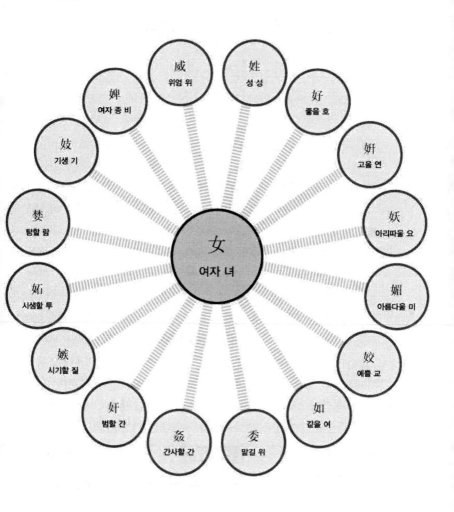

039

子(아들 자): zǐ, 子-0, 3, 70

字解 상형. 갑골문에서 머리칼이 달린 큰 머리와 몸체를 그려 갓 태어난 '아이'를 형상화했다. 금문에 들면서 머리와 두 팔을 벌린 모습으로 변했지만, 머리를 몸체보다 크게 그려 어린 아이의 신체적 특징을 잘 나타냈다. 이로부터 子는 '아이', '자식'이라는 뜻을, 나아가 種子(종자)에서처럼 동식물의 '씨'라는 의미까지 갖게 되었다. 그리고 부계사회가 확립되면서 '남자' 아이라는 의미가 되었고, 다시 '孔(구멍 공)씨 집안의 대단한 자손'이라는 뜻의 孔子(공자)에서처럼 남성에 대한 극존칭이 되었다. 이는 개인보다는 집안과 공동체가 훨씬 중시되었던 시절 그 가문에서 태어나 그 가문을 대표하는 사람의 지위를 보여주기도 한다. 그래서 子는 乳(젖 유)에서처럼 '성인'이 아닌 '아이'가 원래 뜻이다. 아이의 탄생은 存(있을 존)에서처럼 인간의 존재를 확인시켜주는 실존적 체험이자 아이는 다음 세대로 이어지는 상징이기에 충분했다. 이렇게 태어난 아이는 學(배울 학)에서처럼 교육을 거쳐 사회의 정식 구성원이 되고 주체로서 성장하게 된다. 이후 후계자는 물론 스승이나 남성을 높여 부르던 말, 작위 명칭, 이인칭 대명사 등으로도 쓰였다. 또 12지지의 첫 번째로 쓰여 쥐와 북방을 상징하며 23시~1시의 시간대를 지칭하기도 했다.

字形 甲骨文 金文 古陶文 簡牘文 盟書 古璽文 石刻古文 說文小篆 說文古文 說文籀文

●단어●

子女(자녀)

子孫(자손)

子孫萬代(자손만대)

子息(자식)

子子孫孫(자자손손)

子弟(자제)

○

甲子(갑자)

經史子集(경사자집)

公子(공자)

孔子(공자)

君子不器(군자불기)

卵子(난자)

獨子(독자)

童子(동자)

父子(부자)

父子有親(부자유친)

父傳子傳(부전자전)

拂子(불자)

三尺童子(삼척동자)

聖人君子(성인군자)

孫子(손자)

梁上君子(양상군자)

養子(양자)

王子(왕자)

柚子(유자)

遺傳子(유전자)

椅子(의자)

利子(이자)

粒子(입자)

精子(정자)

弟子(제자)

種子(종자)

天子(천자)

太子(태자)

孝子(효자)

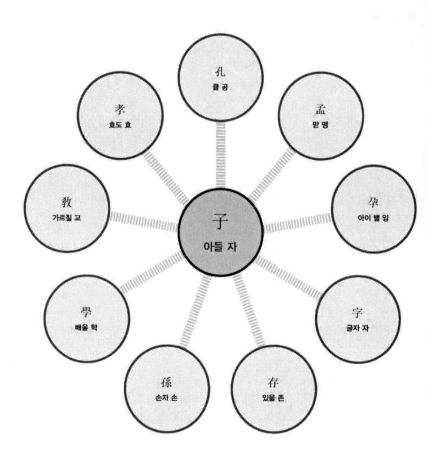

040

宀(집 면): mián, 宀-0, 3

字解 상형. 宀은 고대가옥의 형상을 따서 만든 글자로, 포괄적인 의미의 집
을 뜻하지만, 갑골문에서의 宀은 처마와 기둥을 잇는 선이 부드럽게
처리되어 황토지대에 지어진 동굴집의 입구를 그렸다. 하지만, 금문에
이르면 지금처럼 담을 쌓고 그 위로 지붕을 걸쳐 처마를 남긴 구조가
보편화하였음을 보여준다. 황토 지역의 초기 가옥 형태를 그린 宀은,
첫째 家(집 가)에서처럼 그곳이 인간이 생활하는 거주 '공간', 둘째 安(편안
할 안)이나 寧(편안할 녕)에서처럼 그런 공간이 가져다주는 안락함, 셋째 宗(마
루 종)에서처럼 집을 중심으로 가족과 가문이 형성되었기에 조상의 위패
를 모시는 '종묘'를 뜻한다.

字形 宀 說文小篆

• 중국 삼국시대(서기 220~265년) 때의 가옥 모형. 높이
31.8센티미터, 가로 71.8센티미터, 세로 57.5센티미터.

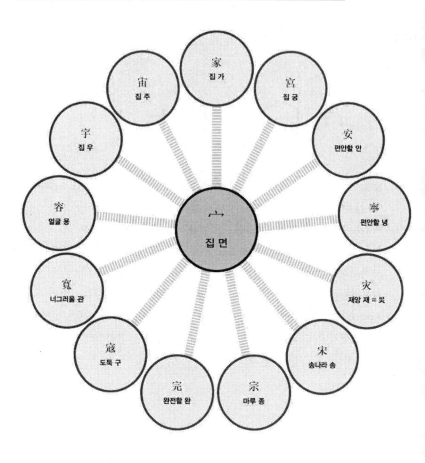

041

寸(마디 촌): cùn, 寸-0, 3, 80

● ● ㅋ 寸

字解 지사. 오른손을 그린 又(또 우)에 짧은 가로획을 더해, 그것이 손의 마디임을 형상화했다. 손의 마디를 뜻하는 寸은 길이의 단위로 쓰이게 되었는데, 한자(尺·척)의 **10**분의 **1**을 나타내기도 했고, 一寸光陰(일촌광음·짧은 시간)이라는 말에서처럼 매우 짧음도 뜻한다. 그래서 寸으로 구성된 한자는 손이나 손동작, 그리고 짧음과 의미적 관련을 갖는다.

字形 ㅋ古陶文 ㄱ簡牘文 ㅋ汗簡 ㅋ說文小篆

●단어●

寸刻(촌각)	寸志(촌지)	三寸之舌(삼촌지설)
寸劇(촌극)	寸鐵殺人(촌철살인)	一寸光陰(일촌광음)
寸數(촌수)	○	尺寸之地(척촌지지)
寸陰(촌음)	四寸(사촌)	八寸(팔촌)

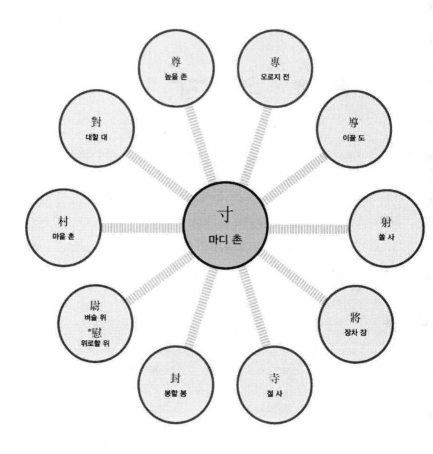

尊
높을 존

專
오로지 전

導
이끌 도

對
대할 대

射
쏠 사

寸
마디 촌

村
마을 촌

將
장차 장

尉
벼슬 위
*慰
위로할 위

封
봉할 봉

寺
절 사

042

小(작을 소): xiǎo, 小-0, 3, 80

字解 상형. 갑골문에서 작은 점을 셋 그렸다. 셋은 많음의 상징이고, 작은 점은 모래알로 보인다. 『설문해자』에서는 小를 두고 갈라짐을 뜻하는 八(여덟 팔)과 이를 구분 지어주는 세로획(丨.곤)으로 구성되었다고 했으나, 이는 소전체에 근거한 해석이다. 갑골문에 의하면 작은 모래알을 여럿 그렸으며, 이후 小가 '작다'는 보편적 개념을 나타내게 되자, '모래알은 水(물 수)를 더한 沙(모래 사)로 구분해 표현했다.

字形 甲骨文 金文 古陶文 古幣文 簡牘文 說文小篆

042-01

少(적을 소): shǎo, 小-1, 4, 70

字解 지사. 小(작을 소)에서 분화한 글자로, 양의 '적음'을 나타내고자 지사부호(丿)를 더해 특별히 만들었으며 춘추시대 이후에야 나타난다. 그전의 갑골문이나 서주 때의 금문에서는 小로 써 이 둘을 구분 없이 사용했다.

字形 甲骨文 金文 古陶文 古幣文 盟書 簡牘文 帛書 古璽文 石刻古文 說文小篆

●단어●

小國寡民(소국과민)   小人(소인)   大小(대소)
小說(소설)   小貪大失(소탐대실)   弱小(약소)
小食(소식)   小包(소포)   中小(중소)
小心(소심)   小學(소학)   縮小(축소)
小兒(소아)   大同小異(대동소이)   針小棒大(침소봉대)

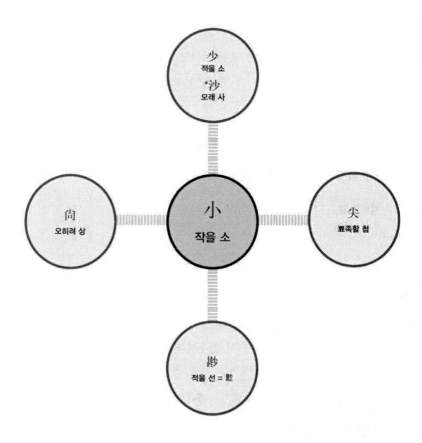

043

尢(절름발이 왕): wāng, 尢-0, 3

字解 지사. 尢은 갑골문에서 손(又-우)에 가로획이 더해진 모습으로, 손을 내밀었으나 어떤 물체[一]에 저지당하는 모습으로 추정되며, 이로부터 뻗어 나가지 못하다는 뜻이 생겼고, 다시 완전하지 못한 '절름발이'라는 뜻이 생겼다. 이후 허물이나 과실이라는 뜻으로 확장되었다. 특히 절름발이를 나타낼 때에는 소리부를 더해 尪(절름발이 왕)으로 구분해 쓰기도 했다. 尢으로 구성된 한자는 그다지 많지 않은데, 尤(더욱 우)는 尢에다 점을 더하여 '특이함'이나 '특히'라는 의미를 만들어 냈다. 尨(삽살개 방)은 사실 털이 많이 난 삽살개를 그린 글자로, 犬(개 견) 부수에 귀속되어야 할 글자이나 형체가 유사해 尢부수에 잘못 귀속된 것으로 보인다.

字形 尢 說文小篆

044

尸(주검 시): shī, 尸-0, 3

字解 상형. 『설문해자』에서는 누운 사람의 모습이라 했지만, 갑골문을 보면 다리를 구부린 사람의 모습이 분명하다. 혹자는 이를 책상다리하고 앉은 것이라고도 하지만, 우리나라 남부의 돌무덤에서 자주 발견되는 매장법의 하나인 '굽혀묻기(屈葬·굴장)'를 형상화한 것으로 보이며, 그것은 시신을 태어날 때의 모습으로 되돌림으로써 내세에서의 환생을 기원한 것이라고 한다. 그래서 尸는 '시체'가 원래 뜻이며, 이후 『주례』에서의 설명처럼 제사 때 신위 대신 그 자리에 앉혀 조상의 영혼을 대신하던 아이(尸童·시동)를 말했다. 여기서 '진열하다'의 뜻이, 다시 진열하는 장소인 '집'을 뜻하게 되었다. 따라서 尸는 산 사람보다는 죽은 사람을, 그래서 현재보다는 조상 대대로 살아온 '집'을 뜻한다. 해서체 이후로는 人(사람 인)과 尸가 혼용되어 사용된 경우도 보인다. 따라서 屈(굽을 굴) 屍(주검 시) 등은 모두 '시체'와 관련되어 있다. 屈은 시신(尸)의 '굽혀묻기'와 직접 관련되어 있고, 屍는 尸에 死(죽을 사)를 더해 의미를 더욱 구체화했다.

字形 ⫯⫯⫯ 甲骨文 ⫯⫯⫯⫯ 金文 ⫯⫯古陶文 尸 簡牘文 ⫯ 說文小篆

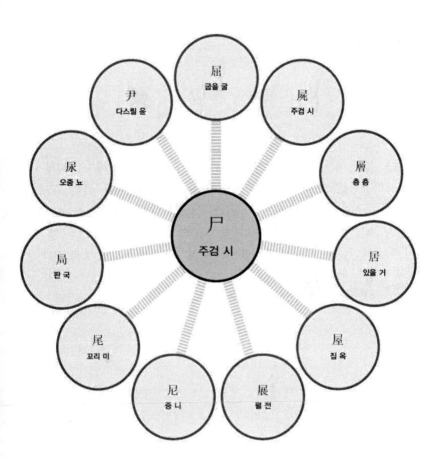

045

屮(왼손 좌): zuǒ, 屮-0, 3

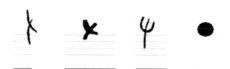

字解 상형. 屮는 왼손의 모양을 그렸으며, 세 개의 손가락으로 다섯 손가락
전체를 대신했고, 오른손을 그린 又(또 우)와 대칭된다. 이후 도구를 뜻하
는 工(장인 공)이 더해져 左(왼 좌)가 되었다. 屮와 비슷한 글자로, 屮(싹틀 철)
이 있는데 싹이 터 양쪽으로 떡잎이 난 모습이다. 이것이 둘 모이면
艸(풀 초)가 되고, 셋 모이면 卉(풀 훼) 넷 모이면 茻(풀 우거질 망)이 된다.

字形 𠂇 甲骨文 屌 金文 ⼸ 說文小篆

046

山(뫼 산): shān, 山-0, 3, 80

字解 상형. 갑골문에서부터 세 개의 산봉우리를 그려 연이어진 '산'의 모습을 그려냈다. 산 뒤로 다시 산이 연이어진 모습을 그린 것이 岳(큰 산 악)이다. 岳은 달리 嶽(큰 산 악)으로도 쓰는데, 감옥(獄-옥)처럼 사방이 빙 둘러쳐진 높은 산이라는 뜻을 담았다. 山으로 구성된 글자는 嵩(높을 숭)에서처럼 '산을 직접 지칭하기도 하고, 『설문해자』의 말처럼 '돌이 있으면서 높은 것'이 岩(바위 암)이기에 암석과 높고 큰 것의 상징으로 쓰이기도 한다. 또 산은 산등성이와 고개, 깎아지른 절벽과 골짜기 등으로 이루어지고, 그를 따라 물길이 흐르며 길도 만들어지기에, 고개, 골짜기, 길 등의 뜻도 가진다.

字形 甲骨文 金文 古陶文 簡牘文 古璽文 說文小篆

●단어●

山脈(산맥)	江山(강산)
山所(산소)	高山(고산)
山水(산수)	高山流水(고산유수)
山紫水明(산자수명)	東山再起(동산재기)
山川(산천)	登山(등산)
山海珍味(산해진미)	先山(선산)
○	深山幽谷(심산유곡)

愚公移山(우공이산)　　　泰山北斗(태산북두)
他山之石(타산지석)　　　火山(화산)

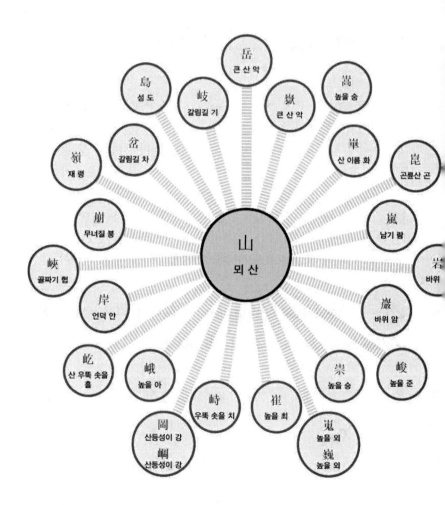

047

川(내 천): [巛], chuān, 巛-0, 3, 70

字解 상형. 갑골문에서 양쪽의 강 언덕 사이로 흐르는 물(水·수)을 그려 '강'을 형상화했다. 川은 원래의 '강'이라는 기본 개념 이외에도, 강 주위로 넓게 펼쳐진 '평야'를 뜻하기도 한다. 강은 문화권을 경계 짓는 지리적 요소이기도 하지만 다른 문화와의 교류와 교통이 '강'을 따라 이루어졌다는 점에서 '소통'의 의미까지 가진다. 또 四川省(사천성)을 뜻하여 이를 줄여 부르는 말로도 쓰인다.

字形 甲骨文 金文 帛書 簡牘文 說文小篆

●단어●

川邊(천변)
乾川(건천)
大川(대천)
○

百川學海(백천학해)
山川魚(산천어)
山川依舊(산천의구)
山川草木(산천초목)

水積成川(수적성천)
清溪川(청계천)
河川(하천)

214 부수한자 **95**

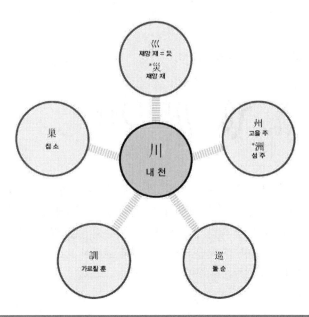

馴(길들 순)	馬(말 마)+川	말(馬)을 물길(川)처럼 잘 따르도록 길들임 →순하다, 순종하다, 복종하다
順(순할 순)	頁(머리 혈)+川	물의 흐름(川)처럼 순조롭게 머리(頁)를 조아림, '순응하다'→도리, 유순하다, 순조롭다
巡(돌 순)	辵(쉬엄쉬엄 갈 착)+川	시찰이나 경계를 위해 강물(川)을 따라감 (辵)에서 '순시하다', '순찰하다', '자세히 살피다'를 뜻함→둘러앉아 순서대로 돌아가며 술을 마시다
釧(팔찌 천)	金(쇠 금)+川	시내(川)가 언덕 사이를 관통하듯 팔목에 끼는 고리모양의 금속(金) 팔찌
珊(옥고리 천)	玉(옥 옥)+川	시내(川)가 언덕 사이를 관통하듯 팔목에 끼는 옥(玉) 팔찌
訓(가르칠 훈)	言(말씀 언)+川	강(川)처럼 잘 소통되도록 말(言)을 풀어 가르침→가르치다, 풀이하다

048

工(장인 공): gōng, 工-0, 3, 70

凸 工 工 工

字解 상형. 이의 자원에 대해 도끼를 그렸다느니 자를 그렸다는 등 의견이 분분하지만, 갑골문을 보면 땅을 다질 때 쓰던 돌 절굿공이를 그렸음이 분명하다. 윗부분은 손잡이고 아랫부분이 돌 절굿공이인데, 딱딱한 거북딱지에 칼로 새긴 갑골문에서 새기기 편하도록 아랫부분이 네모꼴로 변했을 뿐이다. 지금도 황하 유역을 가면 집터를 만들거나 담을 쌓아 올릴 때 진흙을 다져 만드는 방법(版築法·판축법)을 자주 볼 수 있는데, 이때 가장 유용하게 쓰이는 도구가 바로 돌 절굿공이였다. 그러한 절굿공이가 그 지역의 가장 대표적이고 기본적인 도구였다는 뜻에서 工具(공구)의 뜻이 나왔고, 공구를 전문적으로 다루는 사람을 工匠(공장) 공구를 사용한 작업을 工程(공정)이나 工作(공작)이라 부르게 되었으며, 어떤 일에 뛰어나다는 뜻도 갖게 되었다.

집터나 담이나 성은 정교하고 튼튼하게 다지고 쌓아야만 무너지지 않는 법, 이로부터 巧(공교할 교)가 만들어졌는데, 丂(공교할 교)도 어떤 물체를 바치는 지지대나 괭이 같이 자루가 긴 도구를 그린 것으로 추정된다. 또 功(공 공)은 온 힘(力·력)을 다해 돌 절굿공이(工)로 흙담을 쌓는 모습이다. 이것은 고대 사회에서 功이 전쟁에서 세운 공(戰功·전공)보다 토목 등 구성원의 안정된 생활을 위한 것이 더욱 근원적이었음을 보여준다.

그런가 하면, 式(법 식) 또한 공구(工)를 사용할 때의 법칙을 말하지만, 현행 옥편에서는 소리부인 弋(주살 익)부수에 편입되었다. 이외에도 左(왼 좌)는 왼손으로 공구(工)를 든 모습을, 差(어긋날 차)는 왼손(左)으로 꼰 새끼라는 뜻으로부터 숙련되지도, 굵기가 일정하지도 못하여, 짚이 삐죽삐죽 삐쳐 나와 '어긋난' 모습을 그렸다.

한국에서는 '학문이나 기술을 닦는 것'을 工夫(공부)라고 하는데, 중국에서는 '시간'이나 '틈'을 뜻한다. 일본에서는 주로 '여러 가지로 궁리하거나 고안함'을 말하며, 한국의 '공부'는 勉強(べんきょう)나 学習(がくしゅう)로 쓴다. 또 工作(공작)이라 하면 한국이나 일본에서는 '어떤 목적을 달성하기 위하여 미리 손을 쓰는 것'을 말해 부정적 의미를 가지나, 중국에서는 '일'이나 '직업'을 뜻하여 부정적인 의미가 없다. 또 工人(공인)이라 하면 한국과 일본에서는 '공예 기술자'나 '樂工(악공)'을 뜻하지만, 현대 중국에서는 '노동자'를 뜻한다.

字形 工 甲骨文 工工工 金文 工 古陶文 工工工 簡牘文 工 石刻古文 工 說文小篆 工 說文古文

●단어●

工夫(공부)
工事(공사)
工業(공업)
工場(공장)
加工(가공)
士農工商(사농공상)
人工(인공)

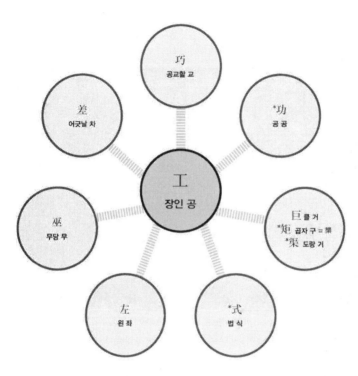

巧
공교할 교

差
어긋날 차

*功
공 공

工
장인 공

巨 클 거
*矩 곱자 구 = 榘
*渠 도랑 거

巫
무당 무

左
왼 좌

*式
법 식

• 판축법(版築法)으로 다져 만든 성벽. 3천 년 전에 만들어진 상나라 중기(기원전 14~15세기) 때의 성벽이 하남성 鄭州(정주)에 그대로 남아 있는데, 한 층 한 층 다져 쌓은 모습이 아직도 선명하다.

• 돌 절굿공이를 사용해 흙을 다져 담을 만드는 모습(위). 돌 절굿공이(아래). 工자의 원형으로 보인다(『한자왕국』).

049

己(몸 기): jǐ, 己-0, 3, 52

ㄹ ㄹ ㄹ 己

字解 상형. 이의 자원에 대해선 의견이 분분하다. 갑골문을 보면 구불구불하게 놓인 실로 보이는데, 곡선으로 그려야 했지만 딱딱한 거북 딱지나 동물 뼈에 칼로 새겨야 했던 갑골문의 특성상 직선으로 그려졌다. 실은 무엇인가를 묶는 데 쓰였으며, 문자가 탄생하기 전 실을 묶고 매듭을 지어 약속 부호로 사용했는데, 소위 結繩(결승)이라는 것이 그것이다. 남아메리카 인디언들이 사용하던 결승인 페루의 '퀴푸(quipu)'는 대단히 복잡하여 등장하는 매듭의 종류가 3백여 개에 이르고 있다. 이러한 매듭을 짓는 법을 배우고 매듭이 대표하는 의미를 이해해야만 구성원들 사이의 의사 교환이 가능했을 것이다. 그래서 己의 원래 뜻은 결승으로 상징되는 끈이다. 이후 이를 더욱 구체화하기 위해 糸(가는 실 멱)을 더해 紀(벼리 기)를 만들어 '기록하다'는 의미로 사용했다. 記(기록할 기)는 사람의 말(言)을 결승(己)으로 기록해 두는 모습이다. 이후 己는 起(일어날 기)에서처럼 '몸'이라는 뜻으로 가차되었고, 自己(자기)에서처럼 자신을 지칭하는 일인칭 대명사로 사용되었다.

그리고, 己와 비슷한 형체인 已(이미 이)는 己를 약간 변화시켜 '이미'라는 추상적 개념을 만들어 냈을 것으로 보이는데, 이는 식사를 끝내고 머리를 돌린 모습을 그린 旣(이미 기)와 독음과 의미가 같은 동원자(同源字 cognate)였을 것으로 추정된다. 또 巳(여섯째 지지 사)는 包(쌀 포·胞의 원래 글자)나 祀(제사 사)에서 볼 수 있듯 원래 아직 손과 발이 나지 않은 아이의 모습이었는데, 간지자로 가차되었다.

字形 ⿰⿱甲骨文 金文 古陶文 簡牘文 古璽文 石刻古文 說文小篆 說文古文

●단어●

自己(자기)　　　　利己主義(이기주의)　　　知彼知己(지피지기)
克己復禮(극기복례)　　知己之友(지기지우)

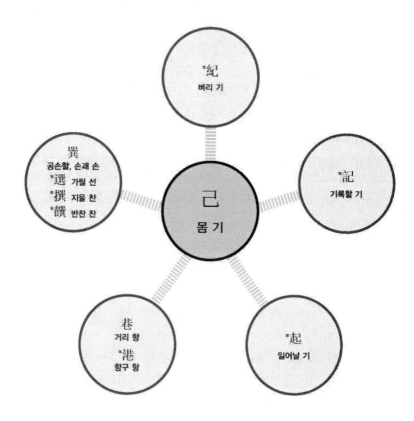

記(기록할 기)	言(말씀 언)+己	새끼 매듭(己)으로 사람의 말(言)을 기록해 두다→기록하다, 잊지 않다
紀(벼리 기)	糸(가는 실 멱)+己	사건을 기록할 수 있는 새끼 매듭(己)이나 줄(糸)→사물의 뼈대나 중심
起(일어날 기)	走(달릴 주)+己	아이(巳·이후 己로 변함)가 걷는(走) 것→첫 걸음을 떼려면 자리에서부터 '일어서야 함'→일어서다
忌(꺼릴 기)	己+心(마음 심)	자신의 몸(己)과 마음(心)에서 꺼리고 싫어하는 것→증오하다, 원한을 가지다, 시기하다
妃(왕비 비)	女(여자 여)+己	자신(己)의 배우자(女)→ '왕의 비'
配(아내 배)	酉(열째 지지 유)+己	술독(酉)을 마주하고 앉은 사람(卩·이후 己로 변함)의 모습→알맞은 술을 配合(배합)하다→配匹(배필)→아내
玘(패옥 기)	玉(옥 옥)+己	장식용 옥(玉)

049-01

巳(여섯째 지지 사): sì, 己-0, 3, 30

字解 상형. 손과 발이 아직 형성되지 않은 태아의 모습을 그렸는데, 이후 간지자로 가차되었다. 그러자 원래 뜻은 사람의 몸을 그린 勹(쌀 포)를 더해 包(쌀 포)를 만들어 분화했다. 그러나 包가 싸다는 뜻으로 주로 쓰이자 원래의 뜻은 다시 肉(고기 육)을 더한 胞(태포 포)로 분화했다.

字形 甲骨文 金文 古陶文
簡牘文 石刻古文 說文小篆

050

巾(수건 건): jīn, 巾-0, 3, 10

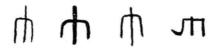

字解 상형. 허리에 차는 수건을 그렸는데, 자락이 아래로 드리운 모습이다. 수건은 베로 만들기에 '베'라는 뜻이, 비단은 고대중국의 가장 대표적인 베였기에 '비단'의 뜻이 나왔고, 다시 그 용도에 근거해 옷감은 물론 깃발이나 휘장, 帶(띠 대)에서처럼 옷감을, 다시 帳幕(장막)에서처럼 깃발이나 휘장, 장막, 돛 등의 재료를 지칭하였다. 또 帛(비단 백)에서처럼 비단은 귀한 베였기에 화폐의 대용으로, 종이가 보편화하기 이전에는 최고급의 필사재료로 쓰이기도 했다.

字形 巾巾 甲骨文 巾 金文 繼 簡牘文 巾 說文小篆

●단어●

葛巾野服(갈건야복)
頭巾(두건)
網巾(망건)
手巾(수건)
儒巾(유건)
宕巾(탕건)
黃巾賊(황건적)

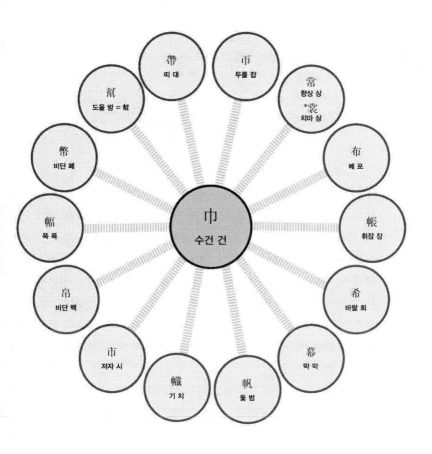

巾
수건 건

帶 띠 대

帀 두를 잡

常 항상 상
*裳 치마 상

幇 도울 방 = 幫

布 베 포

幣 비단 폐

帳 휘장 장

幅 폭 폭

希 바랄 희

帛 비단 백

幕 막 막

市 저자 시

幟 기 치

帆 돛 범

051

干(방패 간): [乾, 幹], gān, 干-0, 3, 40

🗨️字解 상형. 갑골문에서 긴 대가 있는 끝이 갈라진 사냥도구의 모습을 그렸다. 그러나 어떤 학자는 윗부분이 돌 구슬(石球석구)을 맨 줄을 던져 짐승의 뿔이나 다리를 묶을 수 있도록 고안된 사냥 도구를 그렸고, 아랫부분은 큰 뜰채를 그린 單(홀 단)의 원래 글자라고 보기도 한다. 『설문해자』에서 "범하다(犯·범)"라고 풀이한 것으로 미루어 볼 때, 이는 짐승을 잡던 사냥도구에서 이후 적을 공격하는 무기로 변했음을 추정할 수 있다. 갑골문에는 방패처럼 보이는 자형도 보이는데, 이는 짐승을 잡을 때나 적을 공격할 때 초기 단계에서 방패 따로 무기 따로 존재했던 것이 아니라 방패와 무기의 기능이 하나로 통합되었기 때문일 것이다. 이것이 이후의 문헌에서 干을 '방패(盾·순)'라고 풀이하게 된 이유일 것이다. 干이 긴 대를 갖춘 사냥도구라는 점에서 '크다'나 '근간'의 뜻을 갖게 되었으며, 간지자로도 가차되었다. 현대 중국에서는 乾(하늘 건)과 幹(줄기 간)의 간화자로도 쓰인다.

🗨️字形 ￥ ￥ 甲骨文 ￥ ￥ ￥ 金文 ￥ 古陶文 ￥ ￥ 簡牘文 ￥ 說文小篆

●단어●

干滿(간만)
干涉(간섭)
干城(간성)
干城之材(간성지재)
干證(간증)
干支(간지)
干拓(간척)
救國干城(구국간성)
欄干(난간)
若干(약간)

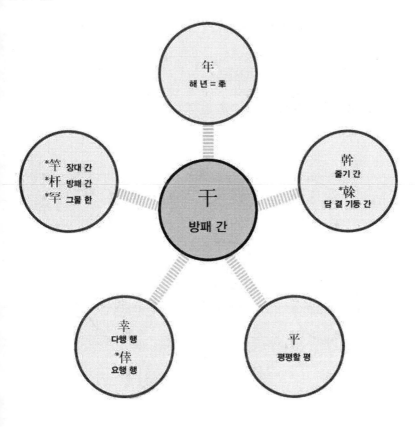

052

幺(작을 요): [幺], yāo, 幺-0, 3

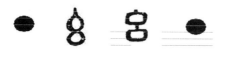

字解 상형. 갑골문에서 작은 실타래를 그렸다. 실타래 아래쪽으로 실 묶음이 더해지면 糸(가는 실 멱)이고, 糸이 둘 더해지면 絲(실 사)가 되어 비단실(실크·silk)을 나타낸다. 그래서 幺는 실타래에서 가장 작은 단위인 셈이고, 이로부터 '작다'의 뜻이, '막내'라는 뜻까지 나왔다. 하지만 幺의 원래 뜻은 실이며, 그래서 幺(작을 요)로 구성된 글자들은 幾(기미 기)에서처럼 대부분 '실'과 의미적 관련을 갖는다.

字形 𢆶 𢆶 金文 𢆶古陶文 𢆶帛書 𢆶 說文小篆

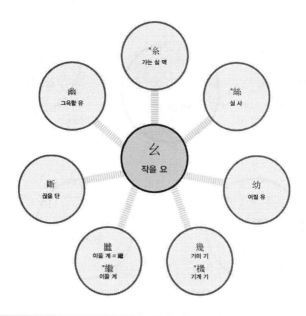

053

广(집 엄): ān, 广-0, 3

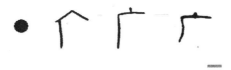

字解 상형. 广은 금문에서 집의 모양인데, 한쪽 벽면이 생략된 모습이다. 이는 산이나 바위 언덕 쪽에 기대어 만든 집임을 보여준다. 그렇게 만들어진 '집'이 원래 뜻이며, 广으로 구성된 글자들은 모두 집과 같은 건축물과 의미적 관련을 한다. 庵(암자 암)은 广에 소리부인 奄(가릴 엄)이 더해진 글자인데, 广의 의미를 더욱 강조하기 위해 만들어진 글자라고 보기도 한다. 广은 현대 중국에서는 廣(넓을 광)의 간화자로도 쓰인다.

字形 广 說文小篆

한나라 때의 부엌 모습. 한대 화상석. 산동성 가상(嘉祥) 남무산(南武山) 출토.

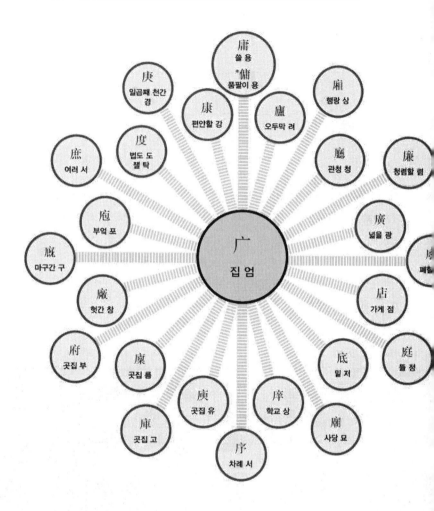

054

廴(길게 걸을 인): yǐn, 廴-0, 3

字解 지사. 『설문해자』에서는 "먼 길을 가다(長行장행)"라는 뜻이라고 하면서, 彳 (조금 걸을 척)에 아랫부분의 획을 확장시켜 만든 글자로 풀이했다. 彳과 廴 의 고대 독음이 비슷한 것으로 보아, 『설문해자』의 해석은 일리가 있 다. 廴으로 구성된 글자들은 延(끌 연)이나 廻(돌 회) 등에서처럼 '길을 가다' 나 '길다' 등의 뜻이 있다.

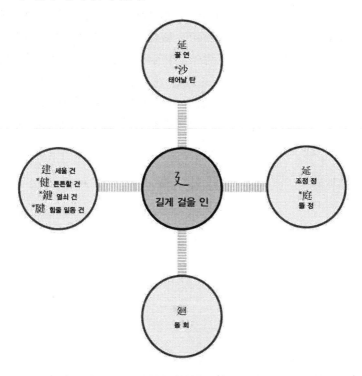

055

廾(두 손 마주잡을 공): gǒng, 廾-0, 3

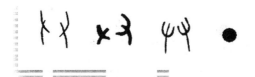

字解 회의. 廾은 두 손을 마주 잡은 모습을 그렸는데, 이후 손을 마주 잡고 높이 들어 공손함을 표시했다. 해서에 들면서 廾은 오래된 술을 담은 술독(酋·추)을 두 손으로 받들고 바치는 모습을 그린 奠(제사지낼 전)이나 어떤 물건을 함께 든 모습인 共(함께 공)에서처럼 大(큰 대)나 八(여덟 팔)로 변하기도 했다. 廾이 든 글자를 보면, 弄(희롱할 롱)은 옥(玉·옥)을 두 손으로 '갖고 노는' 모습에서 '戲弄(희롱)'의 뜻이 나왔고, 弈(바둑 혁)은 두 손으로 바둑을 두는 모습을 형상화했으며, 弁(고깔 변)은 두 손으로 모자를 든 모습을 그렸고, 弇(덮을 엄)은 두 손으로 단지의 뚜껑을 덮는(合) 모습을 그렸다. 그러나 彝(떳떳할 이)는 실(糸·사)로 묶은 돼지머리(彐·계)와 쌀(米·미)을 두 손으로 받들고 제단에 바치는 모습으로부터 '제사'와 '제단에 바치는 청동기'라는 의미를 그렸지만, 현대 한자자전에서는 彐(돼지머리 계)부수에 귀속되었다.

字形 𦥑 甲骨文 𦥑 說文小篆 𦥑 說文或體

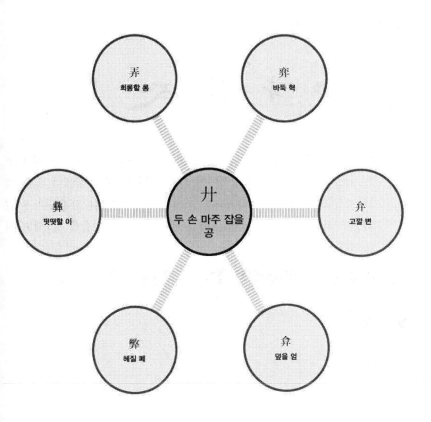

056

弋(주살 익): yì, 弋-0, 3

상형. 弋은 주살, 즉 오늬(화살 머리를 활시위에 끼우도록 에워 낸 부분)에 줄을 매어 쏘는 화살을 말한다. 고대 중국에서 화살을 아끼려고 화살에다 줄을 매고 화살을 손 후 다시 회수하여 쓸 수 있도록 고안한 장치이다. 이런 화살로 하는 활쏘기를 弋射(익사)라고 했다. 활 쏘는 연습을 할 때도 자주 사용되었다.

字形 金文 簡牘文 古璽文 說文小篆

●단어●

弋射(익사)

弋不射宿(익불사숙)

貳(두 이)	貝(조개 패)+弋	조개(貝)가 양쪽(二)으로 갈라져(弋) 대칭을 이룸→'둘'→二(두 이)의 갖은 자
代(대신할 대)	人(사람 인)+弋	다른 사람(人)으로 바꿔 대신하다→교체하다→世代(세대), 朝代(조대)
式(법 식)	工(장인 공)+弋	돌 절굿공이(工)가 공구의 대표→모범으로 삼다→법식, 격식, 형식, 의식
鳶(솔개 연)	鳥(새 조)+弋	익사(弋)로 잡을 수 있는 새(鳥)→솔개→연
必(반드시 필)	戈(창 과)+八(여덟 팔)→弋+八	낫창(戈)을 갈라진(八) 틈 사이로 끼우다→무기 자루→끼워야만 사용할 수 있는 것→'반드시'

익사도(弋射圖).
화상전.
서한 시대.
1970년
하남성 정주
출토.

057

弓(활 궁): gōng, 弓-0, 3, 32

字解 상형. 갑골문에서 활을 그렸는데, 활시위가 얹힌 때도 있고 풀린 경우
도 보인다. 활은 고대사회에서 식량으로 쓸 짐승을 잡는 도구로 쓰였
으며, 야수나 적의 침입을 막아내는 유용한 무기이기도 했다. 弓으로
구성된 한자는 활을 직접 지칭하거나, 활과 관련된 여러 기능 및 특성
과 의미적 관련을 맺는다.

字形 **弓**甲骨文 **弓**金文 **弓**古陶文 **弓**簡牘文 **弓**古璽文 **弓**石刻古文
弓 說文小篆

●단어●
弓手(궁수)
弓矢(궁시)
角弓(각궁)
洋弓(양궁)
驚弓之鳥(경궁지조)

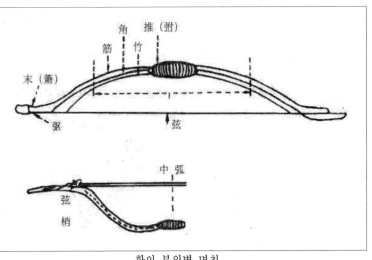

활의 부위별 명칭.

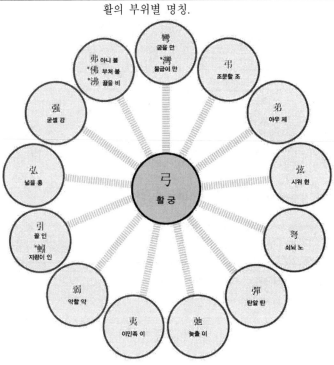

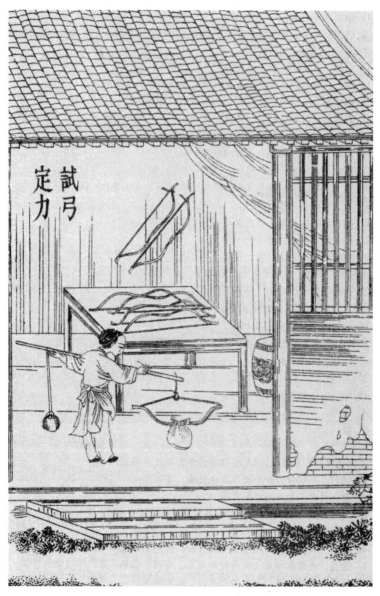

활 만들기(『천공개물』).

058

크(돼지머리 계): [彑], jì, 彐-0, 3

字解 지사. 크는 돼지머리를 그렸는데, 윗부분은 돼지머리이고, 아랫부분의 가로획은 절단된 것임을 나타낸다. 먼저, 멧돼지는 유용한 식량이자 조상신에게 바치는 훌륭한 제수 품이었다. 그래서 豕(돼지 체)는 갑골문에서 화살(矢·시)이 꽂힌 멧돼지를 그렸는데, 이후 돼지가 머리 부분은 크로 몸통 부분은 比(견줄 비)로 분리되어 지금의 자형으로 변했다. 또 彝(떳떳할 이)는 갑골문과 금문에서 날개를 동여맨 닭이나 새를 두 손으로 받든 모습을 그렸는데, 아래쪽으로 핏방울이 떨어지는 모습과 머리 부분에 삐침 획(丿)이 더해져 제사상에 바쳐지는 죽인 희생물임을 형상화했다. 그러나 彗(비 혜)는 원래 눈(雪·설)의 결정과 손을 그려 눈을 쓸어내는 비(箒·추)를 형상화했는데, 아랫부분의 손(叉·우)과 크의 자형이 비슷해 크부수에 귀속되었다.

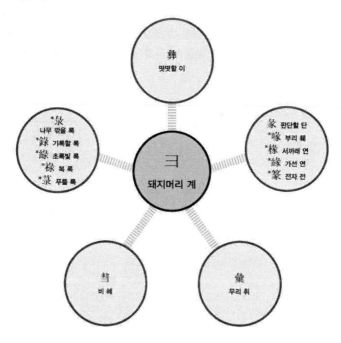

059

彡(터럭 삼): shān, 彡-0, 3

字解   상형. 『설문해자』에서는 彡을 '터럭, 장식, 필획, 무늬' 등을 말한다고
했지만, 彡의 원래 의미는 '털'로 보인다. 인간이나 동물의 '터럭'으로부
터 시작하여, 동물의 덥수룩한 털이나 인간의 머리칼과 수염 등이 개
인의 특성을 표현한다는 뜻에서 '장식'의 의미가 생겼고, 다시 '무늬'라
는 뜻까지 생겼다. 그래서 彡은 화려한 무늬나 장식을 뜻하며, 彡이 들
어가면 무성한 털이나 빛나는 문체나 힘차게 뻗어나가는 악기 소리 등
을 뜻한다. 예컨대, 尨(삽살개 방)은 삽살개처럼 털이 수북한 개(犬·견)를, 彣
(채색 문)은 알록달록한 화려한 무늬를, 彫(새길 조)는 조밀하고(周·주) 화려하게
(彡) 새긴 무늬를, 彩(무늬 채)는 화사하게 비치는 햇살 아래 이루어지는 채
집 행위(采)를 그렸다.

字形   彡   說文小篆

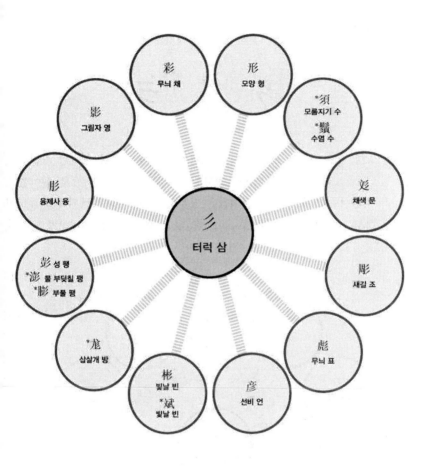

彩 무늬 채

形 모양 형

*須 모름지기 수
*鬚 수염 수

影 그림자 영

彣 채색 문

彤 융제사 융

彫 새길 조

彭 성 팽
*澎 물 부딪칠 팽
*膨 부풀 팽

彡 터럭 삼

彪 무늬 표

*尨 삽살개 방

彬 빛날 빈
*斌 빛날 빈

彦 선비 언

060

彳(조금 걸을 척): chì, 彳-0, 3

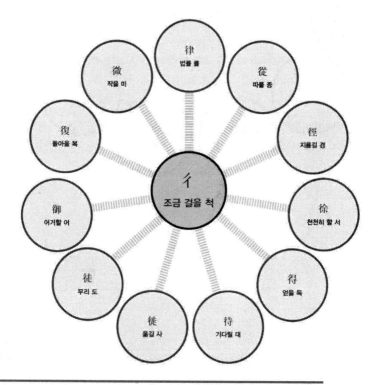

字解 상형. 彳은 사거리를 그린 行(갈 행)에서 오른쪽 부분을 생략한 모습으로, '길'을 그렸는데, 『설문해자』에서부터 '작은 걸음(小步소보)'으로 풀이했다. 따라서 彳으로 구성된 글자들은 모두 '길'이나 '가는' 행위와 관련되어 있다. 예컨대, 彷(거닐 방) 循(좇을 순) 從(따를 종) 등은 '가다'는 의미가 있으며, 後(뒤 후)나 徑(지름길 경) 등은 '길'을 뜻한다.

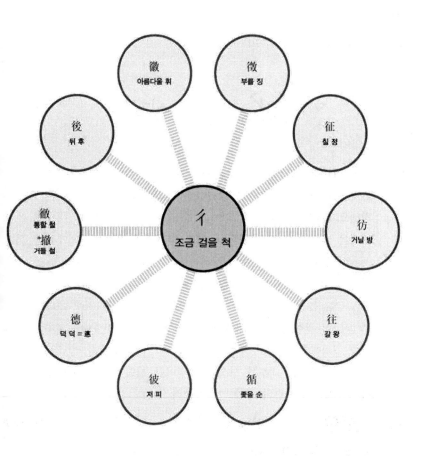

徽 아름다울 휘

徵 부를 징

征 칠 정

後 뒤 후

彷 거닐 방

徹 통할 철
*撤 거둘 철

彳 조금 걸을 척

往 갈 왕

德 덕 덕 = 悳

彼 저 피

循 좇을 순

061

心(마음 심): xīn, 心-0, 4, 70

字解 상형. 갑골문에서 심장의 실제 모습을 그대로 그렸는데, 안쪽은 심장의 판막을 바깥쪽은 대동맥을 그렸다. 소전체까지는 심장의 모습을 잘 유지했으나 예서 이후로 잘 알아볼 수 없게 변해버렸다. 편방으로 쓰일 때에는 忄(小)으로 써 글자의 균형을 고려했다. 『설문해자』에서는 심장(心)을 음양오행 중 土(토)에 해당하는 장기라고 했다. 『설문해자』를 지은 허신은 당시의 금문(今文)학자들과는 달리 우리 몸의 五臟(오장) 중 肝(간)을 金(금) 脾(비)를 木(목) 腎(신)을 水(수) 肺(폐)를 火(화) 心을 土에 속하는 것으로 보았던 것이다. 고대 중국인들은 思(생각할 사)나 想(생각할 상)에서처럼 사람의 생각이 머리가 아닌 심장에서 나온다고 생각했다. 그래서 心으로 구성된 한자들은 대부분 사상과 감정이나 심리 활동과 관련되어 있으며, 그 때문에 사람의 성품도 마음에서 결정된다고 생각했다.

字形 甲骨文 金文 古陶文 簡牘文 古璽文 石刻古文 說文小篆

●단어●

心理(심리)   小心(소심)   一片丹心(일편단심)
心情(심정)   是非之心(시비지심)   自激之心(자격지심)
犬馬之心(견마지심)   身心(신심)   自尊心(자존심)
關心(관심)   安心(안심)   全心全力(전심전력)
勞心焦思(노심초사)   慾心(욕심)   點心(점심)
放心(방심)   疑心(의심)   中心(중심)
本心(본심)   以心傳心(이심전심)   惻隱之心(측은지심)
辭讓之心(사양지심)   人面獸心(인면수심)   核心(핵심)

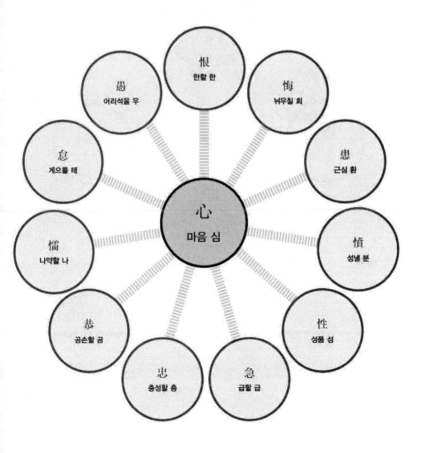

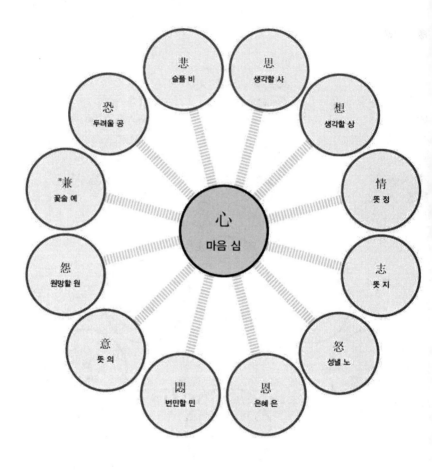

062

戈(창 과): gē, 戈-0, 4, 20

（字解） 상형. 갑골문에서 긴 손잡이가 달린 낫 모양의 창을 그렸는데, 자형이
조금 변해 지금처럼 되었다. 이는 찌르기 좋도록 만들어진 矛(창 모)와는
달리 적을 베거나 찍기에 편리하도록 고안되었다. 戈는 고대 중국에서
는 가장 대표적인 무기였고, 그래서 戈로 구성된 한자는 대부분 무기
나 전쟁과 관련되어 있다.

（字形） 甲骨文  金文  古陶文 簡牘文 帛書  古璽文  說文小篆

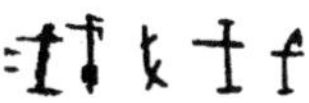

●단어●

干戈(간과)

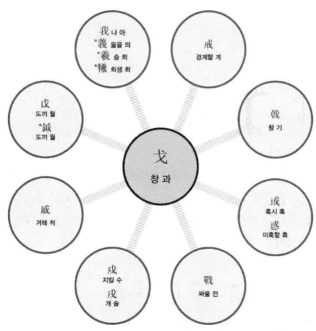

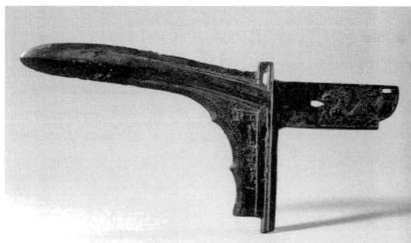

● 청동 낫창(戈). 왕직(王職)이라는 명문이 새겨졌다. 가로 27센티미터, 높이 13센티미터. 전국(戰國) 시대 후기, 기원전 3세기 경.

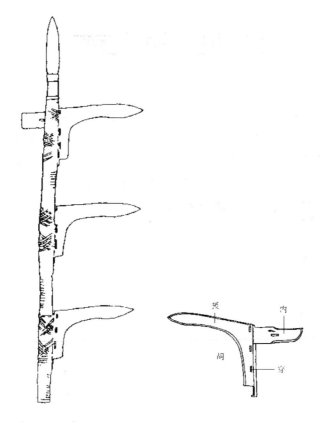

- 과(戈)(오른쪽)와 극(戟)(왼쪽).
  戟은 낫창(戈)을 여럿 달고
  끝에다 뾰족 창(矛모)을
  합쳐 만들었다.

063

戶(지게 호): hù, 戶-0, 4, 42

字解 상형. 갑골문에서 '외짝 문'을 그렸고 이로부터 '집'의 뜻이 나왔다. 하지만, 戶는 창이 아래위로 난 규모 있는 집을 그린 宮(집 궁)이나 가축과 사람이 아래 위층으로 살도록 고안된 家(집 가)와는 달리, 문짝 하나만 달린 극히 서민적인 '방에 가까운 집을 뜻한다.

字形 甲骨文 簡牘文 說文小篆

●단어●

戶口(호구)

戶籍(호적)

戶曹(호조)

戶主(호주)

家家戶戶(가가호호)

家喻戶曉(가유호효)

家戶(가호)

萬戶(만호)

門戶(문호)

窓戶(창호)

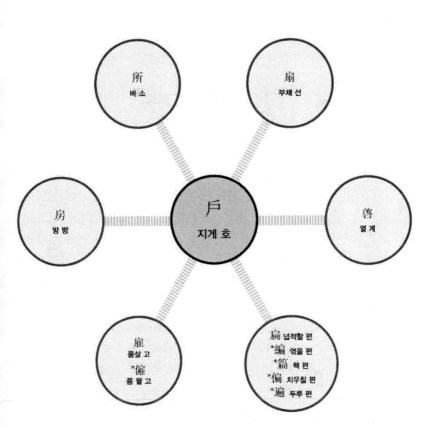

所 비 소

扇 부채 선

房 방 방

戶 지게 호

启 열 계

雇 품살 고
*催 품 팔 고

扁 넙적할 편
*編 엮을 편
*篇 책 편
*偏 치우칠 편
*遍 두루 편

064

手(손 수): shǒu, 手-0, 4, 70

🗨字解 상형. '손'을 그렸으며, 금문에서부터 등장하는데, 손의 모습이 특이하게 그려졌다. 어찌 보면 나뭇잎의 잎맥이나 나뭇가지처럼 보이기도 하는 이 글자는 사실 손의 뼈대를 형상화하여, 가운뎃손가락을 중심으로 네 손가락이 대칭으로 균등하게 펼쳐진 모습이다. 인류가 직립 보행을 하게 되면서 해방된 손은 도구를 사용함으로써 문명을 발달시켜 나가는 가장 중요한 부위로 자리 잡았다. 그래서 手는 도구 사용의 상징이 되었고, 高手(고수)나 鼓手(고수)처럼 도구를 능수능란하게 사용하는 '사람' 그 자체를 말하기도 했다. 또 손은 그 자체로도 도구였지만 打(칠 타)에서처럼 도구를 사용하는 대표적 신체기관이었으며, 그런가 하면 拜(절 배)에서처럼 '손'은 자신을 낮추고 상대에게 존중을 표하는 부위이기도 했다.

🗨字形 ꙮ ꙮ金文 ꙮ古陶文 ꙮ ꙮ簡牘文 ꙮ 說文小篆 ꙮ 說文古文

●단어●

手記(수기)

手段(수단)

手法(수법)

手不釋卷(수불석권)

手順(수순)

手術(수술)

手帖(수첩)

歌手(가수)

擧手(거수)
高手(고수)
空手來空手去(공수래공수거)
白手乾達(백수건달)
洗手(세수)
束手無策(속수무책)
失手(실수)
自手成家(자수성가)

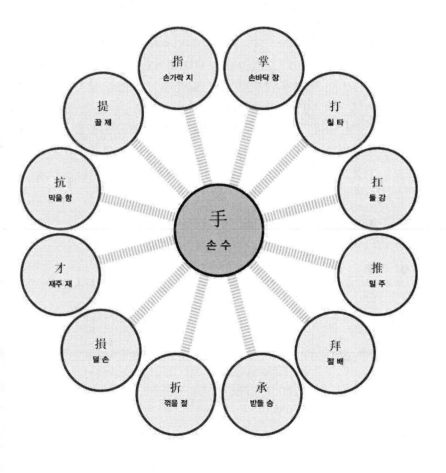

065

支(지탱할 지): zhī, 支-0, 4, 42

字解 회의. 又(또 우)와 十(열 십)으로 구성되었는데, 十은 원래 댓가지를 그린 것이 변한 것으로 추정되며, 『설문해자』에서는 '댓가지를 제거하다'라고 풀이했다. 그렇다면 支는 손으로 대의 몸체로부터 꺾어 낸 '가지'를 말한다. 그래서 支는 '나뭇가지'가 원래 뜻이고, 가지는 나무의 몸체에서 갈라져 나온 것이라는 의미에서 '갈라지다'의 뜻이, 몸체에 붙어 있다는 뜻에서 '곁'과 '지탱하다'의 의미가 나왔다. 支가 순수한 의미부로 기능을 하여 구성된 글자들은 그다지 많지 않아 현대 중국의 『신화자전』에서는 따로 부수로 세우지 않고, 十부수에 통합시켰다. 원래 뜻인 '나뭇가지'의 의미를 더욱 구체화하기 위해 木(나무 목)을 더한 枝(가지 지)로 분화했다.

字形 支 支 簡牘文　屶 說文小篆　氒 說文古文

●단어●

支局(지국)	支拂(지불)	支撐(지탱)
支給(지급)	支社(지사)	支派(지파)
支流(지류)	支援(지원)	○
支離滅裂(지리멸렬)	支障(지장)	干支(간지)
支配(지배)	支持(지지)	收支(수지)
支部(지부)	支出(지출)	依支(의지)

● 한나라 화상석에 새겨진 서커스(雜技). 59*40센티미터. 사천성 납계(納溪) 석붕향애묘(石棚鄉崖墓) 출토. 오른쪽부터 검을 세 개 던지는 사람, 구슬을 네 개 던지는 사람, 검 끝에 공을 돌리는 사람, 물구나무를 선 사람 등이 표현되었는데, 한나라 때의 잡기를 잘 보여준다. 왼쪽은 세 겹으로 된 처마 형식의 건축물인데 곡식 창고로 보인다.

枝(가지 지)	木(나무 목)+支	나무(木) 의 갈라진(支) 가지→갈라져 나온 지부, 적장자 이외의 나머지 자손
肢(사지 지)	肉(고기 육)+支	몸통(肉) 곁으로 뻗어 난(支) 팔 다리 등 '사지'(=胑 사지 지)
妓(기생 기)	女(여자 여)+支	사람들에 붙어서(支) 기생하며 사는 비천한 여자(女). 창기.
岐(갈림길 기)	山(뫼 산)+支	가지(支)처럼 여러 갈래로 나뉜 산(山)의 길(岐)
歧(갈림길 기)	止(발 지)+支	발길(止)이 가지(支)처럼 여러 갈래로 나뉘는 갈림길(=岐)
伎(재주 기)	人(사람 인)+支	가지(支)처럼 옆에 붙어 있는 사람(人) 동료→사람(人) 의 재주
技(재주 기)	手(손 수)+支	손(手) 으로 댓가지를 제거하고 갈라(支) 여러 가지 생활용품을 만들다→손재주→'솜씨', 技術(기술), 기교, 기능

斬竹漂塘

• 댓가지 정리 모습. 고대사회에서 대나무는 인간에게 가장 유용한 목재 중의 하나였다.(『천공개물』)

066
攴(攵·칠 복): pū, 攴-0, 4

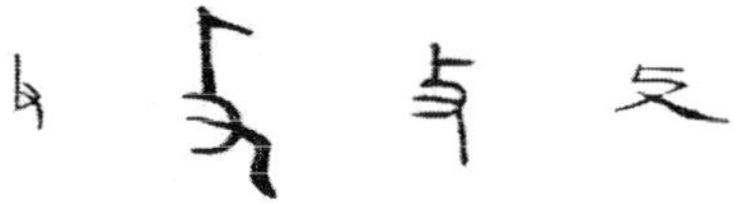

字解 형성. 又(또 우)가 의미부고 卜(점 복)이 소리부인 구조인데, 갑골문에서는 손에 막대나 연장을 들고 무엇인가를 치는 모습이었다. 이후의 『설문해자』에서는 攴을 '가볍게 치는' 것이라고 했지만, 攴의 실제 의미는 훨씬 다양하다. 때로는 악기나 대상물을 치는 것을, 때로는 회초리로 상대를 굴복시킴을, 때로는 가르침의 수단을 뜻하기도 했다. 鼓(북 고)에서처럼 '치다'가 攴의 기본 의미이며, 敗(깨트릴 패)에서처럼 대상물을 '깨트리다'는 뜻으로 확장되었고, 改(고칠 개)에서처럼 대상물을 강제하고 다스리는 수단의 상징이기도 했다.

字形  甲骨文  古陶文 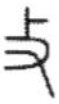 說文小篆

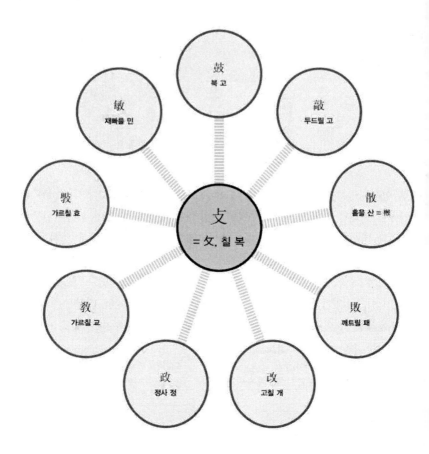

067

文(무늬 문): wén, 文-0, 4, 70

> 字解 상형. 『설문해자』에서는 "획을 교차시키다는 뜻으로, 교차한 무늬를 형
> 상했다(錯畫也. 象交文)"고 하여, 획을 교차시킨 것이 文의 원래 뜻이라고 했
> 다. 하지만, 갑골문에 근거해 보면 '文身(문신)'이 원래 뜻이다. 바깥의 仌
> 은 사람의 모습이고, 중간의 ×·∨·∧·／ 등은 가슴팍에 새겨진 무늬이다.
> 혹자는 금문의 용례를 중심으로 文을 제사 지낼 때 신위 대신으로 그
> 자리에 앉혀 제사를 받게 했던 尸童(시동)과 연계시켜 해석했지만 이러
> 한 제사 제도가 확립되기 전으로 거슬러 올라가게 되면, 죽음이라는
> 것을 영혼이 육체에서 분리되는 과정이라 생각했고 그것은 피 흘림을
> 통해 이루어졌다는 원시인들의 죽음에 대한 인식에 근원한다. 당시에
> 는 사고나 야수의 습격 등으로 피를 흘려 죽은 사고사가 대부분이었는
> 데, 그런 경우가 아닌 자연사한 경우에는 인위적으로 칼집에 의한 피
> 흘림 의식을 행해 죽은 사람의 영혼이 육신으로부터 분리될 수 있게
> 하였고, '文'은 죽은 사람에 대한 신성화한 기호를 말하며, 죽은 시신을
> 묻을 때에는 붉은색을 가슴팍에다 칠하기도 했다. 이처럼, 文의 옛 형
> 태는 사람의 가슴에 어떤 무늬를 새겨 놓은 것을 형상했다. 고대 중국
> 인들이 죽음을 영혼의 육체로부터의 분리라 생각했고, 이 분리는 피
> 흘림을 통해 이루어진다고 믿었다. 이 때문에 피 흘림 없이 죽은 시체
> 에 문신을 그려 넣었다. 이것을 그린 것이 文이고 그래서 이의 처음
> 뜻은 '무늬'이다. 문자란 일정한 필획을 서로 아로새겨 어떤 형체들을
> 그려낸 것이다. 그래서 무늬라는 의미의 文에 '文字(문자)', 즉 '글자'라는
> 의미도 담기게 되었다. 이후 이러한 글자로 쓰인 것, 즉 '글'을 '文章(문

장)'이나 '문학작품'이라 하게 되었다. 이렇게 되자 文은 '문자'나 '문장'이라는 의미로 주로 쓰이게 되었고, 처음의 '무늬'라는 의미를 나타낼 때에는 다시 糸(가는 실 멱)을 더하여 紋(무늬 문)으로 표시했다. 물론 糸이 더해진 것은 베를 짜는 과정에서의 무늬가 생활과 상당히 밀접하게 연관돼 있었기 때문으로 보인다. 그리하여 文은 시신에 낸 무늬로부터 시각적 아름다움이, 다시 시각은 물론 철학적 형식미로까지 발전하여 급기야 文學(문학)과 문학 행위까지 지칭하는 의미로 확장되었다.

字形 甲骨文 金文 古陶文 簡牘文 石刻古文 說文小篆

●단어●

文盲(문맹)
文明(문명)
文武(문무)
文武兼備(문무겸비)
文房四友(문방사우)
文法(문법)
文書(문서)
文藝(문예)
文字(문자)
文章(문장)
文質彬彬(문질빈빈)

文學(문학)
文化(문화)
古文(고문)
公文(공문)
論文(논문)
博文約禮(박문약례)
死後藥方文(사후약방문)
人文(인문)
天文(천문)
漢文(한문)

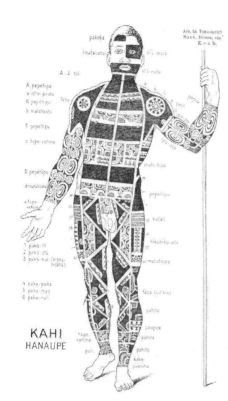

태평양
마르케사스(Marquesa
s) 군도에 사는
마르케사스
원주민(남자)의
문신된
앞모습(『문신,
금지된 패션의
역사』, 83쪽.)

紋(무늬 문)	糸(가는 실 멱)+文	비단(糸)에 아로새긴 무늬(文)→주름이나 무늬의 통칭
紊(어지러울 문)	文+糸(가는 실 멱)	비단(糸)에 무늬(文)가 '어지러이' 아로새겨진 모습
雯(구름무늬 문)	雨(비 우)+文	구름(雨)의 아름다운(文) 무늬
虔(정성 건)	虍(호랑이 호)+文	거대한 몸집의 호랑이(虍)가 걸어가는 아름다운(文) 모습→위엄과 武勇(무용)을 갖춘 '의젓함'→경건하다, 정성을 다 하다, 공경하다

玟(옥돌 민)	玉(옥 옥)+文	아름다운(文) 옥(玉)
吝(아낄 린)	文+口(입 구)	아름다운(文) 말(口)이란 '아껴야' 한다→인색하다
旼(화락할 민)	日(날 일)+文	햇빛(日)이 화사하게(文, 妏과 통합) 내리쬐어 만물이 자라나는 평화롭고 화락한 모습
旻(하늘 민)	日(날 일)+文	아름다운(文) 하늘(天)→푸른 하늘, 가을 하늘
汶(내 이름 문)	水(물 수)+文	강(水)의 이름
蚊(모기 문)	虫(벌레 충)+文	벌레(虫)의 일종인 모기

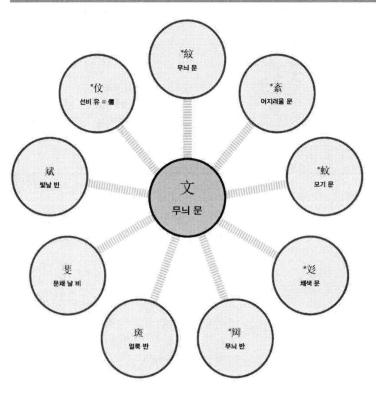

068

斗(말 두): dǒu, 斗-0, 4, 42

두 又 秀 斗

字解 상형. 술을 뜰 때 쓰던 손잡이 달린 국자 모양의 容器(용기)를 그렸다. 이후 곡식을 나눌 때 쓰던 용기 즉 '말'을 지칭하여 열 되(升)를 뜻하였고, 다시 北斗七星(북두칠성)이나 南斗星(남두성)에서처럼 국자같이 생긴 것을 통칭하게 되었다.

字形 又 又 金文 秀 干 古陶文 又 簡牘文 秀 說文小篆

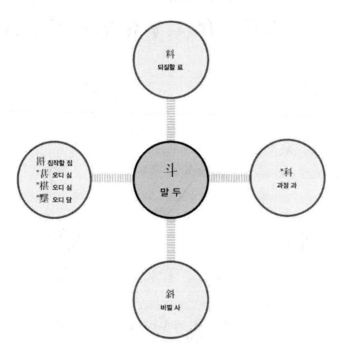

料 되질할 료

擗 짐작할 짐
*葚 오디 심
*椹 오디 심
*碪 오디 담

斗 말 두

*科 과정 과

斜 비낄 사

069

斤(도끼 근): jīn, 斤-0, 4, 30

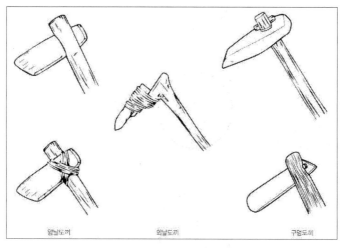

字解 상형. '도끼'를 그렸다고 풀이하지만, 갑골문을 보면 '자귀'를 그렸다는 것이 더 정확해 보인다. 도끼는 날이 세로로 되었지만 자귀는 가로로 되었으며, 나무를 쪼개거나 다듬을 때 사용하던 대표적 연장이다. 그래서 斤에는 도끼가 갖는 일반적 의미 외에도 쪼아 다듬거나 끊다는 의미까지 함께 들어 있다. 이후 斤이 무게의 단위로 가차되자, 원래 뜻은 金(쇠 금)을 더한 斲(자귀 근)으로 분화했다.

字形 ᄀ ᄀ 甲骨文 ᄼᄼ 金文 ᄼ 古陶文 ᄼ ᄼ ᄼ 簡牘文 ᄼ 說文小篆

돌도끼의 다양한 장착 방법(『돌, 깨어나다-동북아 석기 테마 여행』)

千斤萬斤(천근만근)

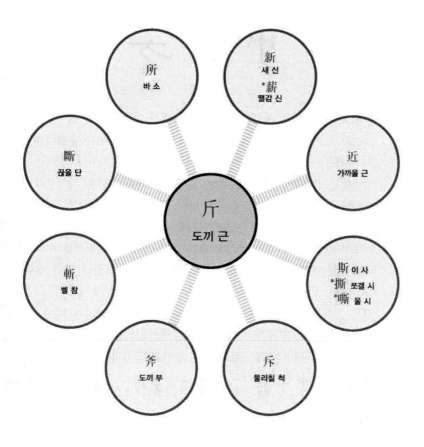

070
方(모 방): fāng, 方-0, 4, 70

字解 상형. 이의 자원은 확실치 않다. 『설문해자』는 배(舟·주)를 둘 합쳐 놓은 것이라고 했지만, 갑골문을 보면 쟁기가 분명하다. 위는 손잡이를 중간은 발판을 아래는 갈라진 날을 그린 碎土(쇄토)형 쟁기이다. 쟁기는 흙을 갈아엎는 유용한 농기구로, 중국의 쟁기는 세계의 다른 지역보다 수백 년이나 앞서 발명되고 응용되었을 정도로 선진적인 농업의 상징이기도 했다. 쟁기로 밭을 갈면 보습에 의해 각진 흙덩이가 올라오게 되는데, 이로부터 여러 뜻이 생겨났다. 흙은 땅의 상징이며, 농경을 주로 했던 중국에서 땅은 '나라' 그 자체였다. 게다가 하늘은 둥근 반면 땅은 네모졌다고 생각했기에 '네모'나 땅의 '가장자리'까지 뜻하게 되었다. 그래서 方에는 '나라'는 물론 地方(지방)에서처럼 땅, 方向(방향) 다시 方正(방정)에서처럼 '각 짐'과 '정직함'이나 입방체, 네모꼴로 된 종이에 처방(處方)을 내린다고 해서 '방법', 방식 등의 뜻까지 생겼다.

字形

●단어●

方道(방도)	方言(방언)	○
方法(방법)	方針(방침)	四方(사방)
方式(방식)	方便(방편)	死後藥方文(사후약방문)
方案(방안)	方向(방향)	西方(서방)

雙方(쌍방)　　　　處方(처방)　　　　品行方正(품행방정)
一方(일방)　　　　天圓地方(천원지방)
地方(지방)　　　　八方美人(팔방미인)

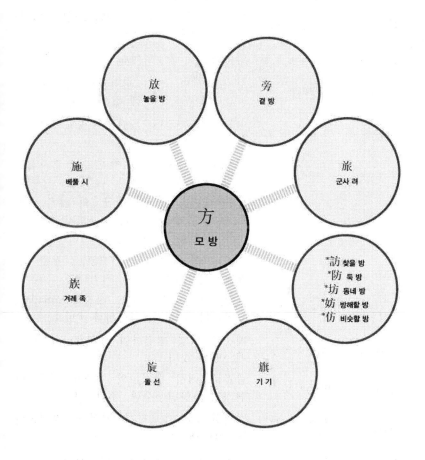

坊(동네 방)	土(흙 토)+方	나란히(方) 난 흙(土) '길', '동네'→牌坊(패방), 工房(공방), 소규모 수공업 공장
彷(거닐 방)	彳(조금 걸을 척)+方	땅의 가장자리(方)까지 왔다 갔다 하며(彳) 彷徨(방황)함.
枋(다목 방)	木(나무 목)+方	네모꼴(方)로 켜 놓은 목재(木)→흙 언덕을 다질 때 쓰는 나무절구
肪(기름 방)	肉(고기 육)+方	덩어리진(方) 고깃덩이(肉)
芳(꽃다울 방)	艸(풀 초)+方	향기를 사방(方)으로 퍼져 나가게 하는 식물(艸)→훌륭한 덕이나 젊은 나이
妨(방해할 방)	女(여자 여)+方	여자(女)가 줄지어(方) 있음→'방해하여' 해롭다
房(방 방)	戶(지게 호)+方	곁(方)에 위치한 방(戶), 側室(측실)→격자형으로 분할된 '방'
訪(찾을 방)	言(말씀 언)+方	좋은 의견을 구하려 주위(方)의 다른 나라로 찾아가 묻고(言) 의논함→조사하다, 찾다, 방문하다, 모의하다
防(둑 방)	阜(언덕 부)+方	강가나 성 주위(方)로 흙으로(阜) 쌓은 둑, 제방→'방어하다' 막다, 지키다
放(놓을 방)	方+攴(칠 복)	변방(方)으로 강제로(攵) '내침'→몰아내다, 추방하다, 버리다, 석방하다→'방종'
舫(배 방)	舟(배 주)+方	배(舟)를 여럿 연결하여 네모꼴(方)로 만든 배→배를 젓다
旁(곁 방)	벙(冂)+方	갑골문(벙)에서 쟁기(方)의 곁으로 볏을 덧댄 모습→양면→주변, 주위, 곁
紡(자을 방)	糸(가는 실 멱)+方	비단실(糸)을 네모지게 자아낸 방직물의 뜻, 자아낸 실
仿(비슷할 방)	人(사람 인)+方	사람(人)이 나란한 모습→비슷하다
魴(방어 방)	魚(고기 어)+方	납작한 물고기 이름→魴魚

071

无(없을 무): [無], wú, 无-0, 4

字解 지사. 『설문해자』에서는 無(없을 무)자의 奇字(기자)라고 했는데, 奇字는 古文(고문)과 조금 다른 서체를 말한다고 했다. 허신이 말한 古文이 오늘날의 관점에서 볼 때 전국시대 때 산동성 지역의 齊(제)나라나 魯(노)나라에서 사용되던 문자임을 고려해 보면, 기자는 이와는 다른 지역의 전국문자로 추정된다. 여하튼 無는 손에 장식물을 들고 춤추는 모습으로부터 '춤추다'의 뜻이 나왔고, '없다'는 뜻으로 가차되자 다시 두 발(舛·천)을 보태 舞(춤출 무)로 분화한 글자이다. 無가 획수가 많아 이를 줄여 쓴 약자가 无인데, 의미나 독음 상 아무런 차이가 없다. 현대 중국에서는 無의 간화자로 쓰인다.

字形 說文奇字

071-01

無(없을 무): 无, wú, 火-8, 12, 50

字解 상형. 갑골문자에서 無와 舞(춤출 무)는 같은 글자였으며, 모두 손에 술 같은 장식물이나 불을 들고 춤추는 모습을 그렸다. 그래서 '춤추다'가 원래 뜻인데, 자형이 변해 지금처럼 되었으며, 아랫부분의 '灬'(火, 불 화)는 사람의 발이 잘못 변한 것으로 불과는 관련이 없다. 이후 '없다'는 뜻으로 가차되어 주로 부정사로 쓰이게 되었고, 그러자 원래 뜻은 두 발을 그린 舛(어그러질 천)을 더해 舞로 분화했다. 『설문해자』에서는 无(없을 무)를 無의 奇字(기자)로 제시하기도 했다. 현대 중국의 간화자에서는 无에 통

합되었다.

 甲骨文 金文 古陶文 盟書
簡牘文 帛書 石刻古文 說文小篆 說文奇字

●단어●

無價之寶(무가지보)	無常(무상)	無職(무직)
無缺(무결)	無色(무색)	無秩序(무질서)
無辜(무고)	無線(무선)	無責任(무책임)
無關(무관)	無所不能(무소불능)	無臭(무취)
無窮(무궁)	無所不爲(무소불위)	無敗(무패)
無窮無盡(무궁무진)	無所屬(무소속)	無學(무학)
無窮花(무궁화)	無視(무시)	無限(무한)
無期(무기)	無始無終(무시무종)	無害(무해)
無難(무난)	無識(무식)	無形(무형)
無念無想(무념무상)	無心(무심)	無花果(무화과)
無能(무능)	無我(무아)	無效(무효)
無斷(무단)	無煙炭(무연탄)	有無(유무)
無量(무량)	無用(무용)	全無(전무)
無力(무력)	無爲徒食(무위도식)	虛無(허무)
無力(무력)	無爲自然(무위자연)	○
無禮(무례)	無意識(무의식)	孤立無援(고립무원)
無料(무료)	無益(무익)	公平無私(공평무사)
無聊(무료)	無人島(무인도)	廣大無邊(광대무변)
無理(무리)	無敵(무적)	萬壽無疆(만수무강)
無名(무명)	無電(무전)	百藥無效(백약무효)
無謀(무모)	無情(무정)	百害無益(백해무익)
無味(무미)	無題(무제)	四顧無親(사고무친)
無事(무사)	無條件(무조건)	思無邪(사무사)
無私(무사)	無罪(무죄)	事實無根(사실무근)
無償(무상)	無知(무지)	束手無策(속수무책)

眼中無人(안중무인)　　有耶無耶(유야무야)　　天衣無縫(천의무봉)
眼下無人(안하무인)　　人生無常(인생무상)　　花無十日紅(화무십일홍)
勇敢無雙(용감무쌍)　　仁者無敵(인자무적)　　厚顔無恥(후안무치)
有口無言(유구무언)　　一字無識(일자무식)
有備無患(유비무환)　　前無後無(전무후무)

072

日(날 일): rì, 日-0, 4, 80

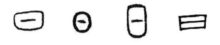

字解 상형. '태양'을 그렸는데, 중간의 점이 특징적이다. 이를 태양의 흑점으로도 보지만 중국 신화에서 태양에 산다고 하는 다리가 셋 달린 까마귀(三足烏삼족오)의 상징으로도 풀이한다. 옛날에는 태양의 운행을 잘 이해하지 못했던지라 까마귀가 해를 배속에 넣고 날아다닌다고 생각했기 때문이다. 고구려 벽화 등에서 태양에 삼족오가 그려진 이유이기도 하다. 또 태양은 인류가 볼 수 있는 가장 강한 빛과 만물을 생장케 하는 무한한 에너지를 가졌다. 태양의 위치로 시간대를 확정하고, 뜨고 지는 주기로 '하루'를 나타냈으며, 이 때문에 시간의 총칭이자 달력(曆력)의 의미까지 갖게 되었다.

字形 ◖◨日 ◉甲骨文 ◯◯金文 ⊖古陶文 ◉◨日簡牘文 ⊖帛書 ◎石刻古文 日說文小篆 ⊖說文古文

●단어●

日記(일기)
日沒(일몰)
日本(일본)
日常(일상)

○
三日天下(삼일천하)
每日(매일)
反日(반일)

日程(일정)
日帝(일제)
日出(일출)

白日夢(백일몽)

生日(생일)

十日之菊(십일지국)

曜日(요일)

一日三省(일일삼성)

作心三日(작심삼일)

終日(종일)

初八日(초파일)

親日(친일)

擇日(택일)

韓日(한일)

休日(휴일)

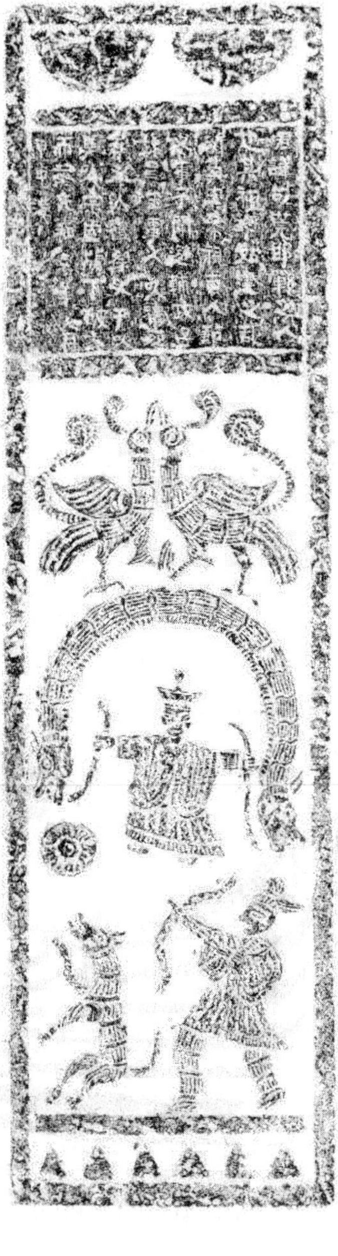

후예사일도(后羿射
日圖). 후예가
하늘의 태양
9개를 활로 쏘아
떨어뜨렸다는
이야기.

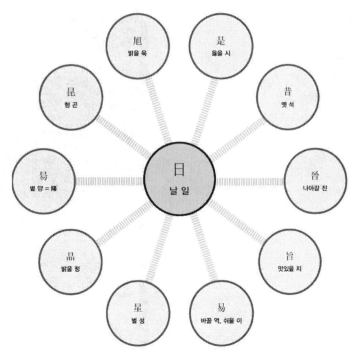

신조(神鳥)가 태양을 가슴에 품어 나르는 모습. 가슴 속의 태양 속에 삼족오(三足烏)가 그려졌다. 사천성 신도(新都) 출토. 48*29센티미터.

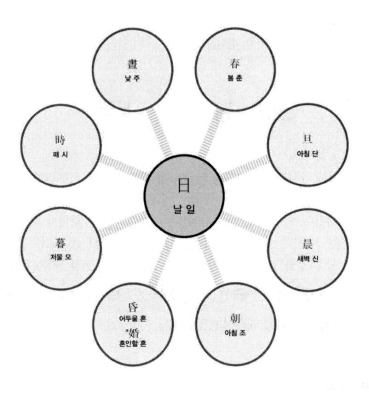

073

曰(가로 왈): yuē, 曰-0, 4, 30

字解 지사. 입(口·구)에 가로획을 더하여 입에서 '말'이 나오는 모습을 상징화했는데, 曷(어찌 갈)은 입을 쩍 벌린 모습에서 큰 소리로 '요구하다'의 뜻이 나왔다. 하지만, 현행 옥편에서 曰부수에 귀속된 나머지 글자들은 대부분 '말하다'는 뜻과는 관계없이, 예서로 들면서 書(글 세)와 같이 '그릇', 最(가장 최)와 같이 '모자' 등을 그린 것들이 잘못 변한 글자들이다.

字形 ᗺᗷ甲骨文 ᗷᗷ ᗷᗷᗷᗷ金文 ᗷ ᗷᗷ古陶文 ᗺ ᗷ ᗷ ᗷ簡牘文 ᗷ帛書 ᗷ石刻古文 ᗷ說文小篆

●단어●
曰可曰否(왈가왈부)
或曰(혹왈)
孔子曰孟子曰(공자왈맹자왈)

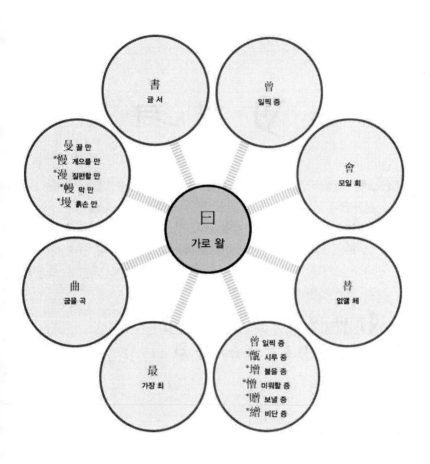

書
글 서

曾
일찍 증

曼 꿀 만
*慢 게으를 만
*漫 질펀할 만
*幔 막 만
*墁 흙손 만

會
모일 회

曰
가로 왈

替
없앨 체

曲
굽을 곡

最
가장 최

曾 일찍 증
*甑 시루 증
*增 불을 증
*憎 미워할 증
*贈 보낼 증
*繒 비단 증

074

月(달 월): yuè, 月-0, 4, 80

字解 상형. 달을 그렸는데, 태양(日·일)과 쉽게 구분할 수 있도록 둥근 모습의 보름달이 아닌 반달을 그렸다. 月도 日처럼 중간에 들어간 점이 특징적이다. 이를 달 표면의 음영이라고도 하나 중국 신화에서 달에 산다고 하는 蟾餘(섬여·두꺼비)의 상징으로 보기도 한다. 달이 원래 뜻이며, 달이 이지러지고 차는 주기라는 뜻에서 '한 달'을 지칭하였고, 달처럼 생긴 둥근 것을 말하기도 하였다.

字形

●단어●

月刊(월간)
月光(월광)
月給(월급)
月末(월말)
月餠(월병)
月貰(월세)
月下老人(월하노인)
光風霽月(광풍제월)

臘月(납월)
滿月(만월)
蜜月(밀월)
不知何歲月(부지하세월)
歲月(세월)
歲月流水(세월유수)
吟風弄月(음풍농월)
翌月(익월)

日月(일월)
日月星辰(일월성신)
日月盈昃(일월영측)
日就月將(일취월장)
淸風明月(청풍명월)
風月(풍월)
虛送歲月(허송세월)

• 신조(神鳥)가 달을 가슴에 품어 나르는 모습. 가슴 속의 달 속에 계수나무와 두꺼비가 그려졌다. 사천성 신도(新都) 출토. 48*29센티미터.

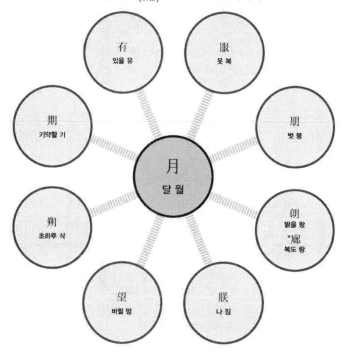

항아분월도(姮娥奔
月圖). 후예의 아내
항아가 선약을
먹고 달로
올라가는 모습.
달로 올라간
항아는 그
죗값으로 흉측한
두꺼비로 변한다.
동한 시대
화상석. 안휘성
회북시(淮北市)
출토.

075

木(나무 목): mù, 木-0, 4, 80

字解 상형. 줄기를 중심으로 잘 뻗은 가지와 뿌리를 그려 '나무'를 형상했다. 木이 둘 셋 중첩되어 만들어진 林(수풀 림)과 森(나무 빽빽할 삼)은 '나무'의 의미가 강화한 경우로 '나무'의 원래 의미가 그대로 담겨 있는 경우이다. 나무는 인간 생활에서 빼놓을 수 없었기에 이를 이용해 '위치'나 '방향'을 표시하기도 했다. 예컨대 末(끝 말)과 本(밑 본)과 朱(붉을 주) 등은 木에다 위, 아래, 가운데 부위를 표시하는 부호를 붙여 만든 글자들로, 末은 나무의 끝을, 本은 나무의 뿌리를 말하며, 朱는 나무의 속이 붉은 赤心松(적심송)을 뜻한 데서 '붉다'는 의미를 그렸다.

또 東(동녘 동)은 해가 나무에 걸린 모습에서 해 뜨는 쪽을, 杲(밝을 고)는 해가 나무 위로 위치한 모습에서 한낮의 밝음을, 杳(어두울 묘)는 해가 나무 아래로 떨어진 어둑해진 때를 말한다. 또 나무는 인간 생활의 기물을 만드는 더없이 중요한 재료로 쓰였다. 나무는 다양한 목제품은 물론, 울타리(樊번)나 기둥(柱주)이나 악기(樂악)의 재료로, 염료(染염)로, 심지어 저울추(權권)나 거푸집(模모) 술통(樽준) 쟁반(槃반) 등을 만드는 데 쓰였다. 그래서 材(재목 재)는 갖가지 재주(才·재)로써 기물을 만들어 내는 나무(木)라는 뜻이 담겼다.

字形 甲骨文 金文 古陶文 盟書 簡牘文 帛書 說文小篆

●단어●

木工(목공)	木材(목재)	十伐之木(십벌지목)
木馬(목마)	巨木(거목)	緣木求魚(연목구어)
木石(목석)	枯木(고목)	草木(초목)

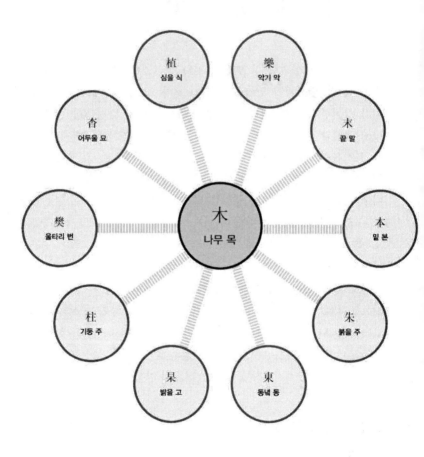

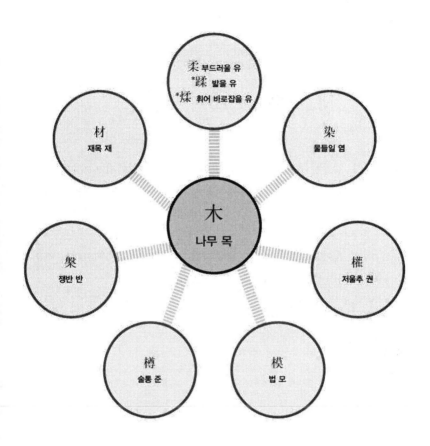

柔 부드러울 유
*蹂 밟을 유
*揉 휘어 바로잡을 유

材 재목 재

染 물들일 염

木
나무 목

槃 쟁반 반

權 저울추 권

樽 술통 준

模 법 모

076

欠(하품 흠): qiàn, 欠-0, 4, 10

字解 상형. 갑골문에서 입을 크게 벌린 형상이며, 입에서 나오는 무엇인가를 강조하기 위해 점이 더해지기도 했다. 그래서 欠(하품 흠)은 '말하기'를 제외한 마시며, 노래하고, 호흡을 가다듬는 등 입과 관련된 수많은 행위를 나타낸다. 나아가 欲(하고자 할 욕)에서처럼 부러워함과 欠缺(흠결)처럼 아무리 많아도 '부족함'까지 뜻하기도 한다. 다만, 말과 관련된 행위는 주로 口(입 구)나 言(말씀 언)으로 표현되었다.

字形 𣎴 𣎴 甲骨文 𣎴 說文小篆

●단어●

欠缺(흠결)

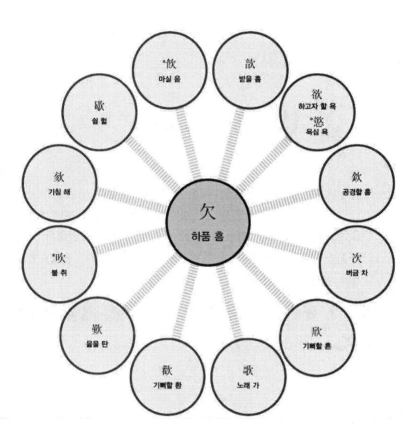

077

止(발 지): zhǐ, 止-0, 4, 50

字解 상형. 사람의 '발'을 그렸는데, 이후 발가락을 셋으로 상징화해 지금처럼 되었다. 발은 신체의 일부기도 하지만 가야 할 때와 멈출 때를 결정하고, 나아가 역사를 일구어 나가는 것 또한 인간의 발에서 시작된다. 그래서 止는 '가다'와 '그치다'는 물론 인간의 과거 흔적으로부터 다가올 미래까지를 포함하는 개념으로 발전했다.

字形 甲骨文 金文 古陶文 簡牘文 說文小篆

●단어●

止揚(지양)   停止(정지)
止血(지혈)   制止(제지)
禁止(금지)   終止(종지)
明鏡止水(명경지수)   中止(중지)
防止(방지)   止於至善(지어지선)
抑止(억지)   廢止(폐지)
沮止(저지)   行動擧止(행동거지)

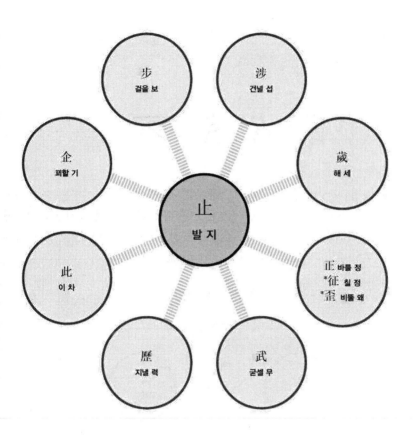

止
발 지

- 步 걸을 보
- 涉 건널 섭
- 歲 해 세
- 企 꾀할 기
- 正 바를 정
  - *征 칠 정
  - *歪 비뚤 왜
- 此 이 차
- 歷 지낼 력
- 武 굳셀 무

078

歹(뼈 부서질 알): [歺, 冎], dǎi, 歹-0, 4

📖 상형. 앙상하게 남은 뼈를 그렸는데, 사람이 죽으면 시신을 숲에 버리고, 썩어 문드러져 뼈만 남으면 수습해 처리했던 옛 장례법을 반영했다. 그래서 歹에는 '뼈'와 '죽음'의 뜻이, 다시 죽음 뒤의 새 생명이라는 의미까지 생겼다. 달리 歺로 쓰기도 한다.

🔖 占 甲骨文 肖 說文小篆 ꓑ 說文古文

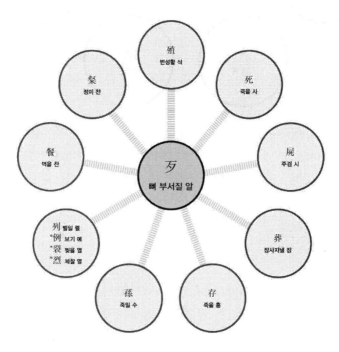

殳(창 수): shū, 殳-0, 4

字解 회의. 갑골문에서 손(又·우)에 끝이 뾰족한 창을 든 모습인데, 자형이 변해 几(안석 궤)와 又의 구조로 변했다. 옛 기록에 의하면, 殳는 길이가 1丈(장) 8尺(척)에 8각형의 모서리를 가졌고, 군대가 전진할 때 전차의 양쪽에 꽂거나 보병이 들고 적의 근접을 막는 무기라 했는데, 1974년 진시황의 병마용 갱에서 실물이 발견되어 이를 증명해 주었다. 그래서 殳는 창, '때리다', 창과 유사한 도구 등의 뜻을 갖는다. 또 진시황 때 쓰였던 서체의 하나로, 병기에 쓰인 문자를 지칭하기도 한다.

그래서 殳가 들어간 글자는 '창'과 관련된 의미를 갖는다. 예컨대, 殺(죽일 살·빠를 쇄)은 殳가 의미부이고 杀(죽일 살)이 소리부로, 어떤 것을 때려(殳) 죽임(杀)을 말한다. 원래는 짐승의 몸체에다 죽임을 상징하는 삐침 획을 더해 '죽이다'는 뜻을 그렸는데, 이후 殳를 더해 몽둥이로 쳐서 죽이는 방법을 구체적으로 표현했다. 죽이다는 뜻으로부터 분위기를 깨다, 쇠퇴하다의 뜻이 나왔고, 이후 빠르다 등의 뜻으로도 쓰였는데, 이때에는 殺到(쇄도)처럼 '쇄'로 구분해 읽는다.

또 芟(벨 삼)은 나무나 쇠몽둥이(殳)로 길게 자란 풀(艸)을 후려치며 자르는 모습을 그렸으며, 이로부터 풀을 베다, 제거하다, 목을 베다는 뜻이 나왔고, 낫을 지칭하기도 한다. 그리고 設(베풀 설)은 言(말씀 언)이 의미부고 殳가 소리부로, '陳設(진설)하다'가 원래 뜻이고, 이로부터 안치하다, 세우다 등의 뜻이 나온 글자이다. 말(言)로 사람을 부려(殳, 役과 통함) 물건 등을 배치하고 진설한다는 뜻에서부터 갖추다, 연회를 벌이다 등의 뜻이 나왔고, 이로부터 '베풀다'의 뜻도 나왔다.

또 投(던질 투)는 손(手·수)으로 창(殳)을 '던지다'는 뜻이며, 이로부터 投擲(투척)의 뜻이 나왔고, 손에 들었던 창을 내던지고 항복하다는 뜻에서 投降(투항)하다, 意氣投合(의기투합·마음이나 뜻이 서로 맞음)하다 등의 뜻도 나왔다.

字形 ↑ ↑甲骨文 ⇒金文 ⚡簡牘文 ⚡ 說文小篆

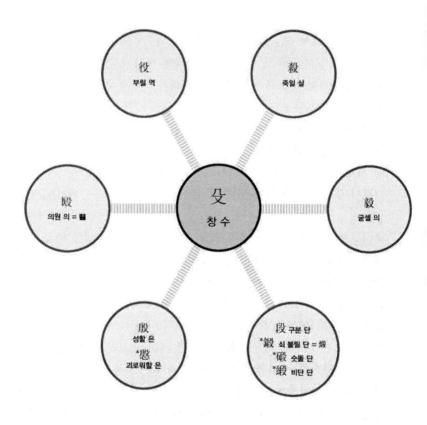

호북성 曾侯(증후) 乙墓(을묘)에서 출토된 창(戈).

080

母(어미 모): mǔ, 毋-0, 5, 80

字解 상형. 손을 모으고 앉은 여인(女:여)에 유방을 의미하는 두 점이 더해져 '어미'를 형상했다. 이것은 여자와 어머니의 차이가 젖에 있기 때문이다. 어머니는 젖으로 아이를 키운다. 아이가 젖을 뗄 무렵이 되면, 회초리로 아이를 가르치고 훈육하는데, 이것을 어머니의 주된 역할로 보았다. 그래서 태어나면서 체득하는 것과 관련된 한자에는 모두 母가 들어간다. 예컨대 태어나서 바로 배우는 언어가 母國語(모국어)이고, 태어나서 자신이 속한 문화를 체득하는 곳이 母國(모국)이다. 그래서 어머니는 敏(재빠를 민)에서처럼 익숙하고 편안한 존재이지, 유혹하고 싶은 '여자'는 아니다. 하지만, 비녀 여럿을 꽂아 화려하게 치장한 모습을 그린 毒(독 독)에서처럼 어머니(每)가 본연의 의무를 망각하게 되면 이제는 어머니가 아니라 남자를 유혹하는 음란한 여성이 되고 사회의 '독'으로 변한다.

字形 甲骨文 金文 古陶文 簡牘文 帛書 古璽文 說文小篆

●단어●

母校(모교)	孟母斷機(맹모단기)	字母(자모)
母國語(모국어)	孟母三遷(맹모삼천)	慈母(자모)
母女(모녀)	父母(부모)	賢母良妻(현모양처)
母音(모음)	乳母車(유모차)	

80-01

毋(말 무): wú, 毋-0, 4, 10

字解 지사. 母(어미 모)에서 변형된 글자로, 부정사로 쓰여 '없다', '……하지 말라' 등의 뜻으로 쓰인다.

字形 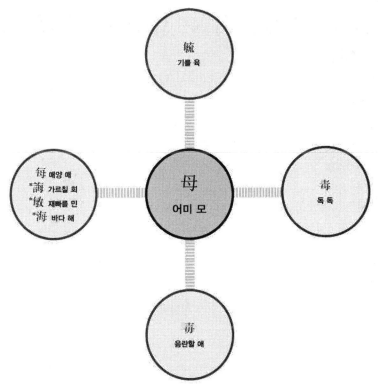 金文 簡牘文 古璽文 說文小篆

●단어●

毋論(무론)

毋望之福(무망지복)

081

比(견줄 비): bǐ, 比-0, 4, 50

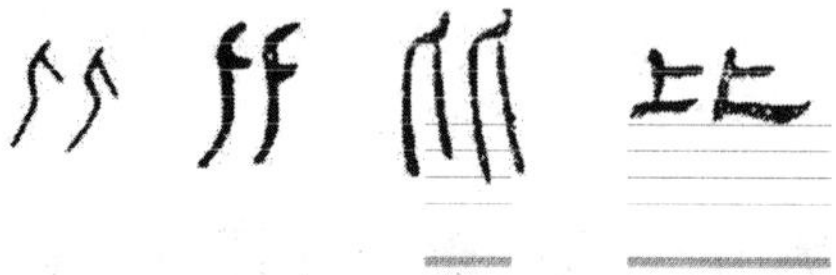

字解 회의. 두 개의 匕(비수 비)로 구성되었는데, 갑골문에서는 두 사람(匕)이 나란히 선 모습이다. 나란히 늘어선 사람으로부터 '나란하다'와 '견주다(比較비교)'의 뜻이 나왔으며, 친근하다, 순종하다, 긴밀하다, 돕다 등의 뜻도 나왔다.

字形 𠥩甲骨文 𠤏𠤏古文 𠤏古陶文 𠤏比比比簡牘文 川川說文小篆 林林說文古文

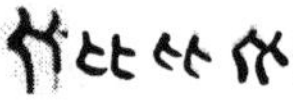

●단어●
比肩(비견)
比較(비교)
比丘尼(비구니)
比例(비례)
比喩(비유)
比率(비율)
比重(비중)
對比(대비)

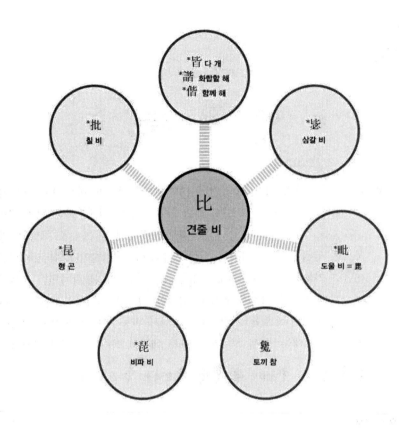

比
견줄 비

*皆 다 개
*諧 화합할 해
*偕 함께 해

*毖 삼갈 비

*毗 도울 비 = 毘

鑱 토끼 참

琵 비파 비

昆 형 곤

*批 칠 비

082

毛(털 모): máo, 毛-0, 4, 42

字解 상형. 『설문해자』에서 '눈썹이나 머리칼 및 짐승의 털'이라고 했는데, 毛髮(모발)은 바로 이런 뜻이다. 毛의 가운데 선의 아랫부분은 털의 뿌리 (毛根·모근)를, 중간은 줄기(毛幹·모간)를, 윗부분은 끝자락(毛梢·모초)을 그렸고, 양쪽으로 갈라진 획은 펼쳐진 털의 모습이다. 머리칼이나 짐승의 털은 대단히 가늘다. 지금은 '나노 섬유(nano fiber)'처럼 10억분의 1미터 두께라는 상상하기조차 어려운 가늘고 섬세한 섬유가 개발되었지만, 그전에는 인간이 볼 수 있는 가장 가는 존재가 바로 이런 털이었을 것이다. 이로부터 毛에는 '털'과 모직물은 물론 대단히 작다는 의미가 담겼다.

字形 ꝛ ꝛ ꝛ 金文 ꝛ 古陶文 ꝛ ꝛ ꝛ ꝛ 簡牘文 ꝛ 說文小篆

●단어●

毛根(모근)
毛髮(모발)
毛細血管(모세혈관)
毛皮(모피)
不毛地(불모지)
九牛一毛(구우일모)
一毛不拔(일모불발)

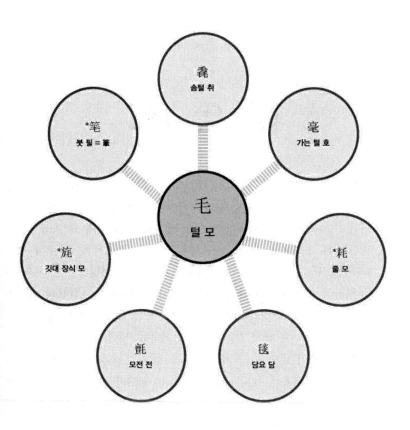

083

氏(성씨 싸나라 이름 지): shì, zhī, 氏-0, 4, 40

字解 상형. 자원에 대해서는 이견이 많지만, 갑골문을 보면 허리를 숙인 채 물건을 든 모습이라는 해석이 비교적 타당해 보인다. 氏에 '씨', '뿌리', '낮다', '들다' 등의 의미가 들어 있는 것으로 보아 손에 든 것은 '씨앗'이 아닌가 추정된다. 먼저, 씨를 뿌리는 모습에서 '씨'와 '뿌리'의 개념이 나왔는데, 氏族(씨족)이나 姓氏(성씨)는 이런 뜻을 반영하였다. 이후 씨를 뿌리려 허리를 굽힌 데서 '낮(추)다'의 뜻이 나왔는데, 금문의 자형은 이를 적극적으로 반영하였다. 이후 氏는 '씨'를 뿌리는 곳인 땅을 강조한 지사 부호(丶)를 더해 氐(근본 제)로 분화하여 '낮다'는 의미를 주로 표현했다. 하지만 氏와 氐는 지금도 자주 섞여 쓰인다. 또 한나라 때 서역에 있던 이민족인 月氏(월지)를 지칭하며, 한나라 때 흉노족이 임금의 정실부인을 부르던 閼氏(알지)를 말할 때 쓰이기도 하는데, 이때에는 '지'로 읽힘에 유의해야 한다.

字形

氏族(씨족)
攝氏(섭씨)
姓氏(성씨)
和氏之璧(화씨지벽)

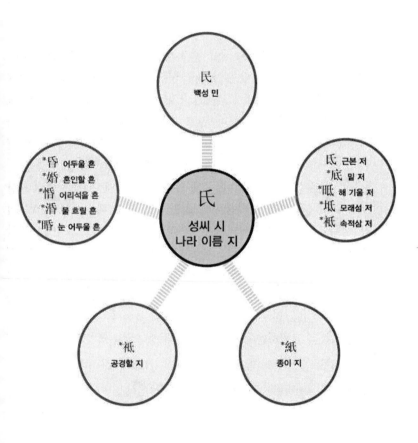

084

气(기운 기): [氣], qì, 气-0, 4

字解 상형. 갑골문에서 세 가닥의 구름 띠가 하늘에 퍼져 있는 모습을 그렸다. 갑골문의 자형이 三(석 삼)과 닮아 금문에서는 아래위 획을 조금씩 구부려 三과 구분했다. 气는 이후 소리부인 米(쌀 미)가 더해져 氣(기운 기)가 되었다. 이 때문에 气가 밥 지을 때 피어오르는 蒸氣(증기)를 그렸으며, 이후 의미를 정확하게 하려고 米가 더해졌다고 보기도 한다. 하지만, 갑골문이 만들어졌던 中原(중원) 지역의 대평원에서는 해가 뜨고 질 때 얇은 층을 이룬 구름이 온 하늘을 뒤덮은 모습을 쉽게 볼 수 있다. 낮에는 그런 현상이 잘 나타나지 않지만, 아침저녁으로는 습한 공기 때문에 자주 만들어진다. 气가 밥 지을 때 나는 蒸氣라면 갑골문처럼 가로로 그리지는 않았을 것이다. 그래서 雲氣(운기.엷게 흐르는 구름)가 氣의 원래 뜻이다. 구름의 변화가 大氣(대기)의 상태를 가장 잘 말해 주기에 天氣(천기.날씨)나 氣運(기운)이라는 말이 나왔다. 천체를 흐르는 기운, 그것이 바로 동양학에서 말하는 氣라 할 수 있다. 현대에 들어서는 서양에서 들어 온 화학 원소 중 기체로 된 이름을 표기하는데도 쓰인다. 현대 중국의 간화자에서 다시 원래의 气로 되돌아갔다.

字形 三三三二 甲骨文 三气气 金文 气气 簡牘文 石篆 說文小篆

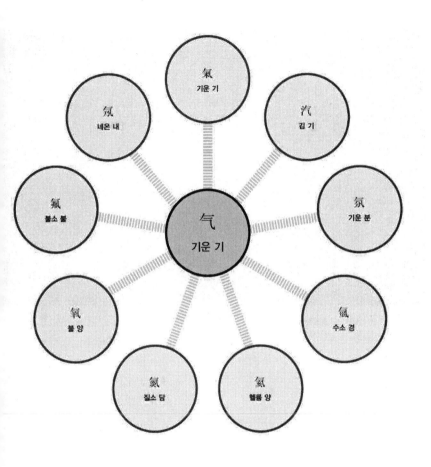

気
기운 기

氣
기운 기

汽
김 기

氛
기운 분

氫
수소 경

氧
헬륨 양

氮
질소 담

氧
불 양

氟
불소 불

氖
네온 내

• 천문기상잡점(天文氣象雜占)· 31*58.5센티미터. 호남성 장사 마왕퇴 3호묘 출토 백서(帛書)· 기원전 223년 초나라 멸망 이전 시기.

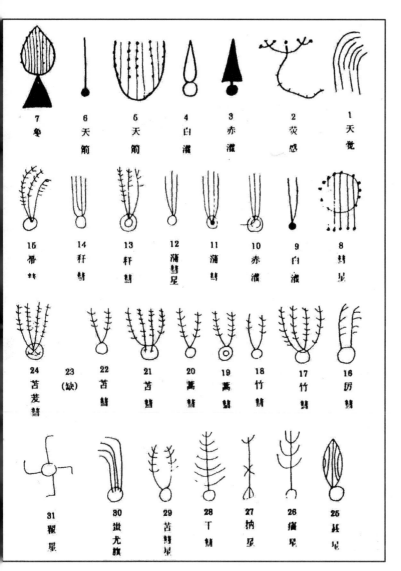

마왕퇴 3호묘에서 출토된 「천문기상잡점」의 각종 혜성 모사도.

085

水(물 수): shuǐ, 水-0, 4

字解 상형. 굽이쳐 흐르는 물을 그렸다. 그래서 水(물 수)는 '물'이나 물이 모여 만들어진 강이나 호수, 또 물과 관련된 동작을 비롯해 모든 액체로 그 의미가 확장되었다. 하지만 중국에서 '물'은 단순히 물리적 존재로서의 물의 의미를 넘어선다. "최고의 선은 물과 같다(上善若水·상선약수)"라고 한 노자의 말이 아니더라도, 治(다스릴 치)나 法(법 법)에서처럼 물은 언제나 남이 꺼리는 낮은 곳으로 흐르며 모든 것을 포용하는, 사람이 살아가야 할 도리를 담은 지극히 철리적인 존재로 인식되었다.

字形

●단어●

水路(수로)
水分(수분)
水産(수산)
水魚之交(수어지교)
水準(수준)
君子之交淡若水(군자지교담약수)
落花流水(낙화유수)
背水之陣(배수지진)
山水(산수)
山紫水明(산자수명)

山戰水戰(산전수전)
上善若水(상선약수)
上水道(상수도)
生水(생수)
食水(식수)
我田引水(아전인수)
溫水(온수)
樂山樂水(요산요수)
洪水(홍수)

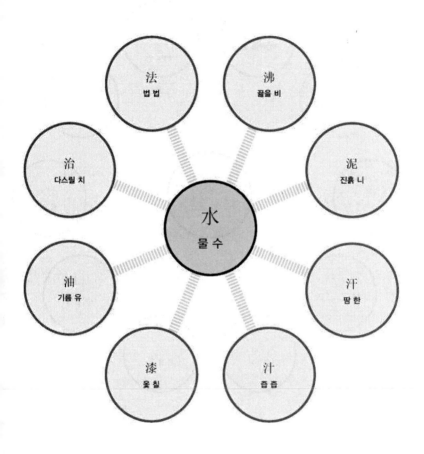

水
물 수

法
법 법

沸
끓을 비

泥
진흙 니

治
다스릴 치

汗
땀 한

油
기름 유

漆
옻 칠

汁
즙 즙

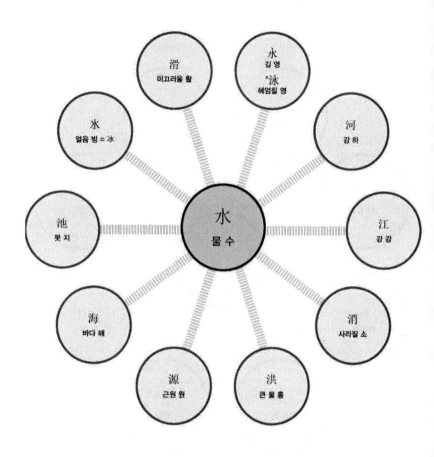

086

火(불 화): [灬], huǒ, 火-0, 4, 80

字解 상형. 불은 인류의 문명 생활을 가능하게 한 중요한 도구인데, 火는 넘실거리며 훨훨 타오르는 불꽃을 그렸으며, '불'과 불에 의한 요리법, 강렬한 열과 빛, 화약, 무기, 火星(화성), 재앙 등을 뜻한다. 나아가 식사를 함께하는 군사 단위인 10명을 지칭하며 이로부터 '동료'라는 뜻도 나왔다. 또 불같이 성질을 내다는 뜻도 가진다. 상하구조로 된 합성자에서는 공간을 고려해 灬로 쓴다.

字形 甲骨文 簡牘文 石刻古文 說文小篆

●단어●

火攻(화공)	明若觀火(명약관화)	失火(실화)
火器(화기)	放火(방화)	引火(인화)
火力(화력)	防火(방화)	電光石火(전광석화)
火魔(화마)	兵火(병화)	點火(점화)
火山(화산)	烽火(봉화)	鎭火(진화)
火星(화성)	負薪入火(부신입화)	着火(착화)
火焰(화염)	噴火口(분화구)	風前燈火(풍전등화)
火災(화재)	聖火(성화)	
火正(화정)	消火(소화)	
燈火可親(등화가친)	消火栓(소화전)	

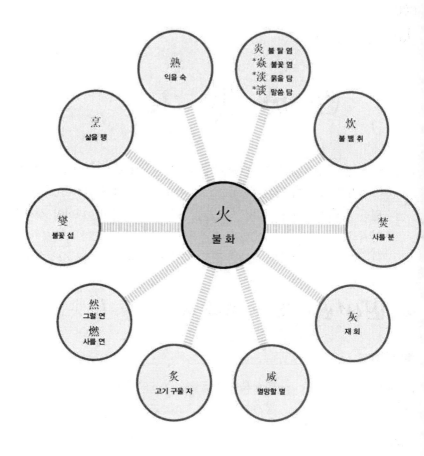

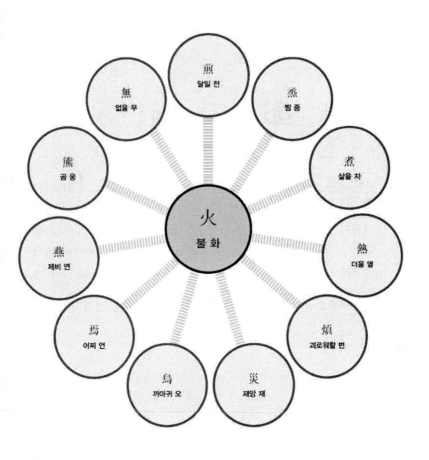

087

爪(손톱 조): zhǎo, 爪-0, 4, 10

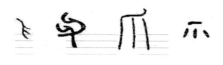

字解 상형. 손발톱을 그렸는데, 금문의 자형을 보면 손톱이 대단히 사실적으로 표현되었다. 인간의 손발톱은 퇴화해 기능을 많이 상실했지만, 동물에게서는 아직도 살아남기 위한 필수도구이다. 그래서 爪는 손동작 중에서도 공격, 방어, 명령, 선택 등의 뜻을 갖는다. 이후 이러한 동작을 강조하고자 手(손 수)를 더한 抓(긁을 조)를 만들어 분화하기도 했다.

字形 ⿰ 甲骨文 ⿰ 金文 ⿰ 古陶文 爪 說文小篆

●단어●

爪甲(조갑)

爪牙(조아)

爪牙之士(조아지사)

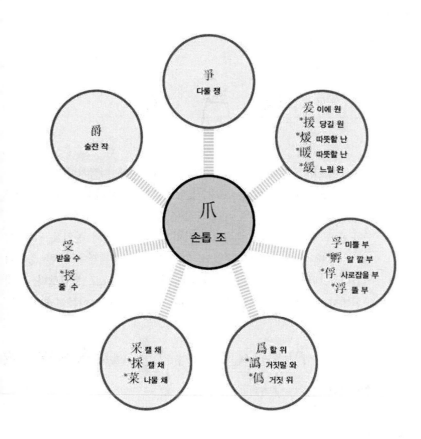

爪 손톱 조

爭 다툴 쟁

爰 이에 원
*援 당길 원
*煖 따뜻할 난
*暖 따뜻할 난
*緩 느릴 완

孚 미쁠 부
*孵 알 깔 부
*俘 사로잡을 부
*浮 뜰 부

爲 할 위
*譌 거짓말 와
*僞 거짓 위

采 캘 채
*採 캘 채
*菜 나물 채

受 받을 수
*授 줄 수

爵 술잔 작

088

父(아비 부): fù, 父-0, 4, 80

字解 지사. 손으로 돌도끼를 쥔 모습인데 자형이 변해 지금처럼 되었다. 돌도끼는 석기시대를 살았던 고대인들에게 가장 중요하고 기본적인 생산도구이자, 전쟁도구였으며, 권위의 상징이기도 했다. 그래서 父는 돌도끼를 들고 밖으로 나가 수렵에 종사하고 야수나 적의 침입을 막던 성인 '남성'에 대한 통칭이 되었고, '아버지'와 아버지뻘에 대한 총칭이 되었다. 그러자 '돌도끼'는 斤(도끼 근)을 더한 斧(도끼 부)로 분화했다. 고대 문헌에서는 父와 같은 독음을 가진 甫(클 보)도 '남자'를 아름답게 부르는 말로 쓰였다.

字形

●단어●

父母(부모)	父子有親(부자유친)	國父(국부)
父母兄弟(부모형제)	父傳子傳(부전자전)	代父(대부)
父爲子綱(부위자강)	○	神父(신부)
父子(부자)	家父長制(가부장제)	漁父之利(어부지리)

釜(가마 부)	金(쇠 금)＋父	쇠(金)로 만든 아비(父) 같이 큰 솥→'가마솥'
斧(도끼 부)	斤(도끼 근)＋父	아버지(父)가 밖에서 일할 때 쓰는 대표적 도구→도끼(斤)
甫(클 보)	田(밭 전)＋屮(싹틀 철)	싹(屮)이 돋은 채소밭(田)
布(베 포)	巾(수건 건)＋父	모시로 짠 대표(父) 직물(巾)

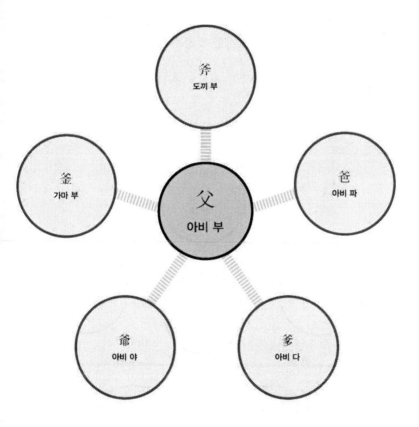

089

爻(효 효): yáo, 爻-0, 4, 10

字解 상형. 실이나 새끼를 교차하게 짜거나 매듭짓는 모습이며, 이로부터 그렇게 짠 면직물이나 '섞인 것'을 뜻하게 되었다.

●단어●

爻象(효상)   陽爻(양효)   陰爻(음효)
卦爻(괘효)   六爻(육효)

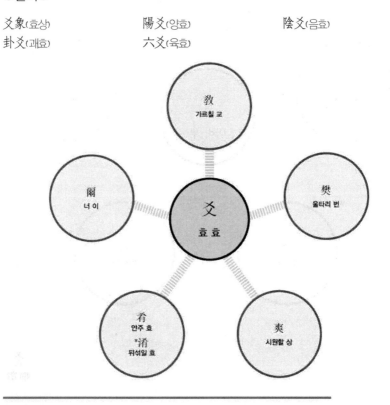

090

爿(나무 조각 장): qiáng, 爿-0, 4

爿 ● 爿 爿

字解 상형. 爿은 나무로 만든 침상을 그렸는데, 세로쓰기 때문에 세로로 놓였다. 왼쪽이 침상 다리고 오른쪽이 침상 바닥이다. 이후 의미를 더욱 강화하기 위해 木(나무 목)을 더하여 牀(牀·평상 상)을 만들었다. 『설문해자』에서는 爿이 부수로 설정되지 않았는데, 그것은 爿이 의미부로 쓰인 글자가 많지 않았기 때문이다. 하지만, 명나라 때의 『字彙(자휘)』에 들면서 처음으로 부수로 설정되었고, 이후 『康熙字典(강희자전)』 등이 이 체계를 계승했다. 그러나 『강희자전』에서 爿부수에 귀속시킨 壯(씩씩할 장) 狀(형상 상·장) 臧(착할 장) 牆(담 장) 牂(암양 장) 등에서 각각 士(선비 사) 犬(개 견) 臣(신하 신)과 戈(창 과) 嗇(아낄 색) 羊(양 양) 등이 의미부이고 爿은 모두 소리부로 쓰였다. 다만 將(장차 장)의 경우 손(寸·촌)으로 고깃덩어리(肉·육)를 잡고 탁자(爿) 위로 올리는 모습을 그려 爿이 의미에 관여하기는 하나 이 역시 소리부를 겸하고 있어 寸부수에 귀속되었다. 나머지, 牀도 木부수에 귀속시키면 된다. 그렇게 되면 爿부수에 귀속된 귀속자가 없는 셈이며, 이 때문에 爿은 다음 부수인 片(조각 편)에 귀속시키고 부수를 폐지해도 좋을 것이다.

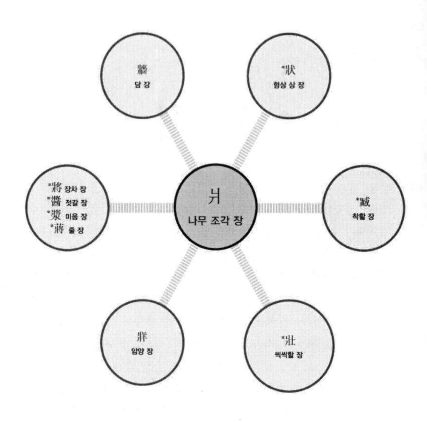

091

片(조각 편): piàn, 片-0, 4, 32

字解 상형. 나무의 조각을 말하는데, 木(나무 목)을 절반으로 쪼개 놓은 모습이다. 왼쪽의 세로획은 나무줄기를, 오른쪽의 위 획은 나뭇가지를 아래 획은 나무뿌리를 말한다. 나무를 조각 내 만든 널빤지는 종이가 없던 시절 대나무 쪽으로 만든 竹簡(죽간)과 함께 유용한 서사 도구였다. 이를 牘(편지 독)이라 하고, 나무로 만들었다고 해서 木牘이라 불렀다. 牋(편지 전)이나 牒(서판 첩) 등도 모두 木牘에 쓴 편지를 말한다.

字形 甲骨文 說文小篆

●단어●

片鱗(편린)
片肉(편육)
片紙(편지)
阿片(아편)
破片(파편)
一葉片舟(일엽편주)
一片丹心(일편단심)

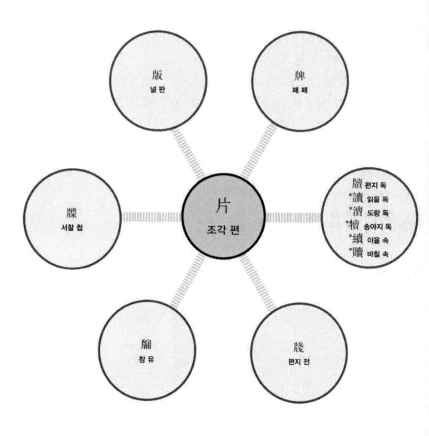

092

牙(어금니 아): yá, 牙-0, 4, 32

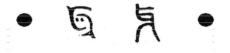

字解 상형. 아래위의 어금니가 서로 맞물린 모양을 그렸는데, 자형이 변해
지금처럼 되었다. 어금니는 음식물을 씹어 으깨는 중요한 역할을 하기
에 '이빨'을 통칭하게 되었으며, 이발처럼 생긴 것도 지칭하게 되었다.
『설문해자』의 고문체 등에서는 이빨임을 강조하기 위해 齒(이 치)가 더해
지기도 했다. 이빨은 다른 공격도구가 없는 사람에게 손톱과 함께 중
요한 공격도구이자 방어도구였다. 그런가 하면 우리말에서도 말을 잘
하는 사람을 두고 '이빨이 세다'고 표현하는 것처럼, 이빨은 언변의 상
징이었다. 牙가 중매쟁이를 뜻하게 된 것도, 말로 상대방을 연결해 결
합시키는 역할을 하기 때문이다.

字形 ㄓ ㄅ ㄅ 金文 ㄅ 壹 古陶文 ㄅ 簡牘文 ㄅ 說文小篆 壺 說文古文

●단어●

牙城(아성)

牙音(아음)

犬牙(견아)

象牙(상아)

齒牙(치아)

伯牙絶絃(백아절현)

象牙塔(상아탑)

爪牙之士(조아지사)

邪(간사할 사)	邑(고을읍)+牙	산동성 琅邪郡(낭아군)
雅(메까마귀 아)	隹(새 추)+牙	까마귀→태양을 지키는 신성한 새 이자 효조(孝鳥)로서 아름다운 성품을 지닌 새 (隹)→'고상하다'
鴉(갈까마귀 아)	鳥(새 조)+牙	까마귀→ 검다
芽(싹 아)	艸(풀 초)+牙	이처럼 뾰족 솟은(牙) 식물(艸)의 새싹→싹 이 트다→사물의 시작
訝(맞을 아)	言(말씀 언)+牙	언변 좋은(牙) 말(言)로 환영하며 '맞이함' →칭송하다, 경탄하다

093

牛(소 우): niú, 牛-0, 4, 50

字解 상형. 소의 전체 모습으로도 보지만 자세히 관찰하면 사실은 소의 머리로 보인다. 갑골문과 금문을 비교해 볼 때, 위쪽은 크게 굽은 뿔을, 그 아래의 획은 두 귀를, 세로획은 머리를 간단하게 상징화한 것으로 볼 수 있다. 소는 犁(쟁기 려)에서처럼 정착 농경을 일찍 시작한 중국에서 농경의 주요 수단이었으며, 이 때문에 犧牲(희생)에서처럼 농사와 조상신에게 바치는 제물로 자주 사용되었다.

字形 Ψ Ψ Ψ 甲骨文 Ψ 金文 Ψ Ψ Ψ 古陶文 Ψ Ψ 貨幣文 Ψ 盟書 Ψ Ψ Ψ Ψ Ψ 牛 簡牘文 Ψ 古璽文 Ψ 說文小篆

●단어●

牛耕(우경)	牛脂(우지)	對牛彈琴(대우탄금)
牛骨塔(우골탑)	○	蝸牛(와우)
牛馬車(우마차)	牽牛(견우)	鬪牛(투우)
牛步(우보)	狂牛病(광우병)	庖丁解牛(포정해우)
牛乳(우유)	矯角殺牛(교각살우)	韓牛(한우)
牛耳讀經(우이독경)	九牛一毛(구우일모)	黑牛(흑우)

• 거세(犅牛). 한대 화상석. 하남성 방성(方城) 성관(城關) 출토. 거세처럼 하찮은 일은 페르시아 계 사람들이 담당했을 것임을 보여준다.

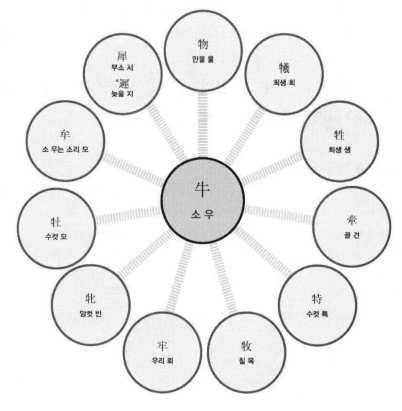

094

犬(개 견): quǎn, 犬-0, 4, 40

字解 상형. 개를 그렸는데, 치켜 올라간 꼬리가 특징적이다. 개는 청각과 후각이 뛰어나고 영리해 일찍부터 가축화되어 인간의 곁에서 사랑을 받아왔으며, 인간과 가장 가까운 동물의 하나가 되었다. 그래서 犬으로 구성된 글자는 개는 물론, 단독 생활을 즐기고 싸움을 좋아하는 개의 속성, 후각이 발달한 개의 기능 등을 뜻한다.

또 한국에서는 개가 주인을 무조건적으로 따름으로 해서 주견 없는 사람이나 주인을 위해 무조건적 충성을 바치는 사람 등을 비하하는 말로도 쓰인다.

犬이 의미부로 쓰인 글자들을 보면 다음의 몇 가지로 대분된다. 첫째, 개를 직접 지칭하는 경우로, 猋(개가 달리는 모양 표)는 개가 여럿 모여 달리는 모습을 말한다. 또 狗(개 구)는 수입개의 번역어라는 해석도 있지만 『예기』의 주석처럼 "큰 개를 犬, 작은 개를 狗라고 했다."라는 설이 지배적이다.

둘째, 개는 대단히 공격적인데, 犯(범할 범), 狂(미칠 광), 猛(사나울 맹), 獄(옥 옥) 등은 모두 개의 이러한 특성을 반영했다. 개는 혼자 있기를 좋아하며, 둘만 모여도 으르렁거리며 싸우길 좋아하는데, 狺(물어뜯고 싸울 은)과 獨(홀로 독)은 바로 이러한 특성을 반영했다.

셋째, 개는 후각이 대단히 뛰어나 사냥에 주로 동원되었는데, 狩(사냥 수), 獵(사냥 렵), 獸(짐승 수), 獲(얻을 획) 등은 이와 관련된 글자들이다.

넷째, 개고기는 대단히 맛있는 고기로 알려졌는데, 獻(바칠 헌)은 바로 세발로 된 솥(鬲.력)에 개고기를 삶아 '올림'을, 然(그릴 연)은 개(犬) 고기(肉.육)

를 불(火)에 '구움'을 말한다. 또 厭(싫을 염)은 '싫증나다'와 '좋다'는 뜻을 함께 가지는데, 厭을 구성하는 猒(물릴 염)은 원래 개(犬)와 고기(肉)와 입(口)으로 이루어져 '맛있는' 개고기를 '싫증날' 정도로 먹음을 말한다.

다섯째, 개는 모양이 비슷하고 종류가 다양한 동물이다. 그래서 '개'를 分類(분류)의 대표로 생각했다. 狀(형상 상), 類(무리 류), 猶(같을오히려 유)는 이러한 특징을 반영했다.

나머지, 개가 인간의 가장 가까운 동물의 대표임으로 해서, 다른 부류의 동물까지도 犬으로 표현한 경우가 있는데, 狐(여우 호), 狼(이리 랑), 猿(원숭이 원), 猪(돼지 저), 獅(사자 사) 등이 그러하다.

字形 甲骨文 金文 古陶文 盟書 簡牘文 說文小篆

●단어●

犬馬之勞(견마지로)	○	猛犬(맹견)
犬馬之心(견마지심)	鷄犬相聞(계견상문)	名犬(명견)
犬猿之間(견원지간)	狂犬(광견)	愛犬(애견)
犬兎之爭(견토지쟁)	軍犬(군견)	忠犬(충견)

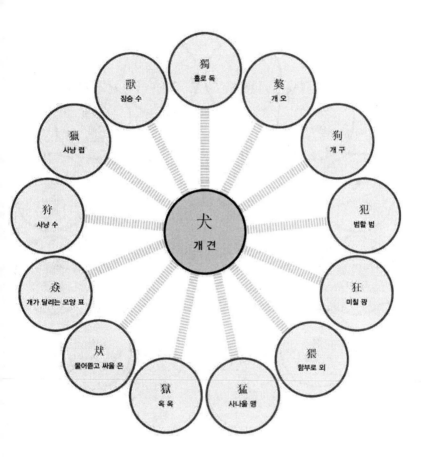

犬
개 견

獨
홀로 독

獒
개 오

狗
개 구

犯
범할 범

狂
미칠 광

猥
함부로 외

猛
사나울 맹

獄
옥 옥

狺
물어뜯고 싸울 은

猋
개가 달리는 모양 표

狩
사냥 수

獵
사냥 렵

獸
짐승 수

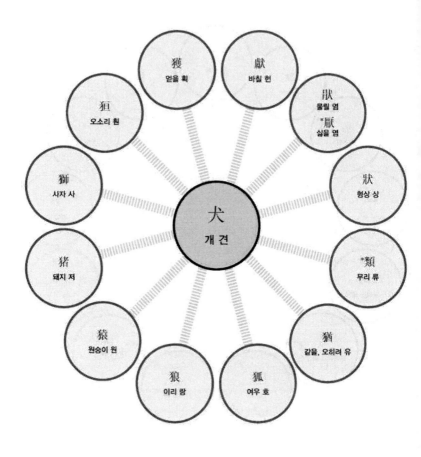

犬
개 견

獲
얻을 획

獻
바칠 헌

猒
물릴 염
*厭
싫을 염

狀
형상 상

*類
무리 류

猶
같을, 오히려 유

狐
여우 호

狼
이리 랑

猿
원숭이 원

猪
돼지 저

獅
사자 사

狟
오소리 훤

095

玄(검을 현): xuán, 玄-0, 5, 32

상형. 『설문해자』에서는 '아직 덜 자란 아이'라고 풀이했지만, 자형과 그다지 맞아 보이지 않으며, 오히려 玄(검을 현)이 실타래를 그린 幺(작을 요)의 변형으로 보는 것이 더 합당해 보인다. 즉 幺는 糸(가는 실 멱)의 아랫부분을 줄인 형태이고, 糸은 絲(실 사)의 반쪽이다. 다시 말해 絲를 절반으로 줄인 것이 糸이요, 糸을 절반으로 줄인 것이 幺이며, 이로부터 幺에 '작다'는 뜻이 나온 것으로 풀이할 수 있다. 검붉은 색으로 염색한 실타래를 말했으며, 이로부터 검다는 뜻이, 속이 검어 깊이를 알 수 없다는 의미에서 깊다, '심오하다', 이해하기 어렵다는 뜻이, 다시 진실하지 않아 믿을 수 없다는 뜻도 나왔다.

字形 ❀甲骨文 ❀金文 ❀玄簡牘文 ❀ 說文小篆 ❀ 說文古文

●단어●

玄關(현관)   玄理(현리)   玄室(현실)
玄宮(현궁)   玄米(현미)   玄學(현학)
玄德(현덕)   玄孫(현손)   天地玄黃(천지현황)

잊혀진 유산 《현산어보》가 새롭게 태어난다!

『玆山魚譜』를 어떻게 읽어야 하느냐를 두고 벌이는 논쟁이 예사롭지 않다. 가장 익숙한 표기는 물론 '자산어보'지만, 일각에서 제기되고 있는 '현산어보'로 읽어야 한다는 주장 또한 만만치 않다.

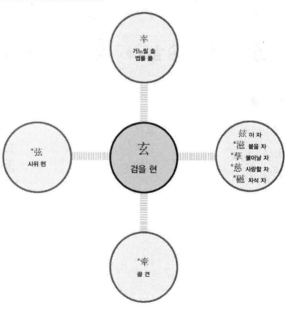

096

玉(옥 옥): yù, 玉-0, 5, 42

字解 상형. 원래 여러 개의 옥을 실로 꿴 모습이나, 이후 王(왕 왕)과 형체가 비슷해지자 오른쪽에 점을 남겨 구분했다. "옥의 아름다움은 다섯 가지 德(덕)을 갖추었으니, 윤기가 흘러 온화한 것은 仁(인)의 덕이요, 무늬가 밖으로 흘러나와 속을 알 수 있게 하는 것은 義(의)의 덕이요, 소리가 낭랑하여 멀리서도 들을 수 있는 것은 智(지)의 덕이요, 끊길지언정 굽혀지지 않는 것은 勇(용)의 덕이요, 날카로우면서도 남을 해치지 않는 것은 潔(결)의 덕이다."라고 한 『설문해자』의 말처럼, 옥은 중국에서 최고의 덕목을 갖춘 물체로 인식되었다. 그래서 옥은 珍(보배 진)에서처럼 단순한 보석을 넘어서 더없이 보배로운 吉祥(길상)의 상징이었는데, 그것은 '옥의 무늬가 드러나다'는 뜻을 가진 現(나타날 현)에서처럼 옥의 아름다운 무늬 때문일 것이다. 이 때문에 옥은 몸에 걸치는 장신구는 물론 신분의 상징이자 권위를 대신하는 도장(璽·새)의 재료로 쓰였으며, 때로는 노리개로, 심지어 시신의 구멍을 막는 마개로도 쓰였다. 더 나아가 옥은 중요사의 예물로도 사용되었다. '순자'의 말처럼, 사자를 파견할 때에는 홀(珪·규)을, 나랏일을 자문하러 갈 때에는 둥근 옥(璧·벽)을, 경대부를 청해올 때에는 도리옥(瑗·원)을, 군신관계를 끊을 때에는 패옥(玦·결)을, 유배당한 신하를 다시 부를 때에는 환옥(環·환)을 사용함으로써, 각각의 상징을 나타냈다.

字形 甲骨文 金文 古陶文 貨幣文 簡牘文 說文小篆 說文古文

●단어●

玉璽(옥새)   曲玉(곡옥)

玉色(옥색)   金科玉條(금과옥조)

玉石(옥석)   白玉(백옥)

玉篇(옥편)   珠玉(주옥)

玉皇上帝(옥황상제)   佩玉(패옥)

○

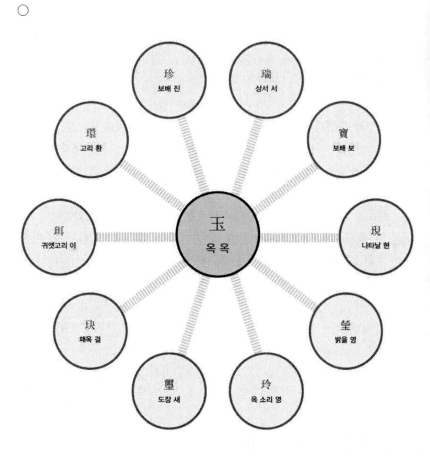

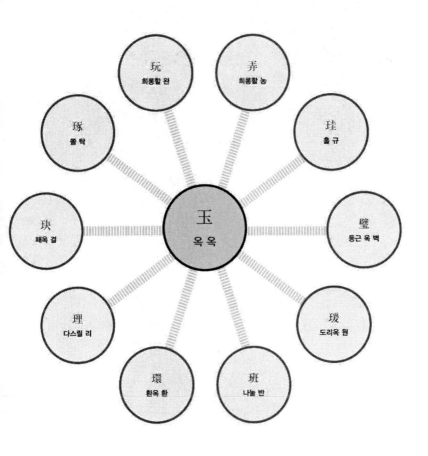

玩
희롱할 완

弄
희롱할 농

琢
쫄 탁

珪
홀 규

玦
패옥 결

玉
옥 옥

璧
둥근 옥 벽

理
다스릴 리

瑗
도리옥 원

環
환옥 환

班
나눌 반

• 비취옥으로 만든 배추. 메뚜기까지 사실적으로 표현되었다. 18~19세기.
  대만 고궁박물원 소장.

096-01

王(임금 왕): wáng, 玉-0, 4, 80

字解 상형. 『설문해자』에서는 三(석 삼)과 丨(뚫을 곤)으로 구성되어 "하늘(天)과 땅(地)과 사람(人)을 의미하는 三을 하나로 꿰뚫은(丨) 존재가 王이다."라고 했다. 하지만, 갑골문에 의하면 王은 어떤 신분을 상징하는 모자를 형상한 것으로 보이며, 혹자는 도끼를 그린 것으로 해석하기도 한다. 모자나 도끼는 권위의 상징이었을 것이며, 그래서 '왕'이라는 뜻이 생겼고, 이로부터 '크다', '위대하다' 등의 뜻도 나왔다.

字形 大 大 大 大 王 王 甲骨文 王 金文 王 古陶文 王王 簡牘文 王 貨幣文 王 說文小篆 王 說文古文

●단어●

王權(왕권)　　　王室(왕실)　　　郡王(군왕)
王道(왕도)　　　王位(왕위)　　　內聖外王(내성외왕)
王都(왕도)　　　王子(왕자)　　　大王大妃(대왕대비)
王陵(왕릉)　　　王朝(왕조)　　　莫非王土(막비왕토)
王命(왕명)　　　　○　　　　　帝王(제왕)
王妃(왕비)　　　國王(국왕)　　　天王(천왕)

097

瓜(오이 과): [苽], guā, 瓜-0, 5, 20

상형. 참외나 오이 같은 원뿔꼴의 열매가 넝쿨에 달린 모습인데, 가운데가 열매, 양쪽이 넝쿨이다. 이후 채소든 과수든 열매를 모두 지칭하는 개념으로 변했다. 과실은 결실의 상징인데, 瓜熟蒂落(과숙체락·오이가 익으면 꼭지는 저절로 떨어진다)은 水到渠成(수도거성·물이 흐르면 도랑이 생긴다)과 함께 잘 쓰이는 성어로 조건이 성숙하면 일은 자연스레 이루어진다는 말이다. 瓜가 의미부로 구성된 글자들은 주로 '외'처럼 생긴 열매나 그것으로 만든 제품 등과 의미적 관련을 맺는다.

字形 🍈金文 🍈古陶文 🍈說文小篆

●단어●
瓜年(과년)
木瓜(목과)
種瓜得瓜(종과득과)

孤(외로울 고)	子(아들 자)+瓜	아버지를 여의고 홀로 달린 오이(瓜)처럼 혼자 남은 아이(子)와 같이 '외로운' 존재 →孤兒(고아)→혼자
呱(울 고)	口(입 구)+瓜	어린 아이(瓜, 孤와 통합)의 우는(口) 소리→울다
狐(여우 호)	犬(개 견)+瓜	여우→소인배나 나쁜 사람의 비유
弧(활 호)	瓜+弓(활 궁)	활(弓)→활 모양으로 굽은 선(弧線·호선)
觚(술잔 고)	角(뿔 각)+瓜	아래위가 오이(瓜)처럼 길고 나팔처럼 벌어진 뿔(角)로 만든 키가 큰 잔
菰(줄 고)	++(풀 초)+瓜	줄 풀, 진고(眞菰), 침고(沈菰)
瓠(표주박 호)	瓜+夸(자랑할 과)	표주박→성씨

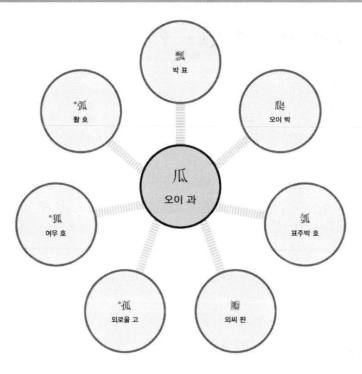

098

瓦(기와 와): wǎ, 瓦-0, 5, 32

字解 상형. 『설문해자』에서는 "불에 구운 토기의 총칭이다"라고 풀이했는데, 기와가 서로 연이어져 있는 모습을 그렸다. 『설문해자』의 말처럼 항아리, 병, 단지, 동이는 물론 벽돌 등과 같이 불에 구운 토기면 모두 瓦로 지칭했다. 그러니 이후 '기와'가 가장 대표적인 물품으로 남음으로써 '기와'를 지칭하게 되었다. 그래서 瓦로 구성된 글자들은 흙을 불에 구워 만든 각종 물품과 관련되어 있다.

字形 𠤎 𠤎 𠤎 𠤎 古陶文 𠤎 𠤎 簡牘文 𠤎 說文小篆

●단어●

瓦器(와기)
瓦當(와당)
瓦屋(와옥)
瓦解(와해)
靑瓦臺(청와대)

와당(瓦當) 문자. 한나라.

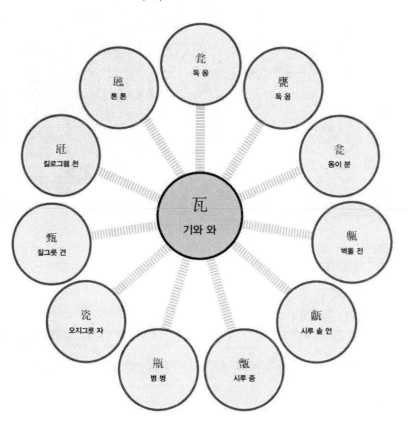

造瓦

기와 제조법(『천공개물』).

099

甘(달 감): gān, 甘-0, 5, 40

字解 지사. 입(口ㄱ)에 가로획(一)을 더해, 무엇인가 '맛있는 것'을 입속에 머금은 모습으로부터 '달다'의 뜻을 그렸고, 이로부터 맛있다, 아름답다, 嗜好(기호), 탐하다 등의 뜻이 나왔다.

字形 甲骨文 古陶文 簡牘文 石刻篆文 說文小篆

●단어●

甘菊(감국)

甘露水(감로수)

甘味(감미)

甘美(감미)

甘受(감수)

甘雨(감우)

甘蔗(감자)

甘酒(감주)

甘草(감초)

甘言利說(감언이설)

甘呑苦吐(감탄고토)

苦盡甘來(고진감래)

藥房甘草(약방감초)

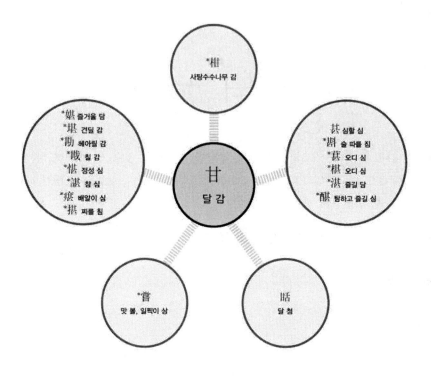

*柑 사탕수수나무 감

甚 심할 심
*漸 술 따를 짐
*葚 오디 심
*椹 오디 심
*湛 즐길 담
*酖 탐하고 즐길 심

甘 달 감

*媅 즐거울 담
*堪 견딜 감
*勘 헤아릴 감
*嵌 칠 감
*愖 정성 심
*諶 참 심
*瘎 배앓이 심
*揕 찌를 침

嚞 달 첨

*嘗 맛 볼, 일찍이 상

100

生(날 생): shēng, 生-0, 5, 80

字解 회의. 소전체에서는 屮(떡잎 날 철)과 土(흙 토)로 구성되어, 대지(土)에서 돋아나는 싹(屮)으로부터 '생겨나다'는 의미를 그렸는데, 자형이 조금 변해 지금처럼 되었다. 갑골문에서는 땅(一) 위로 솟아나는 싹(屮)의 모습을 그렸는데, 이후 땅을 나타내는 가로획 대신 土를 넣어 그 의미가 더욱 구체화하였다. 그래서 生의 원래 뜻은 초목이 '자라나다'이며, 이로부터 出生(출생)이나 生産(생산) 등의 뜻이 생겼다. 여기서 다시 生物(생물)처럼 '살아 있음'을, 生鮮(생선)처럼 '신선함'을, 天生(천생)처럼 '천부적임'을, 生疎(생소)처럼 '낯설다'는 뜻을, 다시 書生(서생·공부하는 사람)이나 小生(소생·자신을 낮추어 부르는 말)처럼 '사람'을 뜻하기도 하였다.

字形

●단어●

生老病死(생로병사)	生水(생수)	見物生心(견물생심)
生命(생명)	生業(생업)	九死一生(구사일생)
生死(생사)	生而知之(생이지지)	起死回生(기사회생)
生産(생산)	生日(생일)	盧生之夢(노생지몽)
生色(생색)	生存(생존)	尾生之信(미생지신)
生鮮(생선)	生態(생태)	發生(발생)
生成(생성)	生活(생활)	生者必滅(생자필멸)
生疎(생소)	○	甦生(소생)

人生(인생)　　　人生朝露(인생조로)　　出生(출생)
人生無常(인생무상)　天生配匹(천생배필)　學生(학생)
人生三樂(인생삼락)　天生緣分(천생연분)　後生可畏(후생가외)

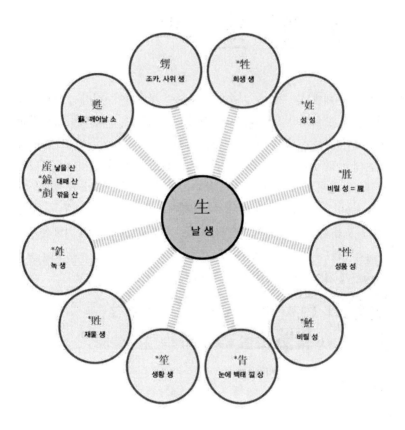

101

用(쓸 용): yòng, 用-0, 5, 60

用 用 用 用

字解 회의. 이의 자원은 분명하지 않다. 희생에 쓸 소를 가두어 두던 우리를 그렸고 그로부터 '쓰다'의 뜻이 나왔다거나, 중요한 일의 시행을 알리는 데 쓰는 '종'으로부터 '시행'의 뜻이 나왔다고 하는 등 의견이 분분하다. 하지만, 자세히 살피면 가운데가 卜(점 복)이고 나머지가 뼈(冎, 뼈 발라낼 과, 骨의 원래 글자)로 구성되어 점복에 쓰던 뼈를 그렸다는 설이 일리가 있어 보인다. 점(卜)은 고대 사회에서 중대사를 결정할 때 반드시 거쳐야 하는 절차였고, 특히 상나라 때에는 공동체에서 시행되던 거의 모든 일이 점을 통해 이루어졌다. 이 때문에 점을 칠 때 쓰던 뼈로써 시행의 의미를 그렸고, 여기서 使用(사용), 應用(응용), 作用(작용) 등의 뜻이 생겼다. 이후 중요한 일이 결정되어 모든 구성원에게 이의 시행을 알리는 행위로서 '종'이 주로 사용되었기에 다시 '종'의 의미가 나온 것으로 보인다. 用에서 파생된 甬(길 용)은 윗부분이 종을 거는 부분으로 매달아 놓은 '종'의 모습인데, 고대문헌에서 用과 甬이 자주 통용되는 것도 이 때문이다. 그래서 用과 甬이 들어간 글자는 대부분 '종', 매달린 종처럼 '서다', 속이 빈 '종'처럼 '통하다', 큰 종소리처럼 '강력하다' 등의 의미를 갖는다.

字形 用用用用甲骨文 用用木罗甪金文 用用用用簡牘文 用帛書 用石刻古文 用說文小篆 用說文古文

●단어●

用例(용례)   用務(용무)   用法(용법)

用水(용수)	無用之用(무용지용)	運用(운용)
用語(용어)	服用(복용)	應用(응용)
用品(용품)	費用(비용)	利用(이용)
○	使用(사용)	作用(작용)
可用(가용)	常用(상용)	適用(적용)
經世致用(경세치용)	所用(소용)	準用(준용)
公用(공용)	食用(식용)	採用(채용)
共用(공용)	信用(신용)	通用(통용)
大材小用(대재소용)	實用(실용)	活用(활용)
盜用(도용)	御用(어용)	效用(효용)
無用之物(무용지물)	誤用(오용)	

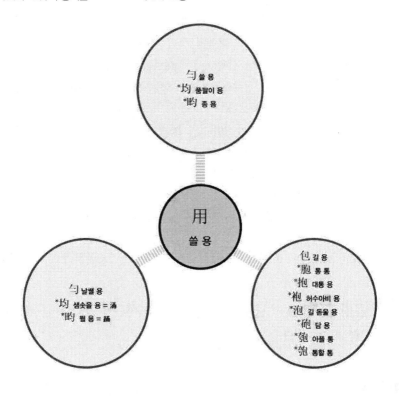

102

田(밭 전): tián, 田-0, 5, 42

字解 상형. 가로 세로로 경지 정리가 잘 된 농지의 모습을 그렸다. 이로부터 농경지, 들판, 경작하다, 개간하다 등의 뜻이 나왔으며, 농사와 관련된 일이나 땅바닥에서 하는 운동, 필드 경기 등을 지칭하게 되었다. 또 옛 날에는 들판의 일정한 구역을 정해 놓고 거기서 전쟁 연습 겸 사냥을 즐겼으므로 '사냥'이라는 뜻도 가졌는데, 이후 '사냥하다'는 뜻은 攵(칠 복)을 더해 畋(밭 갈사냥할 전)으로 분화했다.

字形 ⌐田⌐ 田田 田 甲骨文 田 金文 田 古陶文 ◇ ◇ ◇ 田 簡牘文 田 石刻古文 田 說文小篆

●단어●

田畓(전답)	均田(균전)	桑田碧海(상전벽해)
田稅(전세)	泥田鬪狗(이전투구)	我田引水(아전인수)
田園(전원)	丹田(단전)	油田(유전)
○	福田(복전)	井田法(정전법)
公田(공전)	私田(사전)	火田(화전)

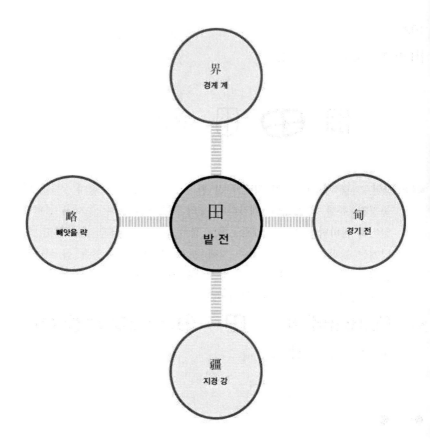

界
경계 계

略
빼앗을 략

田
밭 전

甸
경기 전

疆
지경 강

- 전렵도(田獵圖). 사냥하는 모습. 한나라 화상석. 450*52센티미터. 하남성 비주(邳州)
  출토.

103

疋(필 팔발 소): 匹, shū, 疋-0, 5, 10

字解 상형. 갑골문에서 다리를 그렸다. 아래쪽에 발과 발가락이 그려졌고, 위로는 정강이 아래까지의 다리가 그려졌다. 『설문해자』에서도 "다리를 그렸으며, 아랫부분은 止(발 지)로 구성되었다."라고 했다. '다리'라는 뜻 이외에 '짝'이라는 뜻도 가지며, 사물을 세는 데 쓰는 단위로 쓰여 말(馬, 마)이나 피륙을 헤아리는 단위로 쓰인다. 간화자에서는 匹(필 필)에 통합되었다.

字形 說文小篆

104

疒(병들어 기댈 녁): nè, 疒-0, 5

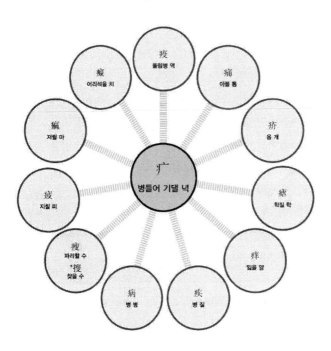

字解 상형. 疒은 갑골문에 의하면 병상(爿장)에 사람(人·인)이 아파 누워있는 모습인데, 때로는 흐르는 피나 땀을 더하여 사실성을 높이기도 했다. 이후 소전체에 들면서 사람과 병상이 하나로 합쳐져 지금의 疒이 되었으며, 주로 질병과 관련된 의미를 나타낸다. 예컨대, 疾(병 질)과 病(병 병)은 모두 병에 대한 통칭이며, 疫(돌림병 역)과 瘧(학질 학)과 疥(옴 개) 등은 구체적인 병명을, 痛(아플 통)이나 痒(앓을 양) 등은 질병의 정황을 나타낸다.

疫 돌림병 역
痴 어리석을 치
痛 아플 통
癩 저릴 마
疥 옴 개
疲 지칠 피
瘧 학질 학
痩 파리할 수
*搜 찾을 수
痒 앓을 양
病 병 병
疾 병 질

疒
병들어 기댈 녁

105

癶(등질 발): bō, 癶-0, 5

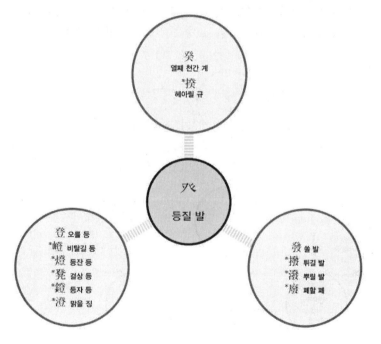

字解 회의. 발(止·지), 이 서로 반대 방향으로 놓인 모습을 그렸으며, 이 때문에 癶은 '등지다', '떨어지다', '멀어지다' 등의 뜻이 생겼다. 예컨대, 登(오를 등)은 그릇(豆·두)에 담긴 음식이나 곡식을 신전으로 가져가(癶) '드리는' 모습을 그렸고, 發(쏠 발)은 활(弓)을 쏘아 멀리 나아가게(癹) 함을 뜻한다.

癸
열째 천간 계
*揆
헤아릴 규

癶
등질 발

登 오를 등
*嶝 비탈길 등
*燈 등잔 등
*凳 걸상 등
*鐙 등자 등
*澄 맑을 징

發 쏠 발
*撥 튀길 발
*潑 뿌릴 발
*廢 폐할 폐

106

白(흰 백): bái, 白-0, 5, 80

字解 상형. 자원에 대한 의견이 분분하여, 이것이 껍질을 벗긴 쌀, 태양(日·일)이 뜰 때 비추는 햇빛, 엄지손가락을 그렸다는 등 여러 의견이 제시되었으나, 마지막 견해가 가장 통용되고 있다. 엄지손가락은 손가락 중에서 가장 큰 '첫 번째' 손가락이다. 그래서 白의 원래 의미는 '첫째'나 '맏이'로 추정되며, '맏이'의 상징에서 '가깝다'의 뜻이 나왔을 것이다. 이후 白은 告白(고백)처럼 속에 있는 것을 숨김없이 '말하다'는 뜻으로 의미가 확장되었는데, 그것은 祝(빌 축)에서처럼 '맏이(兄·형)'가 천지신명께 드리는 제사를 주관했기 때문이다. 이와 동시에 白은 속의 것을 숨기지 않고 죄다 밝힌다는 뜻에서 '潔白(결백)'과 '희다'의 뜻이 나왔고, 그러자 원래 뜻은 人(사람 인)을 더한 伯(맏 백)으로 분화했다.

字形

●단어●

白馬非馬(백마비마)	白眼視(백안시)	空白(공백)
白眉(백미)	白衣民族(백의민족)	蛋白質(단백질)
白米(백미)	白衣從軍(백의종군)	獨白(독백)
白髮(백발)	白日夢(백일몽)	明明白白(명명백백)
白雪(백설)	白丁(백정)	明白(명백)
白壽(백수)	○	純白(순백)
白手(백수)	告白(고백)	自白(자백)

靑天白日(청천백일)　　黑白(흑백)

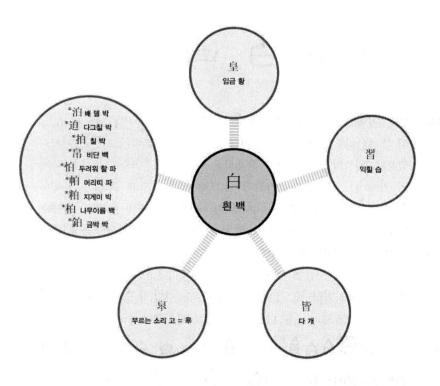

107

皮(가죽 피): pí, 皮-0, 5, 32

字解 회의. 손(又·우)으로 짐승의 가죽을 벗기는 모습을 그렸다. 금문에서처럼 오른쪽 아래는 손이고, 왼쪽의 윗부분은 짐승의 머리이며 오른편으로 동그랗게 표현된 것은 짐승의 가죽인데 완전한 모습이 아니라 일부만 표현함으로써, '벗기고 있음'을 강조했다. 소전체에 들어서는 가죽이 짐승의 몸체에서 분리되었음을 형상적으로 그렸다. 이는 革(가죽 혁)과 비교해 보면 형상이 더욱 분명해지는데, 革은 짐승의 머리와 벗겨 낸 가죽이 양쪽으로 대칭을 이루는 모습으로 표현되었다. 皮가 그래서 가죽을 벗기는 모습이라면 革은 완전히 벗겨 말리는 모습이라 할 수 있다. 그래서 皮는 털이 그대로 붙어 있는 상태의 가죽을, 革은 털을 제거하고 말린 상태의 가죽을 말한다. 또 皮는 짐승의 몸 바깥을 싼 가죽이므로, '겉', 表皮(표피)라는 뜻이 나왔다. 皮로 구성된 글자들은 '가죽'이나 '표면', '겉' 등의 뜻이 있다.

字形 金文 古陶文 簡牘文 說文小篆 說文古文 說文籀文

皮骨相接(피골상접)	內皮(내피)	彈皮(탄피)
皮膚(피부)	毛皮(모피)	脫皮(탈피)
皮質(피질)	剝皮(박피)	表皮(표피)
皮革(피혁)	羊質虎皮(양질호피)	虎死留皮(호사유피)
○	羊皮(양피)	虎皮(호피)
桂皮(계피)	鐵面皮(철면피)	

坡(고개 파)	土(흙 토)+皮	흙(土)의 표피(皮)를 드러낸 곳, 산의 경사면→산의 고개, 평원, 경사도가 낮음
波(물결 파)	水(물 수)+皮	물(水)의 표면(皮)에 이는 '물결'→물이 흐르다, 파도를 일으키다→심한 분쟁이나 분란(風波·풍파)의 비유
被(이불 피)	衣(옷 의)+皮	겉(皮)에 덮는 베(衣)로 만든 이불→표면이나 덮개→피동을 나타내는 문법소
疲(지칠 피)	疒(병들어 기댈 녁)+皮	피로해 지치면 피부(皮)가 병든(疒) 것처럼 꺼칠꺼칠해짐→피로하다, 쇠약하다
披(나눌 피)	手(손 수)+皮	겉(皮)에서 손(手)으로 끄는 것…→'곁'→끌어당기다, 분할하다, 절단하다
破(깨트릴 파)	石(돌 석)+皮	돌(石)의 표피(皮·피)가 몸체에서 분리되어 돌이 잘게 '부서지다'→어떤 범위를 벗어나다, 돈을 많이 쓰다
頗(자못 파)	皮+頁(머리 혈)	머리(頁)가 한쪽으로 치우침→편파적·불완전함→자못, 상당히
跛(절뚝발이 파)	足(발 족)+皮	다리(足)가 평형을 이루지 못하고 '절다'…→절름발이→跛行(파행)
陂(비탈 피)	阜(언덕 부)+皮	흙으로 쌓은(阜) 제방→제방을 쌓아 만든 못, 제방 등으로 에워싸다

108

皿(그릇 명): mǐn, 皿-0, 5

字解 상형. 아가리가 크고 두루마리 발(卷足·권족)을 가진 그릇을 그렸는데, 금문
에서는 金(쇠 금)을 더하여 그것이 질그릇이 아닌 청동으로 만든 것임을
강조했다. 청동으로 만든 그릇은 대단히 값 비싸고 귀하여 주로 제사
등에서 의례용으로 쓰였다. 그래서 皿은 일반적인 그릇을 지칭하기도
하며, 나아가 청동 그릇은 제사를 드릴 때, 특히 맹약을 맺을 때 희생
의 피를 받아 나누어 마시던 용도로 쓰이기도 했다. 또 그릇은 거울의
대용으로 쓰여 큰 대야에 물을 담아놓고 수면에 얼굴을 비추어 보곤
했다. 그런가 하면 청동 기물은 고대 중국에서 신분의 상징이 될 정도
로 귀하고 비싼 것이었다.

字形 甲骨文 金文 古陶文 說文小篆

●단어●

器皿(기명)

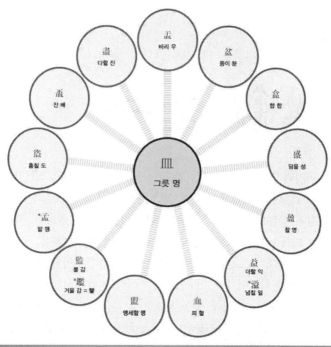

- 皿 그릇 명
- 盂 바리 우
- 盆 동이 분
- 盡 다할 진
- 盒 합 합
- 盃 잔 배
- 盛 담을 성
- 盜 훔칠 도
- 盈 찰 영
- *盟 맏 맹
- 益 더할 익 *溢 넘칠 일
- 監 볼 감 *鑑 거울 감 = 鑒
- 盟 맹세할 맹
- 血 피 혈

109

目(눈 목): mù, 目-0, 5, 60

字解 상형. 눈동자가 또렷하게 그려진 눈의 모습인데, 소전에 들면서 자형이
세로로 변하면서 눈동자도 가로획으로 변해 지금처럼 되었다. '눈'이
원래 뜻이고, 눈으로 보다, 눈으로 볼 수 있는 目錄(목록)을 말한다. 또
눈으로 보는 지금이라는 뜻에서 目前(목전)에서처럼 현재 등의 뜻도 나
왔다.

字形 ⫶ 甲骨文 ⫶ 金文 ⫶ 古陶文 ⫶ 金 ⫶ 簡牘文 ⫶ 說
文小篆 ⫶ 說文古文

●단어●

目不識丁(목불식정)	刮目相對(괄목상대)	反目(반목)
目的(목적)	德目(덕목)	耳目(이목)
目標(목표)	頭目(두목)	耳目口鼻(이목구비)
○	盲目(맹목)	題目(제목)
科目(과목)	面目(면목)	注目(주목)

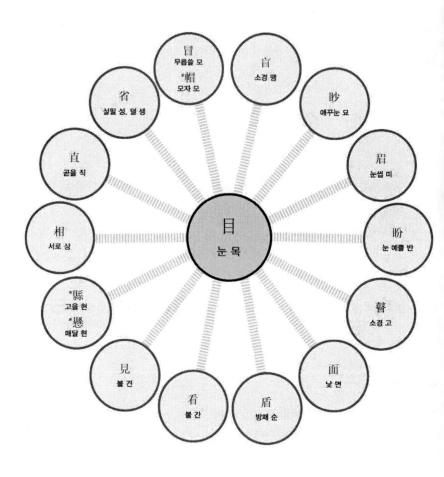

110

矛(창 모): máo, 矛-0, 5, 20

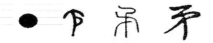

字解 상형. 끝이 뾰족해 상대를 찌를 수 있는 창을 그렸는데, 뾰족하게 난 창끝과 긴 창대와 오른편으로 손잡이가 그려졌다. 이에 비해 상대를 찍거나 베도록 고안된 창이 낫처럼 생긴 것은 戈(창 과)이고 이 둘을 합친 것이 戟(창 극)이다. 矛로 구성된 글자는 많지 않지만, 모두 창의 속성인 '찌르다'는 의미와 관련된다.

字形 金文 簡牘文 說文小篆

●단어● 矛盾(모순)

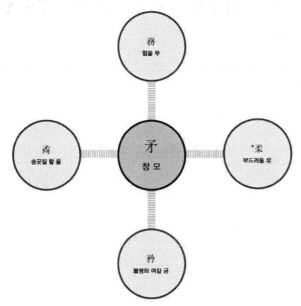

111

矢(화살 시): [笶], shǐ, 矢-0, 5, 30

字解 상형. 갑골문에서 화살의 촉과 대와 꼬리를 사실적으로 그렸다. 화살은 대표적인 사냥 도구이자 무기였으며, 때로는 화살의 곧음처럼 '정확함'을, 고대 사회에서 항상 휴대하는 물건의 하나였기에 길이를 재는 척도를 상징하기도 했다. 이처럼 矢는 嚆矢(효시)에서처럼 원래 뜻인 '화살'의 의미 외에도, 말이 화살처럼 빨리 나온다는 뜻을 담은 知(알 지)에서처럼 화살처럼 빠름을 뜻하기도 했고, 短(짧을 단)에서처럼 사물의 길이를 재는 잣대로 쓰이기도 했다.

字形 甲骨文 金文 古陶文 簡牘文 說文小篆

●단어●

弓矢(궁시)
已發之矢(이발지시)
嚆矢(효시)

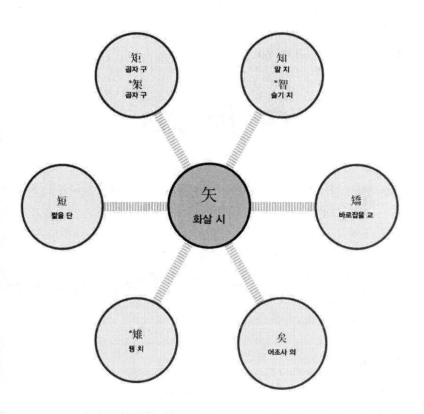

矩
곱자 구

*榘
곱자 구

知
알 지

*智
슬기 지

短
짧을 단

矢
화살 시

矯
바로잡을 교

*雉
꿩 치

矣
어조사 의

112

石(돌 석): shí, 石-0, 5, 60

字解 상형. 갑골문에서 오른쪽은 암벽을, 왼쪽은 암벽에서 떨어져 나온 돌덩이를 그렸다. 돌은 인류가 최초로 사용했던 도구였고, 이후 갖가지 중요한 도구로 응용되었다. 그래서 돌은 침, 비석, 숫돌, 악기, 용기, 용량 단위 등 다양한 용도로 쓰였다.

字形 甲骨文 金文 古陶文

簡牘文 說文小篆

●단어●

石油(석유)

石炭(석탄)

金石(금석)

金石之交(금석지교)

大理石(대리석)

木石(목석)

寶石(보석)

巖石(암석)

玉石(옥석)

一石二鳥(일석이조)

他山之石(타산지석)

投石(투석)

布石(포석)

漢江投石(한강투석)

化石(화석)

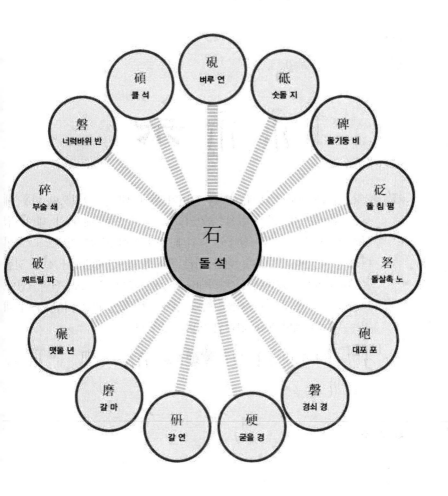

113

示(보일 시): shì, 示-0, 5, 50

字解 상형. 갑골문에서 신에게 제사를 드리기 위한 제단을 그렸으며 이후 제물을 뜻하는 가로획이 위에 추가되었고, 다시 『설문해자』의 해석처럼 하늘이 내리는 화복을 상징하기 위해 글자의 아랫부분 양편으로 획이 더해져 지금처럼 되었다. 이를 따라 글자의 뜻도 제단에서 신이 길흉을 내려준다는 의미에서 '나타내다'와 '보여주다' 등으로 확장되었다. 그래서 示로 구성된 한자는 신이나 제사, 제사를 드리는 사당, 신이 내리는 복이나 재앙 등과 관련된 의미를 갖는다.

字形 甲骨文 簡牘文 古幣文 汗簡 說文小篆 說文古文

●단어●

示範(시범) 暗示(암시) 指示(지시)
示唆(시사) 例示(예시) 表示(표시)
示威(시위) 展示(전시) 梟示(효시)
告示(고시) 提示(제시)

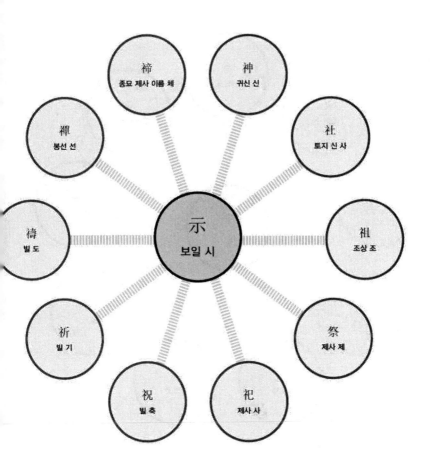

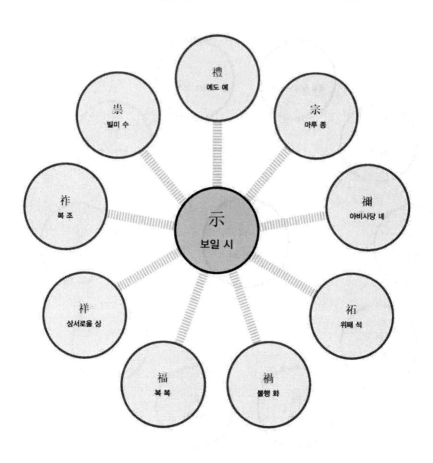

114

禸(짐승 발자국 유): róu, 禸-0, 5

● ● 𥝩 𠫔

字解 상형. 禸는 소전체에서 처음으로 나타나고, 『설문해자』에서는 "땅을 짓밟은 짐승의 발을 그렸다"라고 했다. 그렇다면, 이는 짓밟다는 뜻의 蹂躪(유린)에서 보이는 蹂(밟을 유)의 원래 글자로 보인다. 禸의 경우 가운데 형체는 짐승의 발자국으로, 그것을 둘러싼 주위 부분은 九(아홉 구)의 변형으로 소리부 기능을 했다고 풀이하지만, 분명하지 않다. 禸는 단독으로 쓰이지 않고, 다른 글자와 결합된 경우 대부분 '짐승'이나 '벌레'와 관련된 의미가 있다. 예컨대 禹(하후씨 우)는 원래는 벌레이름이었는데 우임금을 말하고, 禺(긴 꼬리 원숭이)는 원숭이를 말하며, 禽(날짐승 금)은 원래 손잡이와 그물이 갖추어진 뜰채를 그려 '날짐승'을 잡을 수 있는 도구나 행위를 나타냈다.

字形 𠫔 說文小篆

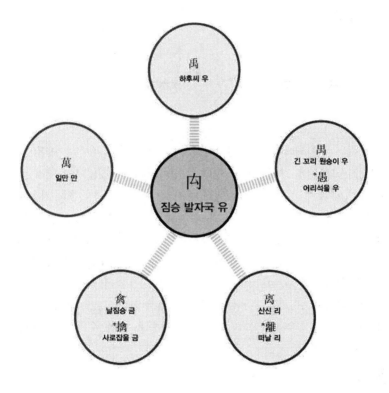

禹
하후씨 우

禺
긴 꼬리 원숭이 우
*愚
어리석을 우

内
짐승 발자국 유

萬
일만 만

禽
날짐승 금
*擒
사로잡을 금

离
산신 리
*離
떠날 리

115

禾(벼 화): hé, 禾-0, 5, 30

字解 상형. 익어 고개를 숙인 곡식의 모습인데, 이를 주로 '벼'로 풀이하지만 벼가 남방에서 수입된 것임을 고려하면 갑골문을 사용하던 황하 중류의 중원 지역에서 그려낸 것은 야생 '조'일 가능성이 높다. 하지만, 벼가 수입되면서 오랜 주식이었던 조를 대신해 모든 곡물의 대표로 자리하게 된다. 그래서 '벼', '수확'과 관련되어 있으며, 곡물은 중요한 재산이자 세금으로 내는 물품이었기에 稅金(세금) 등에 관련된 글자를 구성하기도 한다.

字形 甲骨文 金文 古陶文 簡牘文 說文小篆

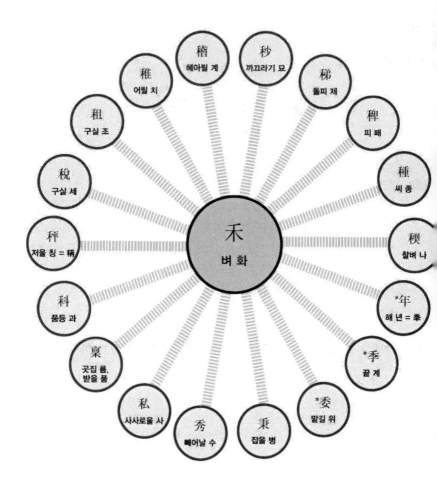

稽 헤아릴 계
秒 까끄라기 묘
稊 돌피 제
稗 피 패
種 씨 종
稬 찰벼 나
*年 해 년 = 秊
*季 끝 계
*委 맡길 위
秉 잡을 병
秀 빼어날 수
私 사사로울 사
稟 곳집 름, 받을 품
科 품등 과
秤 저울 칭 = 稱
稅 구실 세
租 구실 조
稚 어릴 치
禾 벼 화

116

穴(구멍 혈): [岤], xué, 穴-0, 5, 32

字解 상형. 입구 양쪽으로 받침목이 갖추어진 동굴 집을 그렸는데, 동굴 집은 지상 건축물이 만들어지기 전의 초기 거주형식이다. 특히 질 좋은 황토 지역에서 쉽게 만들 수 있었던 동굴 집은 온도나 습도까지 적당히 조절되는 훌륭한 거주지였다. 따라서 穴의 원래 뜻은 동굴 집이고, 여기서 '굴'과 사람이 살 수 있는 '공간'의 뜻이 나왔고, 이후 인체나 땅의 '혈'까지 지칭하게 되었다. 달리 岤로 쓰기도 하는데, 동굴이 산(山)에 만들어진 것임을 강조했다.

字形 宊簡牘文 穴說文小篆

●단어●

穴居(혈거)

經穴(경혈)

墓穴(묘혈)

巖穴之士(암혈지사)

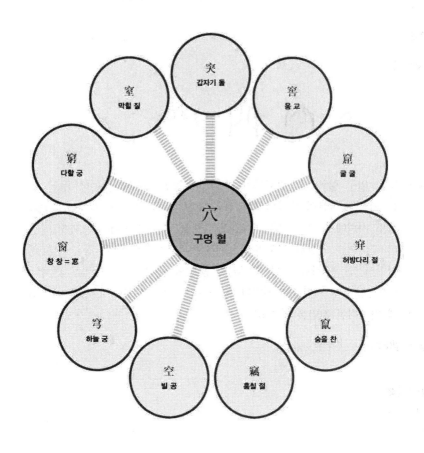

117

立(설 립): lì, 立-0, 5, 70

字解 회의. 땅(一) 위로 팔을 벌리고 선 사람(大)의 모습으로부터 '서다'의 의미
를 그렸으며, 이로부터 자리하다, 멈추다, 설치하다, 제정하다, 결정하
다, 존재하다, 드러내다 등의 뜻이 나왔다.

字形

●단어●

立冬(입동)

立法(입법)

立身揚名(입신양명)

立場(입장)

立春大吉(입춘대길)

孤立(고립)

孤立無援(고립무원)

國立(국립)

對立(대립)

獨立(독립)

不立文字(불립문자)

私立(사립)

設立(설립)

自立(자립)

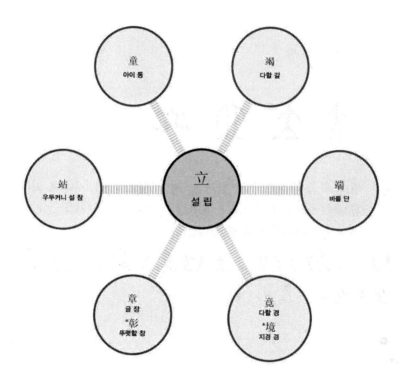

118

竹(대 죽): zhú, 竹-0, 6, 42

字解 상형. 곧게 뻗은 대와 양옆으로 난 잔가지를 그렸다. 갑골문이 쓰였던 기원전 13세기쯤의 황하 유역은 야생 코끼리가 살 정도로 기후가 따뜻해 대나무도 많았다. 대는 지금도 생활의 유용한 재료이듯, 당시에도 생필품은 물론 다양한 악기, 나아가 서사의 재료가 되기도 했다. 그리고 곧게 자라는 대는 貞節(정절)의 상징이기도 했고, 대로 만든 말을 타며 함께 놀던 옛 친구(竹馬故友·죽마고우)를 연상케 하는 篤(도타울 독)처럼 깊고 '도타운' 정을 뜻하기도 한다. 그래서 대는 생활용품의 대표적 재료였으며, 가늘게 쪼갠 대는 점치는 도구로 쓰이기도 했으며, 絲竹(사죽)이라는 말로 음악을 상징할 정도로 악기의 주요 재료가 되었다. 그런가 하면 대는 종이가 나오기 전 대표적인 필사 재료로 쓰였다. 대를 쪼게 푸른 겉면을 불에 구우면 대의 진액이 빠지고 훌륭한 서사 재료가 되는데 이를 竹簡(죽간)이라 했다.

字形 金文 古陶文 簡牘文 說文小篆

●단어●

竹簡(죽간)	竹馬故友(죽마고우)	墨竹(묵죽)
竹器(죽기)	竹帛(죽백)	松竹(송죽)
竹刀(죽도)	竹槍(죽창)	雨後竹筍(우후죽순)
竹林(죽림)	○	破竹之勢(파죽지세)
竹林七賢(죽림칠현)	梅蘭菊竹(매난국죽)	胸中有成竹(흉중유성죽)

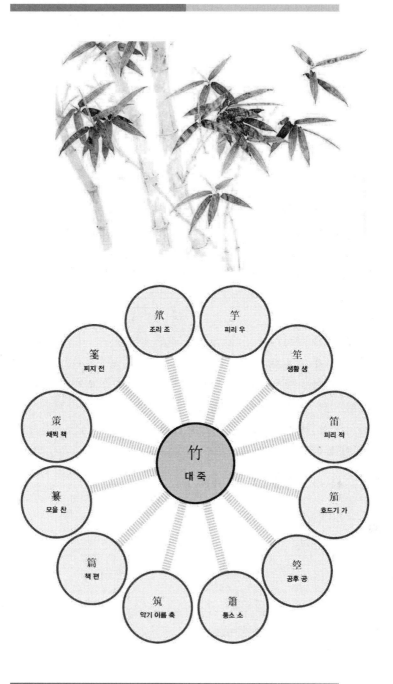

竹
대 죽

笊
조리 조

竽
피리 우

笙
생황 생

笛
피리 적

笳
호드기 가

箜
공후 공

簫
퉁소 소

筑
악기 이름 축

篇
책 편

纂
모을 찬

策
채찍 책

箋
찌지 전

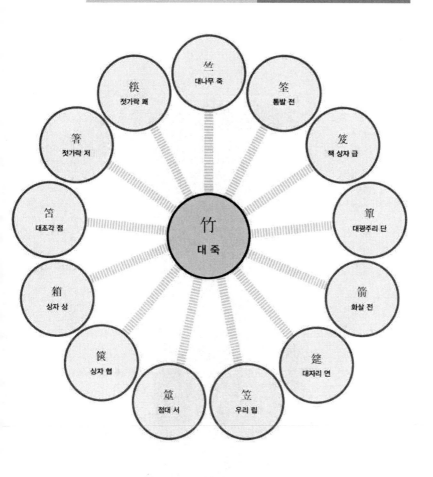

竹
대 죽

笁
대나무 죽

筮
젓가락 쾌

箸
젓가락 저

笘
대조각 점

箱
상자 상

篋
상자 협

筮
점대 서

笠
우리 립

筵
대자리 연

箭
화살 전

簞
대광주리 단

笈
책 상자 급

筌
통발 전

119

米(쌀 미): mǐ, 米-0, 6, 60

$$\text{쓰} \bullet \text{米} \quad \text{米}$$

🗨 상형. 갑골문에서의 米(쌀 미)가 무엇을 그렸는지에 대해서는 의견이 분분하다. 아래위의 세 점이 나락인지 나락을 찧은 쌀인지 분명하지 않고, 중간의 가로획도 벼의 줄기인지 쌀을 골라내기 위한 '체'인지 불분명하기 때문이다. 작은 점들이 나락이라면 중간의 획은 이삭 줄기일 테고 나락을 찧은 쌀이라면 체일 테지만, 전자일 가능성이 커 보인다. 쌀은 전 세계 인구의 **40**퍼센트 정도가 주식으로 삼고 있으며, 특히 아시아 인들에게는 가장 대표적인 식량이다. 벼가 남아시아에서 중국으로 들어간 이후 쌀이 가장 중요한 식량으로 자리 잡으면서 米는 쌀은 물론 기장이나 조 등 일반 곡식까지 두루 지칭하게 되었다. 또 쌀처럼 껍질을 벗긴 것을 지칭하기도 하며, 길이 단위인 '미터(m)'의 음역어로도 쓰인다.

한국과 중국에서는 아메리카합중국을 美國(미국)이라 쓰지만, 일본에서는 쌀 생산의 대국이라는 뜻에서 米國(미국)으로 쓴다. 또 米는 숫자 '88'을 상징하기도 하는데, 그것은 米를 형태대로 풀면, 八十八(팔십팔)이 되기 때문이며, 이 때문에 88세를 米壽(미수)라 부르기도 한다.

한자에서 米가 들어가면 대부분 '쌀'과 의미적 관련을 갖는다. 예컨대, 粉(가루 분)은 쌀(米)을 나누어(分·분) 만든 '가루'를, 粒(알 립)은 쌀(米)의 독립된(立·립) 단위인 '낱알'을, 粢(기장 자)는 쌀(米)에 버금가는(次·차) 곡식인 '기장'을 말한다. 또 糧(糧·양식 량)은 식량으로 쓸 '양질(良·량)의 곡식'을, 粟(조 속)은 다음 해에 씨앗으로 쓰고자 '광주리(西·서)에 담아 놓은 곡식'을 말한다. 그런가 하면, 粲(정미 찬)은 '손(又·우)으로 뼈(歹·알)를 갈듯, 쌀을 찧어 白米(백미)로 만드는 것'을 말했는데, 찧은 쌀은 하얗고 깨끗한 색깔을 내비친다는 뜻에서 '찬란함'의 뜻이 나온 것으로 추정된다. 여기서 파생된 璨(빛날 찬)은 '갓 찌어낸 쌀(粲)처럼 옥(玉·옥)이 찬란하게 빛남'을, 燦(빛날 찬)은 '갓 찌어낸 쌀(粲)처럼 불꽃(火·화)이 번쩍임'을, 澯(맑을 찬)은 '갓 찌어낸 쌀(粲)처럼 티 없이 맑은 물(水·수)'을 말한다.

이외에도, 籴(糴쌀 사들일 적)과 糶(粜쌀 내어 팔 조)는 각각 '쌀(米)을 사들이고(入·입) 내다(出·출) 파는 것'을 말하는데, 이후 소리부인 翟(꿩 적)이 더해졌다. 또 粥(鬻죽 죽)은 솥(鬲·력)에 쌀(米)을 넣고 '죽'을 끓이는 모습을 형상화 했는데, 양쪽에 더해진 弓(활 궁)은 원래 죽을 끓일 때 피어오르는 김을 그린 것인데 잘못 변했고, 나중에는 鬲도 생략되어 지금의 자형이 되었다.

字形 米 甲骨文 米 古陶文 米 簡牘文 米 說文小篆

●단어●
米穀(미곡)
米粒(미립)
米色(미색)
米壽(미수)
米飮(미음)
五米斗(오미두)

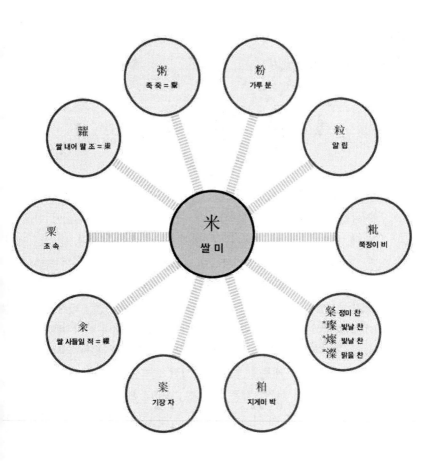

米
쌀 미

粥
죽 죽 = 鬻

粉
가루 분

粒
알 립

糀
쭉정이 비

粲 정미 찬
*璨 빛날 찬
*燦 빛날 찬
*澯 맑을 찬

粕
지게미 박

黍
기장 자

糴
쌀 사들일 적 = 糶

粟
조 속

糙
쌀 내어 팔 조 = 粜

120

糸(가는 실 멱): mì, 糸-0, 6

字解 상형. 이의 중간은 꼰 실타래를, 아래위는 첫머리와 끝머리를 그렸는데, 지금은 실타래와 끝머리만 남았다. 그래서 糸은 비단 실(silk)이 원래 뜻이며, 糸이 둘 모인 絲(실 사)와 대비해 '가는' 것을 말한다. 여기서 파생된 系(이을 계)는 삶은 고치에서 손(爪·조)으로 뽑아낼 때 실(糸)의 '연이어진' 모습을, 幺(작을 요)는 아래위의 머리가 없는 실타래만 그려 '작음'을 나타냈다. '실크(silk)'가 絲의 대역어인 것에서도 볼 수 있듯, 비단은 중국의 대표적 물산이었고 갑골문이 쓰였던 상나라 때 이미 이의 제조 공정과 관련 글자들이 여럿 등장할 정도로 일찍부터 중요하고 다양한 기능을 담당해 왔다. 이 때문에 糸으로 구성된 글자들은 繩(줄 승) 索(동아줄 삭) 縷(실 루) 紀(벼리 기)에서처럼 각종 '실', 經(날 경)이나 織(짤 직)에서처럼 '베 짜기', 紫(자줏빛 자) 綠(초록빛 록) 紅(붉을 홍) 紺(감색 감)에서처럼 베의 염색과 관련하여 각종 '색깔'을 나타내게 되었다.

字形 甲骨文 金文 說文小篆 說文古文

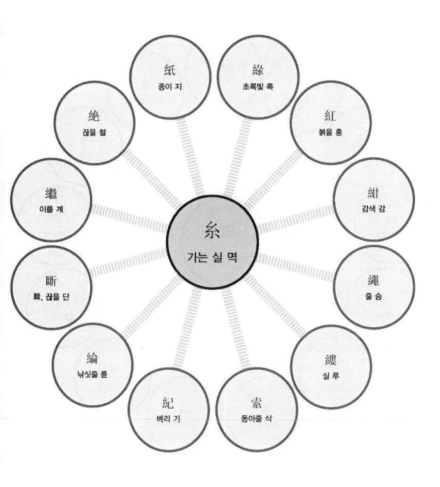

糸
가는 실 멱

紙 종이 지
綠 초록빛 록
紅 붉을 홍
絕 끊을 절
紺 감색 감
繼 이를 계
繩 줄 승
斷 瞎, 끊을 단
縷 실 루
綸 낚싯줄 륜
索 동아줄 삭
紀 벼리 기

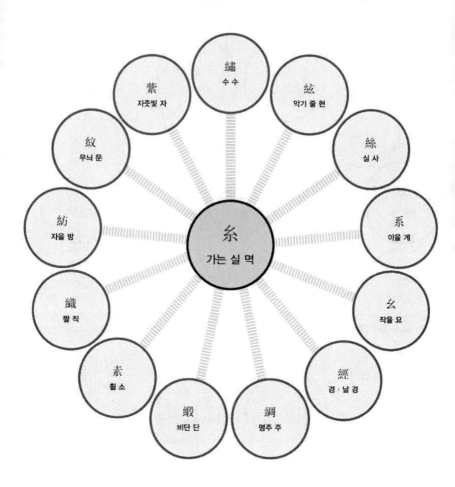

繡 수 수

絃 악기 줄 현

絲 실 사

系 이을 계

幺 작을 요

經 경 · 날 경

紬 명주 주

緞 비단 단

素 흴 소

纖 짤 직

紡 자을 방

紋 무늬 문

紫 자줏빛 자

糸 가는 실 멱

治絲二

비단실 뽑기(『천공개물』).

- 비단실 말리기. 영국 빅토리아 앨버트(Victoria and Albert Museum) 박물관 소장 청나라 오준(吳俊)의 수채화(부분). 1870~1980년 경.

121

缶(장군 부): [鍤], fǒu, 缶-0, 6

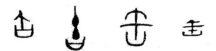

> **字解** 회의. 午(일곱째 지지 오)와 凵(입 벌릴 감)으로 구성되어, 절굿공이(午, 杵의 본래 글자)로 그릇(凵)에 담긴 흙을 찧는 모습을 형상화했다. 그 흙은 질그릇을 만들기 위한 坏土(배토)일 것이고, 여기서 질그릇(陶器·도기)의 의미가 나왔다. 질그릇은 인류가 지금도 유용하게 쓰는 용기의 하나이다. 흙을 구우면 단단한 질그릇이 만들어지고, 이후 물이 새지 않도록 유약을 발라 자기를 만들었다. 도자기는 중국을 상징하는 대표적인 물산이었다. 도자기를 뜻하는 '차이나(china)'는 그것이 '중국'에서 만들어져 서양으로 건너갔으며, 서양인들에게 중국 하면 도자기가 떠올랐음을 반영한다. 그뿐만 아니라 도자기의 주재료인 高嶺土(고령토)와 白土子(백토자)도 이들의 중국식 발음인 '카올린(kaolin)'과 '퍼툰체(petuntse)'로 남게 된 것도 같은 이유이다. 그래서 缶(장군 부)는 갖가지 질그릇을 지칭한다.

> **字形** 甲骨文 金文 古陶文 簡牘文 說文小篆

122

网(그물 망): [罒, 網], wǎng, 网-0, 6

字解 상형. 손잡이와 그물망을 갖춘 물고기나 새를 잡는 '그물'을 그렸다. 이
후 소리부인 亡(망할 망)이 더해져 罔(그물 망)이 되었고, 다시 糸(가는 실 멱)이
더해져 網(그물 망)이 되었으나, 현대 중국의 간화자에서는 网으로 되돌아
갔다. 그래서 网은 '그물'이 기본 뜻이며, 그물로 잡다는 뜻도 가진다.
그물은 대상물을 잡아 가두는 도구이기에 제한과 강제, 나아가 죄의
상징이 되었다. 그래서 网은 인간이 그물의 바깥에서 그물 안에 걸린
대상을 포획하는 주체라는 뜻도 담았지만, 인간이 그 그물에 걸려 근
심하고, 불행에 빠진 대상이 될 수도 있음을 동시에 그려내고 있다. 이
후 그물처럼 촘촘하게 구성된 조직이나 계통을 말하게 되었다.

字形 𣂰𣂰𦉫𦉫𦉫甲骨文 𣂰金文 𦉫 𦉫簡牘文 𦉫石刻古文 𦉫
說文小篆 𦉫𦉫 說文或體 𦉫 說文古文 𦉫 說文籀文

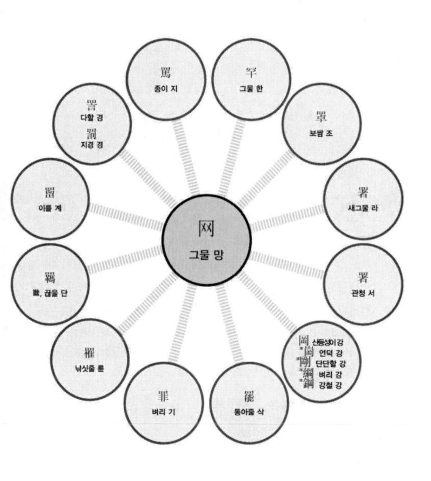

123

羊(양 양): yáng, 羊-0, 6, 42

字解 상형. 윗부분은 양의 굽은 뿔과 몸통과 꼬리를 그렸다. 양은 가축화된 이후 온순한 성질, 뛰어난 고기 맛, 그리고 유용한 털 때문에, 고대 중국인들에게는 단순한 가축을 넘어서 祥(상)스러움과 善(선)과 美(미)와 正義(정의)의 표상이며 신께 바치는 대표적 희생이었다. 그래서 群(무리 군)은 군집생활을 하는 양을 직접 지칭한다. 또 羞(바칠 수)에서처럼 양고기는 뛰어난 맛으로 정평이 나있으며, 예술의 지향점인 美(아름다울 미)나 도덕의 지향점인 善(착할 선)이나 중국 최고의 덕목으로 평가받은 義(의로울 의)에서처럼 아름다움과 정의의 상징이었고, 이 때문에 양은 숭배의 최고 대상이었다.

양(羊). 길상의 상징이다. 美(아름다울 미), 善(착할 선), 義(옳을 의) 등이 모두 羊으로 구성되었다. 섬서성 수덕현(綏德縣) 출토. 한나라. 94*212센티미터.

字形 甲骨文 金文 古陶文

簡牘文 帛書 古璽文 羊 說文小篆

●단어●

羊毛(양모)	羊頭狗肉(양두구육)	亡羊補牢(망양보뢰)
羊皮(양피)	羊質虎皮(양질호피)	亡羊之歎(망양지탄)
山羊(산양)	九折羊腸(구절양장)	以羊易牛(이양역우)

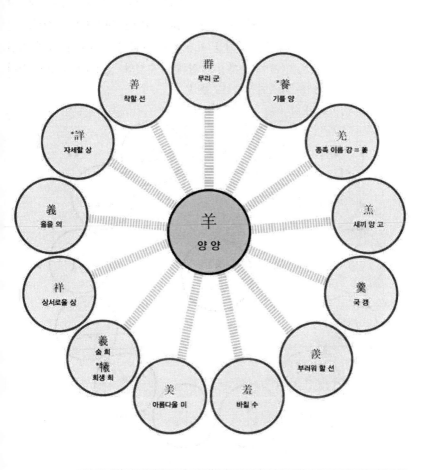

群 무리 군

善 착할 선

*詳 자세할 상

義 옳을 의

祥 상서로울 상

犧 숨 희 *犧 희생 희

美 아름다울 미

羞 바칠 수

羨 부러워 할 선

羹 국 갱

羔 새끼 양 고

羌 종족 이름 강 = 羗

*養 기를 양

羊 양 양

124

羽(깃 우): yǔ, 羽-0, 6, 32

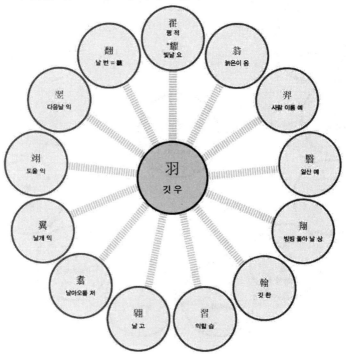

字解 상형. 깃촉(羽莖·우경)과 털이 갖추어진 깃털을 그렸으며, 이로부터 깃, 날개, 친구 등의 뜻이 나왔으며 五音(오음)의 하나를 지칭하기도 한다. "날짐승의 털을 羽, 길짐승의 털을 毛(털 모)라 한다."라는 말처럼, 새의 깃털은 날 수 있는 날개이자 자신을 뽐내는 수컷의 상징물이었으며, 활이나 붓을 만드는 재료가 되기도 했다.

翟 꿩 적
*耀 빛날 요
翁 늙은이 옹
羿 사람 이름 예
翳 일산 예
翔 빙빙 돌아 날 상
翰 깃 한
習 익힐 습
翺 날 고
翥 날아오를 저
翼 날개 익
翊 도울 익
翌 다음날 익
翻 날 번 = 飜

羽 깃 우

甲骨文　金文　簡牘文　說文小篆

●단어●

羽毛(우모)

羽化登仙(우화등선)

項羽(항우)

宮商角徵羽(궁상각치우)

項羽壯士(항우장사)

우인(羽人). 산동성 임기현(臨沂縣) 출토. 한나라
화상석(부분).

125

老(늙을 로): lǎo, 老-0, 6, 70

字解 상형. 갑골문에서 긴 머리칼과 굽은 몸, 내민 손에 지팡이를 든 모습이 상세히 그려졌다. 금문부터는 지팡이가 匕(비 화)로 변했는데, 이는 化(될 화)의 생략된 모습이며 '머리칼'이 하얗게 변했다는 의미를 담고 있다고 풀이할 수 있다. 나이가 들다가 원래 뜻이고, 이로부터 늙다, 老鍊(노련)하다, '경험이 많다'의 뜻이, 다시 오랜 시간, 언제나 등의 뜻이 나왔다. 현대 후기 산업사회에서 노인은 생산력을 상실한, 그래서 사회의 구성에 부담을 주는 존재로 전락하고 있지만, 정착 농경사회를 살았던 고대 중국에서 老人(노인)은 지혜의 원천이었다. 축적된 경험이 곧 지식이었던 그 사회에서는 풍부한 경험을 확보한 노인은 그 사회의 지도자였고 대소사를 판단하는 준거를 제공했다. 그래서 노인은 존경의 대상이었으며, 그 때문에 노인에 대한 구분도 상세하게 이루어졌다. 노인(老)을 몇 살부터 규정했는가에 대해서는 의견이 분분하지만, 일반적으로는 쉰 이상을 부른 것으로 알려졌다. 나이 쉰이 되면 신체가 쇠약해지며, 예순이 되면 노역이 면제되는 대신 국가에서 받았던 농지도 반환해야 했으며, 일흔이 되면 모든 일에서 은퇴하는 것이 고대 중국의 관습이었다. 老는 나이 든 모든 노인을 포괄하는 통칭이었다. 이러한 노인들은 개인은 물론 국가에서도 모시고 봉양해야만 하는 대상이었으며, 노인을 모시는 '孝(효)'는 국가를 지탱하는 중심 이데올로기로 설정하기도 했다.

字形 甲骨文 金文 古陶文 簡

籀文 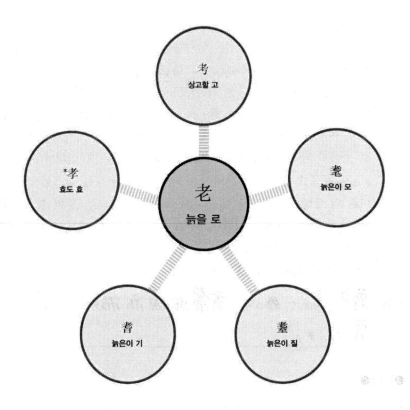 說文小篆

●단어●

老鍊(노련)	老化(노화)	不老長生(불로장생)
老齡(노령)	○	生老病死(생로병사)
老熟(노숙)	敬老(경로)	元老(원로)
老人(노인)	百年偕老(백년해로)	長老(장로)

考
상고할 고

*孝
효도 효

老
늙을 로

耄
늙은이 모

耆
늙은이 기

耋
늙은이 질

126

而(말 이을 이): ér, 而-0, 6, 30

字解 상형. 위쪽 가로획(一)은 코를, 그 아래 세로획은 人中(인중)을 상징하며, 나머지 늘어진 획의 바깥은 콧수염을, 안쪽은 턱수염을 형상화한 것으로 보인다. 전통적으로 수염은 남자다움과 힘과 권력의 상징이다. 그래서 서구에서도 아스타르테(astarte, 즉 아슈토레스 (ashtoreth)) 여신처럼 턱수염을 가진 여신은 이중의 性(성)을 가진 것을 상징하며, 한자에서도 여자(女·여)의 수염(而)이라는 뜻을 그린 耍(희롱할 사)로써 '놀림'과 '희롱'의 뜻을 담아냈다. 이처럼 而의 원래 뜻은 '수염'이다. 하지만 而가 가차되어 접속사로 쓰이게 되면서 원래 뜻을 나타낼 때에는 彡(터럭 삼)을 더하여 耏(구레나룻 이)로 분화했다. 또 耏에서의 而가 이미 '수염'의 뜻을 상실했기에 의미를 더 분명하게 하고자 頁(머리 혈)로 대신한 須(모름지기 수)로써 얼굴(頁)에 난 털(彡)이라는 의미를 그렸다. 하지만 須도 남성이 반드시 갖추어야 할 것이라는 의미에서 必須(필수)의 뜻을 갖게 되자 다시 髟(머리털 드리워 질표)를 더하여 鬚(수염 수)로 분화했다.

字形 而禾 禾 金文 丙 古陶文 秀香禾 ネホ而 簡牘文 而 石刻古文 而 說文小篆

●단어●

而立(이립)   曲肱而枕之(곡굉이침지)   無爲而治(무위이치)
敬而遠之(경이원지)   樂而不淫(낙이불음)   博而精(박이정)
高枕而臥(고침이와)   勞而無功(노이무공)   半途而廢(반도이폐)

似而非(사이비)　　潁脫而出(영탈이출)　　和而不同(화이부동)
三十而立(삼십이립)　　溫故而知新(온고이지신)　　華而不實(화이부실)
生而知之(생이지지)　　中道而廢(중도이폐)
述而不作(술이부작)　　形而上學(형이상학)

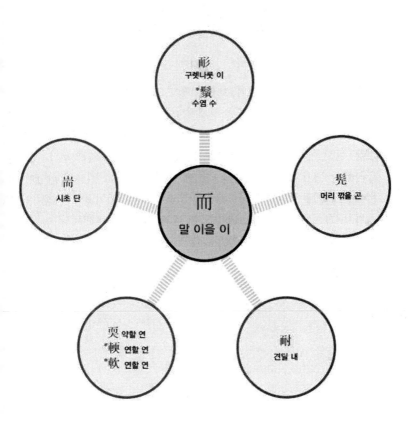

127

耒(쟁기 뢰): lěi, 耒-0, 6

字解 상형. 갑골문에서 손잡이와 보습이 달린 쟁기를 그렸는데, 금문에서는 손(又·우)을 더하기도 했으며, 소전체에서는 아랫부분의 나무(木·목) 위가 가름대 모양으로 변해 나무로 만든 쟁기를 상징화했다. 쟁기는 논밭의 흙을 파 일으키는 농기구를 말하는데, 정착 농경을 일찍부터 시작한 중국에서 쟁기의 발명은 농업 혁명에 비견될 정도로 생산력 향상에 획기적인 전기를 마련했으며, 중국 문명을 선도한 신기술의 상징이었다. 그래서 쟁기는 농기구의 대표였다. 耒가 단순한 '쟁기'에서 농기구의 상징이 되자, 원래의 뜻은 犁(쟁기 려)로 표현했다.

字形 金文 耒 說文小篆

●단어●

耒耜(뢰사)

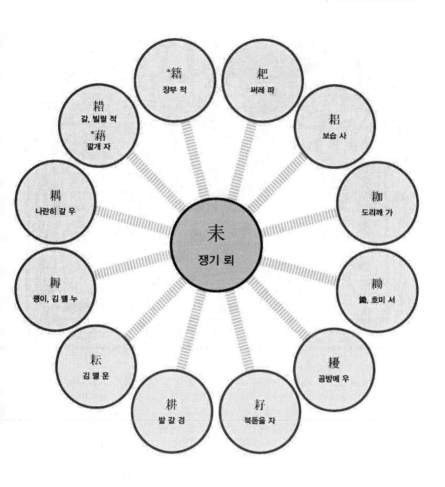

未
쟁기 뢰

*籍
장부 적

耙
써레 파

耜
보습 사

耞
도리깨 가

耡
鋤, 호미 서

耰
곰방메 우

耔
북돋을 자

耕
밭 갈 경

耘
김 맬 운

耨
쟁이, 김 맬 누

耦
나란히 갈 우

耤
갈, 빌릴 적
*藉
깔개 자

● 우경도(牛耕圖). 강소성 서주(徐州) 휴녕(睢寧) 출토. 동한 시대. 80*106센티
미터. 중국 역사박물관 소장. 『중국화상석전집』(4) 76쪽. 세 부분으로
나누어져 있는데, 위층은 신선이 사슴을 타고 사슴이 이끄는 구름수
레를 모는 모습 등을 그렸다. 중간 부분은 사람들이 서로 만나는 모
습을 그렸으며, 테두리가 만들어졌으나 글씨는 없다. 아래층은 우경
도로, 두 마리 소가 쟁기를 끌고 한 농부가 쟁기를 잡고 밭을 가는
모습이다. 소 옆으로는 개 한 마리가 쉬고 있고, 멀리 밭 사이로 한
농부가 괭이로 밭을 매는 모습도 보이고, 단사호장(簞食壺漿)을 들고 음
식을 나르는 모습도 보인다.

128

耳(귀 이): ěr, 耳-0, 6, 50

字解 상형. 귓바퀴와 귓불이 갖추어진 '귀'를 그렸으며, 이후 木耳(목이) 버섯처럼 귀 모양의 물체나 솥의 귀(鼎耳·정이)처럼 물체의 양쪽에 붙은 것을 지칭하기도 했다. 또 소용돌이 모양의 귀는 여성의 성기와 닮아 생명과 연계 지어지기도 했으며, 신의 말씀을 들을 수 있는 총명함을 상징하기도 한다. 원시 수렵 시대를 살 때에, 적이나 야수의 접근을 남보다 먼저 감지할 수 남다른 청각을 가진 자는 집단의 우두머리가 되기에 충분했을 것이다. 이 때문에 聰(귀 밝을 총)이나 聖(성인 성)에 耳가 들었다. 또 신체의 중요 부위로서의 귀, 특히 축 늘어진 귀는 제왕의 권위나 위대함, 吉祥(길상)을 상징하였다. 또 고대 한어에서는 문장 끝에 놓여 '따름이다'라는 뜻의 문법소로도 쓰였다.

字形 甲骨文 金文 古陶文 簡牘文 古璽文 石刻古文 說文小篆

●단어●

耳鳴(이명)

耳目(이목)

耳目口鼻(이목구비)

耳杯(이배)

耳鼻咽喉科(이비인후과)

耳順(이순)

馬耳(마이)

馬耳東風(마이동풍)
木耳(목이)
石耳(석이)
逆耳之言(역이지언)
牛耳讀經(우이독경)
中耳炎(중이염)
忠言逆耳(충언역이)

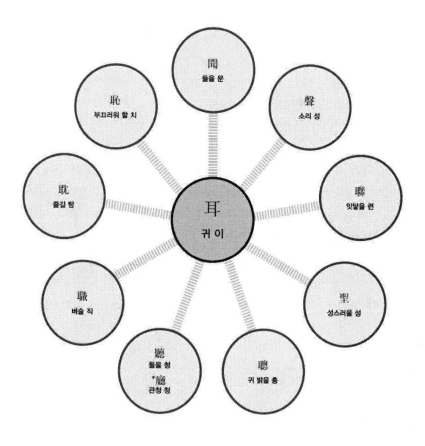

129

聿(붓 률): yù, 聿-0, 6

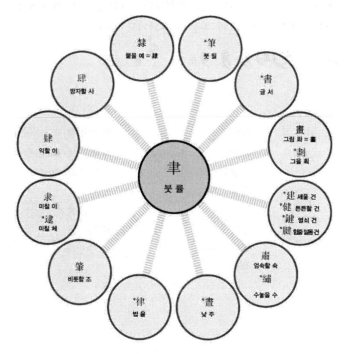

字解 상형. 손으로 붓을 잡은 모습을 그렸다. 이후 붓대는 주로 대(竹·죽)로 만들어졌기에 竹을 더한 筆(붓 필)로 분화했고, 현대 중국의 간화자에서는 대(竹)로 된 붓대와 털(毛·모)로 된 붓 봉을 상징화한 笔로 변했다. 붓은 필기구의 대표이다.

字形 甲骨文 金文 簡牘文 說文小篆

214 부수한자 283

130

肉(月·고기 육): [宍], ròu, 肉-0, 6, 42

字解 상형. 살결이 갖추어진 고깃덩어리를 그렸으며, 고기나 과실의 과육 등을 말하는데, 따로 쓰거나 상하 구조에는 肉, 좌우구조에는 月으로 구분해 썼다. 肉이 둘 중복되면 多(많을 다), 손(又·우)에 고기(肉)를 쥔 모습이 有(있을 유)가 되는 것처럼 肉은 소유의 상징이었으며, 뼈와 살로 구성된 몸의 특징 때문에 각종 신체 부위를 지칭하기도 한다. 일부 방언에서는 행동이나 성질이 느린 것을 지칭하기도 한다. 현대 한자에서는 月과 자형이 비슷한 月(달 월)과 종종 혼용되기도 한다.

字形 甲骨文 簡牘文 說文小篆

●단어●

肉頭文字(육두문자)	肉質(육질)	骨肉相殘(골육상잔)
肉類(육류)	肉體(육체)	骨肉之情(골육지정)
肉聲(육성)	肉脯(육포)	骨肉之親(골육지친)
肉水(육수)	肉筆(육필)	果肉(과육)
肉食(육식)	○	弱肉强食(약육강식)
肉身(육신)	乾肉(건육)	精肉(정육)
肉眼(육안)	苦肉之策(고육지책)	血肉(혈육)
肉慾(육욕)	骨肉(골육)	

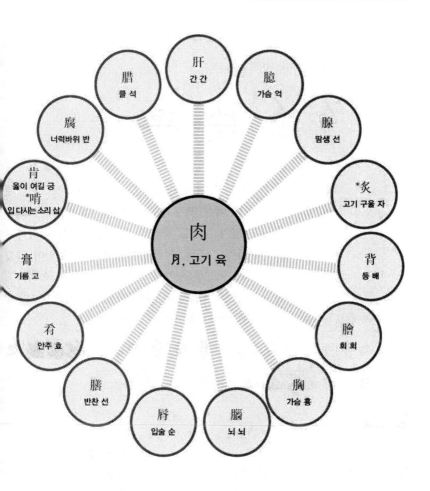

肉
月, 고기 육

肝
간 간

臆
가슴 억

腺
땀샘 선

*炙
고기 구울 자

背
등 배

膾
회 회

胸
가슴 흉

腦
뇌 뇌

脣
입술 순

膳
반찬 선

肴
안주 효

膏
기름 고

肯
옳이 여길 긍
*啃
입 다시는 소리 삽

胖
너럭바위 반

腊
클 석

131

臣(신하 신): chén, 臣-0, 6, 52

字解 상형. 가로로 된 자연스런 눈과 달리 세워진 모습인데, 머리를 숙인 채 위로 쳐다보는 눈으로써 '노예'를 특징적으로 그렸다. 갑골문에서 臣은 항복했거나 포로로 잡힌 남자 노예를 뜻하며, 왕실의 노예를 감독하는 노예의 우두머리를 지칭하기도 했다. 이로부터 臣에 신하의 뜻이 담겼고, 군주제 시절 임금에게 자신을 낮추어 부르던 호칭으로 쓰이기도 했다. 그래서 臣은 目(눈 목)이나 見(볼 견)과 같이 눈을 그렸지만, '보다'는 의미보다는 굴복과 감시의 이미지를 강하게 담고 있다.

字形 ᐤᐤ甲骨文 ᐤᐤᐤ金文 ᐤᐤᐤᐤ古陶文 ᐤᐤᐤ ᐤ簡牘文 ᐤᐤᐤ帛書 ᐤ石刻古文 臣說文小篆

●단어●

臣下(신하)   奸臣(간신)   君臣有義(군신유의)
臣僕(신복)   奸臣賊子(간신적자)   大臣(대신)
○   股肱之臣(고굉지신)   使臣(사신)
家臣(가신)   功臣(공신)   忠臣(충신)

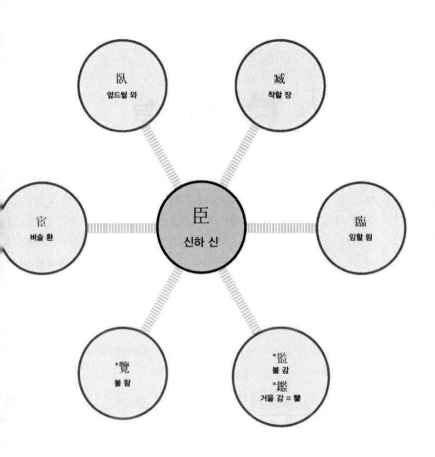

臥
엎드릴 와

臧
착할 장

宦
벼슬 환

臣
신하 신

臨
임할 림

覽
볼 람

*監
볼 감
*鑑
거울 감 = 鑒

132

自(스스로 자): zì, 自-0, 6, 70

字解 상형. 코를 그렸는데, 앞에서 본 모습을 그렸다. 서양인들이 코를 그릴 때 주로 측면의 모습을 그리는 데 반해, 동양인들은 정면의 모습을 그리는 것이 전통이었다. 그것은 서양인들은 코가 높지만, 동양인들은 납작하기 때문이었을 것이다. 코는 후각 기관이자 숨을 내쉬는 기관이기에 自는 '냄새'나 '호흡'과 관련되어 있다. 코는 얼굴에서 개인적 차이가 가장 심한 부위이기에 개인을 대표하는 것으로 인식되었고, 여기에서 自己(자기) 自身(자신)이라는 뜻이, 自由(자유)는 물론 自然(자연·스스로 그러함)의 뜻까지 생겼다. 그러자 원래의 '코'는 소리부인 畀(줄 비)를 더해 鼻(코 비)로 분화했다. 중국인들이 자신을 가리킬 때 우리와는 달리 코를 손가락으로 가리키는 습관도 이와 관련된 듯 보인다.

字形 甲骨文 金文 古陶文 盟書 簡牘文 石刻古文 說文小篆 說文古文

●단어●

自覺(자각)	自力(자력)	自殺(자살)
自決(자결)	自立(자립)	自省(자성)
自愧(자괴)	自慢(자만)	自肅(자숙)
自救(자구)	自明(자명)	自信(자신)
自國(자국)	自發(자발)	自身(자신)
自己(자기)	自白(자백)	自然(자연)
自動(자동)	自負(자부)	自願(자원)
自動車(자동차)	自費(자비)	自衛(자위)

自由(자유)	自治(자치)	自强不息(자강불식)
自律(자율)	自他(자타)	自古以來(자고이래)
自任(자임)	自虐(자학)	自給自足(자급자족)
自轉車(자전거)	自害(자해)	自己矛盾(자기모순)
自淨(자정)	自活(자활)	自問自答(자문자답)
自制(자제)	○	自手成家(자수성가)
自尊心(자존심)	各自(각자)	自繩自縛(자승자박)
自主(자주)	獨自(독자)	自信滿滿(자신만만)
自重(자중)	登高自卑(등고자비)	自我陶醉(자아도취)
自進(자진)	茫然自失(망연자실)	自業自得(자업자득)
自處(자처)	毛遂自薦(모수자천)	自中之亂(자중지란)
自體(자체)	悠悠自適(유유자적)	自初至終(자초지종)
自招(자초)	自家撞着(자가당착)	自暴自棄(자포자기)

짐승무늬 와당(獸面紋陶瓦當), 17*15센티미터. 북위(北魏), 4~5세기.

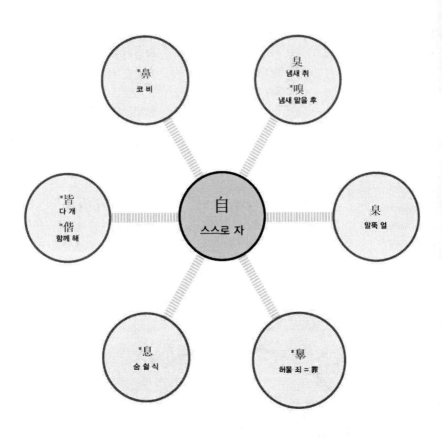

133

至(이를 지): zhì, 至-0, 6, 42

字解 지사. 『설문해자』에서는 "새가 땅에 내려앉는 모습이며, 아래쪽의 가로 획(一)은 땅이다."라고 풀이했지만 믿기 어렵다. 사실은 矢(화살 시)와 가로 획(一)으로 구성되어, 화살(矢)이 날아와 땅(一)에 꽂힌 모습을 그렸는데, 한 나라 때의 예서에 이르러 화살의 촉과 꼬리 부분이 가로획으로 변해 지금처럼 되었다. '이르다'가 원래 뜻이며, 어떤 목표에 도달하다는 의미에서 '끝'이나 '지극'의 뜻이 생겼고, '최고'의 뜻까지 생겼다. 그러자 원래의 의미는 발음을 나타내는 刀(칼 도)를 더해 到(이를 도)로 분화했다. 또 손에 막대를 든 모습으로 '강제하다'는 의미가 있는 夊(칠 복)을 더 하여 어떤 곳에 이르게 하다는 사역의 의미인 致(보낼 치)를 만들어 냈다. 그래서 至로 구성된 글자들은 대부분 '이르다'는 원래의 뜻을 담고 있 다.

字形 甲骨文 金文 帛書 簡牘文 石刻古文 說文小篆 說文古文

●단어●

至高(지고)	至上(지상)	冬至(동지)
至近(지근)	至善(지선)	福無雙至(복무쌍지)
至急(지급)	至純(지순)	甚至於(심지어)
至難(지난)	至尊(지존)	自初至終(자초지종)
至大(지대)	○	夏至(하지)
至毒(지독)	乃至(내지)	

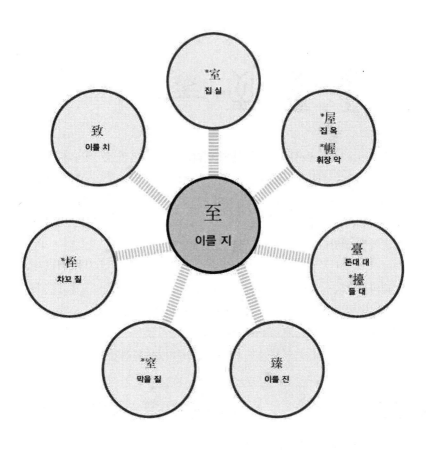

134

臼(절구 구): jiù, 臼-0, 6, 10

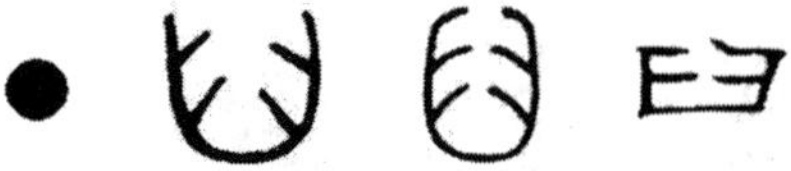

字解 상형. 곡식을 찧는 절구의 단면을 그렸으며, 좌우로 표시된 돌출된 획을 『설문해자』에서는 쌀이라고 했지만 찧기 좋도록 만들어진 돌기로 보인다. “나무를 잘라 절굿공이를 만들고, 땅을 파 절구로 썼다.”라고 한 『주역』의 말로 보아 옛날에는 땅을 파 절구로 쓰다가 점차 나무나 돌로 만들어 썼을 것으로 보인다. 이로부터 절구나 절구처럼 생긴 기물을 뜻하게 되었다.

字形 古陶文 簡牘文 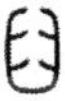 說文小篆

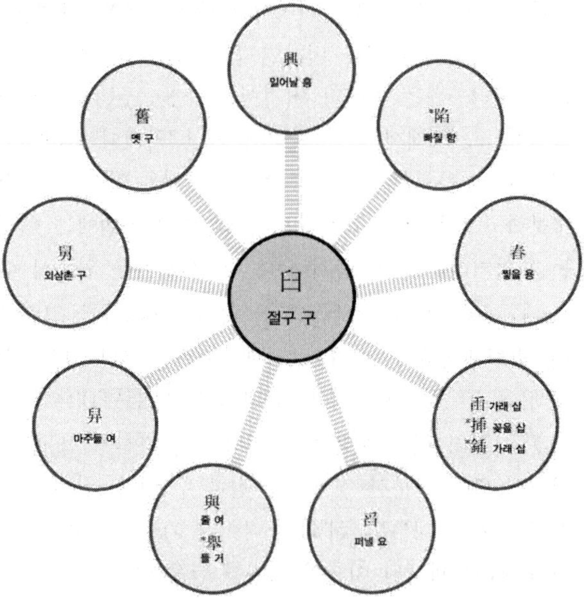

135

舌(혀 설): shé, 舌-0, 6, 40

🈷️ 상형. 아랫부분은 입(口·구)을, 윗부분은 길게 뻗어 두 갈래로 갈라진 어떤
것을 그렸다. 이는 "말을 하고 맛을 구분하는 기관"이라고 풀이한 『설
문해자』의 해석을 참고하면 '혀'로 보인다. 하지만, 혀라면 끝이 둘로
갈라진 모습이 차라리 사람의 혀보다는 뱀의 혀를 닮았다고 해야 할
것이다. 그렇다면 말을 하는 기관과는 거리가 멀다. 게다가 뱀의 혀라
면 가능하면 사람과 관계 지어 구체적 형태를 본뜨고 이미지를 그려내
던 초기 한자의 보편적 형상 특징에도 위배된다. 한자에서 舌과 音(소리
음)과 言(말씀 언)은 형태나 의미에서 매우 밀접한 관계를 갖는다. 즉 갑골
문에서 舌에 가로획을 더하면 音이 되고, 音에 다시 가로획을 더하면
言이 된다. 音은 舌에다 거기서 나오는 '소리'를 상징화하고자 가로획
을 더했고, 그래서 音은 사람이 아닌 '악기의 소리'를 지칭한다. 또 音
에다 다시 가로획을 더해 言을 만든 것은 악기의 소리와 사람의 '말'을
구분하고자 분화한 것이지만, 言의 옛날 용법에는 여전히 대나무로 만
든 관악기라는 뜻이 담겨 있다. 따라서 舌은 위쪽이 대나무 줄기(千·간, 丰
의 본래 글자)를, 아래는 대로 만든 악기의 혀(reed)를 그린 것으로 생각하는
데, 소전체에서 舌이 干(방패 간)과 口로 구성된 것은 이를 반영한다. 그
래서 舌은 피리처럼 생긴 관악기의 소리를 내는 '혀'가 원래 뜻이며,
이후 사람의 혀로 의미가 확대되었고, 다시 音을 만들어 악기 소리와
인간의 말을 구분한 것으로 추정할 수 있다. 현행 옥편의 舌부수에 귀
속된 글자는 대부분 '혀'의 동작이나 기능과 관련되어 있는데, 이는 인
간의 '혀'로 파생된 이후의 의미를 담은 글자들이다.

字形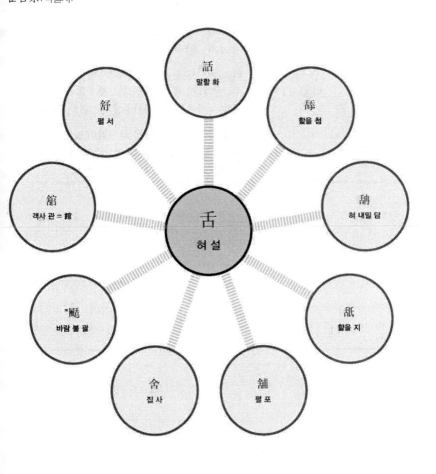

甲骨文 古陶文 簡牘文 說文小篆

●단어●

舌戰(설전)

口舌數(구설수)

毒舌(독설)

駟不及舌(사불급설)

雀舌茶(작설차)

話
말할 화

舒
펼 서

舔
핥을 첨

舘
객사 관＝館

舌
혀 설

䛙
혀 내밀 담

*颳
바람 불 괄

舐
핥을 지

舍
집 사

舖
펼 포

括(묶을 괄)	手(손 수)+舌	소리를 낼 수 있는 혀(reed, 舌·설)가 있는 피리를 손(手)으로 묶어 생황(笙·생) 같은 다관 피리를 만드는 모습을 형상화→'묶다', 포괄하다
刮(깎을 괄)	刀(칼 도)+舌	칼(刀)로 대를 깎아 피리의 혀(reed, 舌)를 만드는 모습을 형상화→깎아내다, 제거하다, 문지르다
适(빠를 괄)	辶(쉬엄쉬엄 갈 착)+舌	피리소리(舌)가 재빠르게 멀리 퍼져 나가다(辶)→빠르다
話(말할 화)	言(말씀 언)+舌	혀(舌)를 잘 놀려 하는 말(言)→화제, 이야기, 담론
活(살 활)	水(물 수)+舌	혀(舌)에 수분(水)이 더해지면 부드럽고 원활하게 '살아나' 잘 움직임→살다, 생존하다, 살아있다, 활발하다
栝(노송나무 괄활고자 첨)	木(나무 목)+舌	노송나무(木)→대나무의 휘어짐 등을 바로 잡는 기구나 화살 끝의 활시위를 메는 부위인 활고자를 지칭

136

舛(어그러질 천): chuǎn, 舛-0, 6

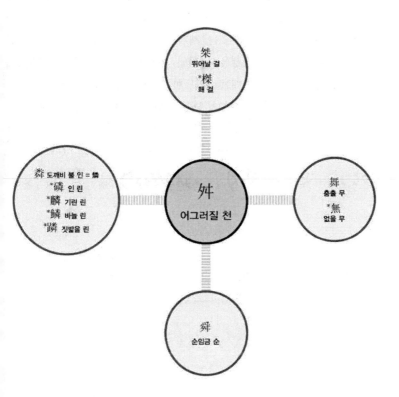

● 𣥂𣥂 𣥂𣥂 𣥂𣥂

字解 상형. 반대 방향으로 놓인 두 발을 그렸는데, 『설문해자』에 이르러서야
부수로 독립되었고, 그전에는 다른 형상과 결합한 모습으로 등장한다.
두 발은 동작성을 말하고, 반대 방향은 배치되어 '어그러짐'을 뜻한다.

桀 뛰어날 걸
*傑 해 걸

舛 도깨비 불 인 = 粦
*磷 인 린
*麟 기린 린
*鱗 비늘 린
*躙 짓밟을 린

舛
어그러질 천

舞 춤출 무
*無 없을 무

舜 순임금 순

137

舟(배 주): zhōu, 舟-0, 6, 30

字解 상형. "중국의 배는 매우 독특하다. 바닥은 평평하거나 원형이고, 용골(keel)도 없이 단지 튼튼한 노만 하나 있을 뿐이다. 이물(船頭·선두)과 고물(船尾·선미)은 직선을 이루고, 약간 위쪽을 향해 치켜들었다. 뱃전(舷·현)의 위쪽 가장자리부터 배의 바닥까지는 배를 다른 부분을 갈라주는 견실한 방수벽으로 돼 있다. 이런 구조는 세계의 어느 곳에서도 찾아볼 수 없다." 중국의 과학사에 평생을 바쳤던 세계적 석학 조지프 니덤(Joseph Needham, 1900~1995)이 중국의 배를 두고 한 말이다. 갑골문에서의 舟는 독특한 구조의 중국 배를 너무나 사실적으로 그렸다. 소위 平底船(평저선)이라는 것인데, 이러한 배는 아직도 중국의 전역에서 강과 강을 오가며 물자를 실어 나르고 있으며, 수송의 주요 수단이 되고 있다.

字形 〔甲骨文〕 〔金文〕 〔簡牘文〕 月 說文小篆

●단어●

刻舟求劍(각주구검)   孤舟(고주)   一葉片舟(일엽편주)
競舟(경주)   獨木舟(독목주)   破釜沈舟(파부침주)
輕舟(경주)   吳越同舟(오월동주)

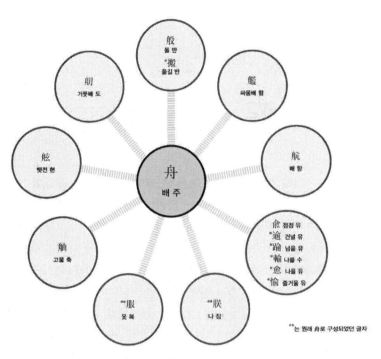

般 돌 반
*搬 옮길 반

舿 거룻배 도

舷 뱃전 현

艦 싸움배 함

航 배 항

偸 점점 유
*適 건널 유
*諭 넘을 유
*輸 나를 수
*愈 나을 유
*愉 즐거울 유

舳 고물 축

**服 옷 복

舟 배 주

**朕 나 짐

**는 원래 舟로 구성되었던 글자

기로 만든 배(陶船). 16*54센티미터. 중국 광동성 광주(廣州) 출토. 동한(東
1~3세기. 앞에는 닻(碇)이, 뒤에는 키(舵)가 있으며, 6명이 타고 있으며,
길이는 14~15미터 정도 되었을 것으로 추정된다. 갑판에는 창(矛)과
(盾) 6세트가 준비되어 있다.

138

艮(어긋날 간): gèn, 艮-0, 6, 12

字解 회의. 이의 자원은 명확하지 않지만, 『설문해자』에서는 匕(비수 비)와 目(눈목)으로 구성되어, "복종하지 않는다는 뜻이다. 서로 노려보며 양보하지 않음을 말한다."라고 했다. 갑골문을 보면 크게 뜬 눈으로 뒤돌아보는 모습을 그렸고, 금문에서는 눈을 사람과 분리해 뒤쪽에 배치하여 의미를 더 구체화했으며, 간독문자에서는 目이 日(날 일)로 변해 해(日)를 등진 모습으로 변했다. 이들 자형을 종합해 보면, 艮은 '눈을 크게 뜨고 머리를 돌려 노려보는 모습'을 그린 것으로 추정된다. 그래서 艮의 원래 뜻은 부라리며 노려보는 '눈'이다. 그러나 艮이 싸움하듯 '노려보다'는 의미로 확장되자, 원래의 뜻은 目을 더한 眼(눈 안)으로 분화했는데, 眼이 그냥 '눈'이 아니라 眼球(안구)라는 뜻이 있는 것도 이의 반영일 것이다. 그래서 艮에서 파생된 글자 중 '노려보다'는 뜻이 있는 경우가 많으며, 이 때문에 서로 양보하지 않아 일어나는 싸움과 '어긋나다', '거스르다' 등의 뜻이 있으며, 여기서부터 발전하여 '곤란하다'는 뜻을 담기도 한다.

字形 甲骨文 金文 簡牘文 說文小篆

●단어●

艮卦(간괘)

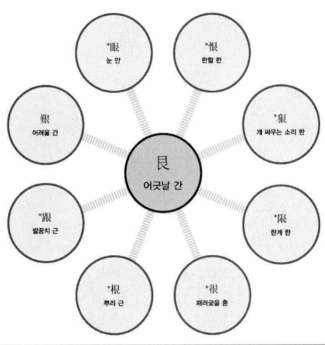

根(뿌리 근)	木(나무 목)+艮	위쪽으로 자라나는 나무(木)의 속성과 배치되어(艮) 아래쪽의 땅속으로 뻗어나가는 '뿌리'
艱(어려울 간)	堇(노란 진흙 근)+艮	일상과는 달리(艮) 사람을 희생으로 바쳐(堇) 제사를 드려야 할 만큼 '어려움'을 말함→어려움, 험악함, 재난
銀(은 은)	金(쇠 금)+艮	쇠(金)의 일반적인 속성인 단단함과 반대되는(艮) 무른 속성을 가진 '은'→은화, 은색
限(한계 한)	阜(언덕 부)+艮	머리를 돌려 부릅뜬 눈으로 노려보는 시선(艮) 앞에 높다란 언덕(阜)이 가로막혀 있음→벽에 부딪힘, 限界(한계), 限度(한도), 制限(제한)
恨(한할 한)	心(마음 심)+艮	서로 노려보며(艮) 원망하는 마음(心)→원한을 가지다, 원수처럼 보다, 유감스럽다
眼(눈 안)	目(눈 목)+艮	부라리며 노려보는(艮) 눈(目)→眼球(안구)→눈처럼 움푹 파인 구멍
痕(흉터 흔)	疒(병들어 기댈 녁)+艮	상처(疒)가 낫고 남는 흉터→흔적, 그림자, 그늘

139

色(빛 색): sè, 色-0, 6, 70

● ● 罗 色

字解 회의. 소전체에서부터 등장하는데, 『설문해자』에서는 人(사람 인)과 卩(병
부 절)로 구성되었고 '顔色(안색)'을 말한다고 했다. 하지만, 무릎 꿇은 사람
(卩) 위로 선 사람(人)이 더해진 모습에서 어떻게 '낯빛'의 뜻이 나오게 되
었는지는 달리 설명이 없다. 그래서 이에 대한 다양한 해설이 생겨났
다. 『설문해자』의 최고 해석가였던 청나라 때의 단옥재는 "마음(心·심)이
氣(기)로 전달되며, 氣는 眉間(미간顔)에 전달되는데, 이 때문에 色이라 한
다."라고 풀이했고, 어떤 이는 몸을 편 기쁨과 무릎을 꿇은 비애가 얼
굴에 나타나므로 '顔色'의 뜻이 생겼다고도 풀이했다. 그러나 色이 '빛'
이나 '안색'은 물론, '여자' 특히 好色(호색)이나 色骨(색골) 등과 같이 '성
(sex)'의 의미를 강하게 가짐을 볼 때, 이러한 해석은 쉬 긍정하기 어렵
다. 그래서 色을 後背位(후배위)의 성애 장면을 그린 것으로 보는 것이
자형에 근접한 해석일 것이다. 『설문해자』에서 제시했던 頁(머리 혈)과 彡
(터럭 삼)과 疑(의심할 의)로 구성된 色의 이체자도 머리(頁)를 돌려 뒤돌아보는
(疑) 모습에 강렬하게 나타난 얼굴빛(彡)을 강조한 글자다. 이렇게 볼 때
色의 원래 뜻은 성애 과정에서 나타나는 흥분된 '얼굴색'이며, 이로부
터 색깔은 물론 '성욕'과 성애의 대상인 '여자', 여자의 용모, 나아가 기
쁜 얼굴색(喜色·희색) 정신의 혼미함 등의 뜻이 나오게 된 것으로 보인다.

字形

● 단어 ●

色盲(색맹)   色素(색소)   色情(색정)

色即是空(색즉시공)　　　難色(난색)　　　　　英雄好色(영웅호색)
色彩(색채)　　　　　　　無色(무색)　　　　　草綠同色(초록동색)
○　　　　　　　　　　　遜色(손색)　　　　　特色(특색)
傾國之色(경국지색)　　　顏色(안색)　　　　　形色(형색)
巧言令色(교언영색)　　　染色(염색)　　　　　形形色色(형형색색)

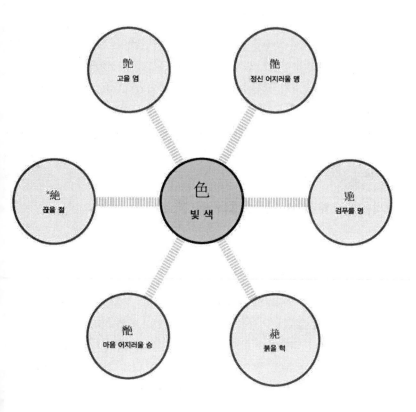

140

艸(풀 초): cǎo, 艸-0, 6

字解 회의. 갑골문에서 屮(싹 날 철)이 둘 모인 모습인데, 屮은 떡잎을 피운 '싹'의 모습이다. 屮이 셋 모이면 卉(풀 훼)가 되고 넷 모이면 茻(풀 우거질 망)이 되어, 屮의 숫자가 많을수록 정도가 강화되었다. 艸(풀 초)의 경우, 금문부터는 소리부인 무(새벽 조)를 더해 草(풀 초)로 분화해, 단독으로 쓰일 때에는 草, 다른 글자와 결합할 때에는 艸(⺾)로 썼다. 풀은 식물의 대표이기 때문에, 艸는 풀의 총칭은 물론 풀의 구체적 명칭, 나아가 식물의 특정 부위를 지칭한다.

字形 古陶文 簡牘文 說文小篆

140-1

草(풀 초): [艸], cǎo, 艸-6, 10, 70

字解 형성. 艸(풀 초)가 의미부고 무(새벽 조)가 소리부로, 식물을 뜻하며, 부드러운 식물의 뜻으로부터 여성을 지칭하게 되었다. 또 이리저리 눕는 풀의 속성으로부터 대강대강 하다, 거칠다, 草稿(초고) 起草(기초)하다 등의 뜻이 나왔다. 원래는 艸로 썼으나 소리부인 무를 더해 형성구조로 변화했는데, 빨리(무) 자라는 식물(艸)이라는 의미를 담았다.

字形 簡牘文 石刻古文 說文小篆

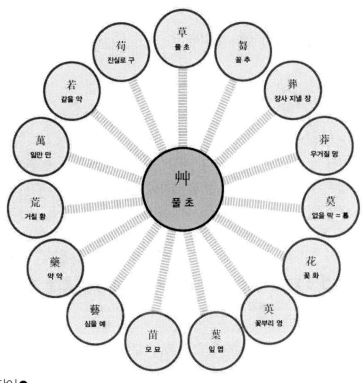

●단어●

草家(초가)	草案(초안)	民草(민초)
草芥(초개)	草野(초야)	不老草(불로초)
草稿(초고)	草原(초원)	莎草(사초)
草根(초근)	○	山川草木(산천초목)
草根木皮(초근목피)	甘草(감초)	三顧草廬(삼고초려)
草廬(초려)	乾草(건초)	藥房甘草(약방감초)
草綠(초록)	結草報恩(결초보은)	藥草(약초)
草綠同色(초록동색)	蘭草(난초)	雜草(잡초)
草木(초목)	冬蟲夏草(동충하초)	草木皆兵(초목개병)
草書(초서)	牧草地(목초지)	海草(해초)
草食(초식)	勿忘草(물망초)	花草(화초)

141

虍(虎범 호): [䒓, 俿], hǔ, 虍-2, 8, 32

字解 상형. 호랑이를 그렸는데, 쩍 벌린 입, 날카로운 이빨, 얼룩무늬가 잘 갖추어진 범을 그렸는데, 다른 글자와 상하로 결합할 때에는 꼬리 부분을 생략하여 虍(호피무늬 호)로 줄여 썼다. 동양에서의 범은 서양의 사자에 맞먹는 상징으로서, 힘과 권위와 용기와 무용을 대표해 왔다. 이로부터 용맹하다, 위풍당당하다, 사람을 놀라게 하다 등의 뜻이 나왔다.

字形 〔甲骨文〕 〔金文〕 〔簡牘文〕 〔說文小篆〕 〔說文古文〕

백호(白虎). 산동성 가상현(嘉祥縣) 무씨(武氏)사당 벽화. 한나라.

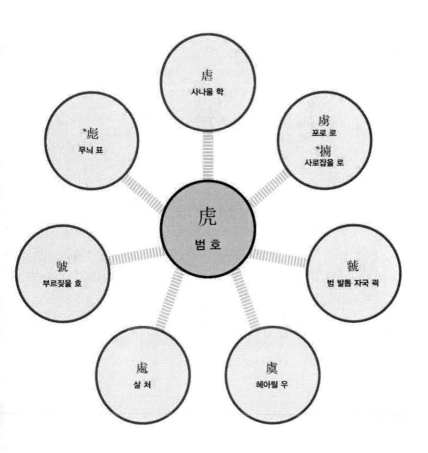

142

虫(벌레 충훼): chóng, 虫-0, 6

字解 상형. 갑골문에서는 세모꼴의 머리에 긴 몸통을 가진 살모사를 닮았다. 그래서 虫(벌레 충)은 '뱀'이 원래 뜻이고, 이후 파충류는 물론 곤충, 나아가 "기어 다니거나 날아다니는, 털이 있거나 없는, 딱지나 비늘을 가진" 모든 생물을 지칭하게 되었다. 그러자 원래 뜻은 它(뱀 타사)를 더해 蛇(뱀 사)로 분화했고, 虫을 둘 합해 蚰(벌레 곤) 셋 합해 蟲(벌레 충)을 만들었다. 현대 중국에서는 蟲의 간화자로도 쓰인다.

字形 𝓁𝓁 甲骨文 𝓮𝓵𝓵 金文 𝕯𝕩𝕩 簡牘文 𝓭 說文小篆

142-1

蟲(벌레 충): 虫, chóng, 虫-12, 18, 42

字解 회의. 세 개의 虫(벌레 충)으로 구성되어, '벌레'를 말하며, 간화자에서는 虫에 통합되었다.

字形 𝕩𝕩𝕩𝕩𝕩 簡牘文 𝕩 石刻古文 𝕩 說文小篆

●단어●

蟲齒(충치)	殺蟲(살충)
昆蟲(곤충)	成蟲(성충)
寄生蟲(기생충)	幼蟲(유충)
防蟲(방충)	爬蟲(파충)

害蟲(해충)

- 중국 전통 종이자르기에 표현된 양잠(養蠶). 꽃무늬 옷을 입고 머리에는
  꽃무늬 두건을 썼고 허리에는 꽃무늬 앞치마를 둘렀는데, 이는 섬서 북부
  지역의 특징적인 일상 복장이다. 두 마리의 누에를 크게 그려 많은 수의
  누에를 대신했는데 누에와 사람간의 비율을 대담하게 파괴하였으나 누에는
  사실적으로 그려졌다.

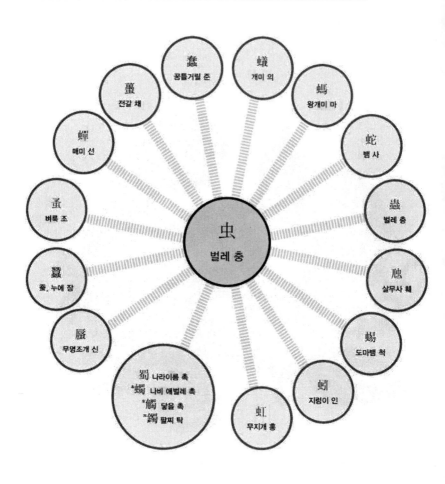

虫
벌레 충

蠢 꿈틀거릴 준
蟻 개미 의
螞 왕개미 마
蛇 뱀 사
蠆 전갈 채
蟲 벌레 충
蟬 매미 선
虺 살무사 훼
蚤 벼룩 조
蜴 도마뱀 척
蠶 잠, 누에 잠
蚓 지렁이 인
蜃 무명조개 신
虹 무지개 홍
蜀 나라이름 촉
蠋 나비 애벌레 촉
*髑 닿을 촉
*鐲 팔찌 탁

143

血(피 혈): xuè, 血-0, 6, 42

字解 지사. 皿(그릇 명)과 /(삐침 별)로 구성되어 그릇(皿) 속에 담긴 피를 형상화했다. 갑골문에서는 이를 더욱 사실적으로 그려, 피가 둥근 원이나 세로 획으로 표현되기도 했고, 소전체에 들면서 가로획으로, 해서체에서 삐침 획으로 변해 지금의 자형이 되었다. 『설문해자』에서 "血은 제사 때 바치는 희생의 피를 말하며, 가로획은 피를 그렸다."라고 했고, 조상신을 모실 宗廟(종묘)가 만들어지면 "먼저 앞마당에서 희생을 죽이고, 그 피를 받아 집안에서 降神祭(강신제)를 지내고, 그 후 곡을 연주하고, 시신을 들이고, 왕은 술을 올린다."라고 한 옛날 제도를 참조하면, 血은 이러한 제사 때 쓸 그릇에 담긴 '피'를 그렸다. 이후 제사뿐 아니라 맹약에도 이런 절차를 거쳤는데, 盟(맹세할 맹)에 皿이 든 것은 바로 이 때문이다. 이후 血은 血淚(혈루)에서처럼 '눈물'을, 다시 血緣(혈연)에서처럼 가까운 관계를, 피처럼 붉은색 등을 뜻하게 되었다. 그래서 血로 구성된 한자는 '피'와 관련되어 있지만, 그 기저에는 제사 때 쓸 희생의 피라는 의미가 들어 있다.

字形 甲骨文 金文 古陶文 簡牘文 說文小篆

●단어●

血管(혈관)	血壓(혈압)	瀉血(사혈)
血氣(혈기)	血液(혈액)	輸血(수혈)
血氣旺盛(혈기왕성)	血緣(혈연)	赤血球(적혈구)
血糖(혈당)	血肉(혈육)	鳥足之血(조족지혈)
血脈相通(혈맥상통)	血族(혈족)	出血(출혈)
血盟(혈맹)	血統(혈통)	充血(충혈)
血色(혈색)	○	汗血馬(한혈마)
血稅(혈세)	冷血(냉혈)	獻血(헌혈)
血眼(혈안)	多血(다혈)	混血(혼혈)

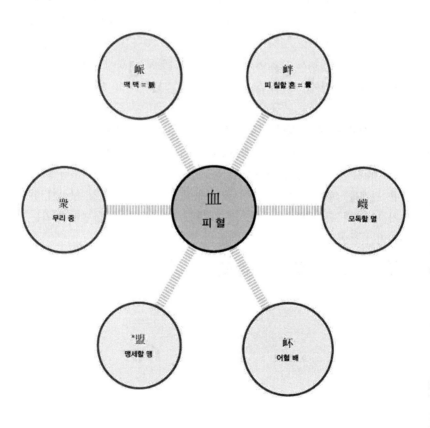

血 피 혈

衇 맥 맥 = 脈
衂 피 칠할 혼 = 衄
蔑 모독할 멸
衃 어혈 배
*盟 맹세할 맹
衆 무리 중

144

行(갈 행항렬 항): xíng, háng, 行-0, 6, 60

字解 상형. 사거리를 그렸고, 길은 여러 사람이 모이고 오가는 곳이기에 '가다', 운행하다, 떠나다, 실행하다, 가능하다, 행위, 품행 등의 뜻이 생겼다. 사람들로 붐비는 길은 갖가지 물건을 사고팔며 새로운 정보를 주고받는, 교류와 소통의 장이기도 하다. 또 길을 함께 가는 것은 뜻을 같이하거나 또래들의 일이기에, 行에 '줄'이나 '行列(항렬)', 순서, 대오 등의 뜻이 나왔는데, 이때는 '항'으로 구분해 읽는다. 그래서 行은 '길'이나 사람이 붐비는 '사거리', '가다'는 뜻이 있으며, 한길은 갖가지 물건을 사고팔며 재주를 뽐내는 장소를 뜻하기도 하여 교역장소, 직업 등의 뜻도 나왔다.

字形

●단어●

行動(행동)	行實(행실)	刊行(간행)
行列(행렬)	行爲(행위)	敢行(감행)
行方(행방)	行人(행인)	强行(강행)
行步(행보)	行政(행정)	擧行(거행)
行事(행사)	行進(행진)	慣行(관행)
行商(행상)	行態(행태)	錦衣夜行(금의야행)
行書(행서)	行列(항렬)	急行(급행)
行星(행성)	○	斷行(단행)

德行(덕행) 施行(시행) 恣行(지행)
同行(동행) 實踐躬行(실천궁행) 知行合一(지행합일)
蠻行(만행) 暗行(암행) 進行(진행)
尾行(미행) 言行(언행) 執行(집행)
發行(발행) 旅行(여행) 通行(통행)
竝行(병행) 逆行(역행) 跛行(파행)
非行(비행) 豫行(예행) 平行(평행)
飛行(비행) 五行(오행) 暴行(폭행)
師弟同行(사제동행) 運行(운행) 品行(품행)
先行(선행) 流行(유행) 現行(현행)
善行(선행) 銀行(은행) 禍不單行(화불단행)
盛行(성행) 履行(이행)
遂行(수행) 移行(이행)

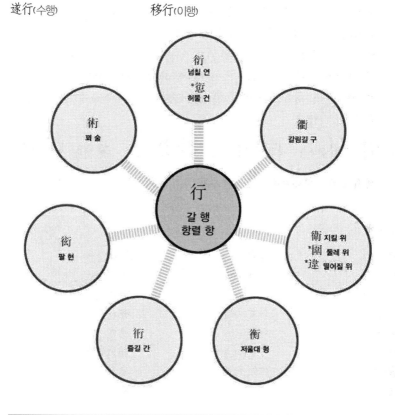

'행기명옥(行氣銘玉)', 기공을 행할 때의 요령을 새겨 놓은 옥. 높이 5.2센티미터, 직경 3.4센티미터. 전국(戰國) 시대, 기원전 475~221년.

145

衣(옷 의): yī, 衣-0, 6, 60

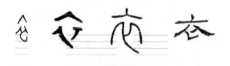

字解 상형. 웃옷을 그렸다. 윗부분은 목둘레를 따라 만들어진 옷깃(領·령)을 그
렸고, 아랫부분에서 양쪽은 소매(袂·몌)를, 나머지 중간 부분은 옷섶(衽·임)
인데, 안섶이 왼쪽으로 겉섶이 오른쪽으로 가도록 여며진 모습이다. 그
래서 衣는 치마(裳·상)에 대칭되는 '웃옷'이 원래 뜻이며, 여기서 옷감이나
의복을, 다시 사물의 외피를 뜻하게 되었고, 싸다, 덮다, 입다 등의 뜻
까지 생겼다.

'의복'은 인간이 문명 생활을 하는데 없어서는 아니 될 중요한 요소이
다. 그래서 인간 생활의 3대 요소를 일컫는 말로 衣食住(의식주)라는 말
이 있다. 한국과 일본에서는 衣가 가장 앞에 놓이는 것으로 보아 '옷'
을 가장 중요한 요소로 보았다. 그러나 중국에서는 食衣住라고 하여
'먹을 것'을 가장 앞에 두었다. '음식의 왕국'이라 불리는 중국의 특성
을 잘 반영했다.

字形 甲骨文 金文 古陶文 簡牘文
說文小篆

●단어●

衣鉢(의발)   錦衣還鄉(금의환향)   白衣從軍(백의종군)
衣服(의복)   暖衣飽食(난의포식)   白衣天使(백의천사)
衣食住(의식주)   內衣(내의)   上衣(상의)
輕衣肥馬(경의비마)   白衣(백의)   惡衣惡食(악의악식)
錦衣夜行(금의야행)   白衣民族(백의민족)   天衣無縫(천의무봉)

脫衣(탈의)　　　　　好衣好食(호의호식)
布衣之交(포의지교)　　紅衣將軍(홍의장군)

- 1972년 호남성 장사(長沙) 마왕퇴(馬王堆) 제1호 묘에서 발견된 비단 가운. 길이 128센티미터, 소매 길이 190센티미터. 무게는 49그램에 불과하여, 세계에서 가장 가벼운 가운으로 알려졌다. 한나라 초기. 기원전 186년 이전의 것으로 추정된다.

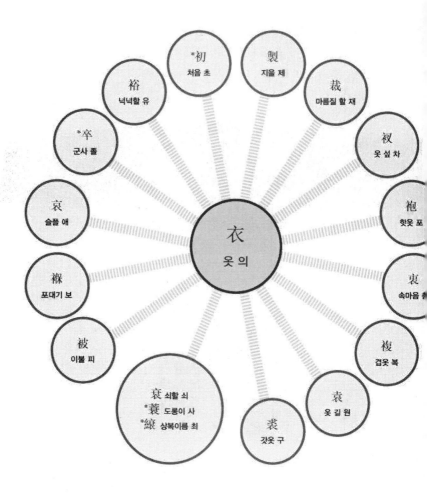

衣 옷 의

*初 처음 초
製 지을 제
裁 마름질 할 재
衩 옷 섶 차
袍 핫옷 포
衷 속마음 충
複 겹옷 복
袁 옷 길 원
裘 갓옷 구
衰 쇠할 쇠
*蓑 도롱이 사
*縗 상복이름 최
被 이불 피
褓 포대기 보
哀 슬플 애
*卒 군사 졸
裕 넉넉할 유

146

襾(덮을 아): [襾], xià, 襾-0, 6

字解 상형. 襾는 소전체에서부터 등장하는데, ∏은 보자기를, 그 윗부분은 묶어 놓은 손잡이로 보인다. 『설문해자』에서는 "冖(덮을 멱)으로 구성되었고, 아래위를 덮은 모습을 그렸다."라고 했다. 이미 단독으로 사용되지 않고, 襾로 구성된 글자도 많지 않아 覆(덮을 복) 정도가 있을 뿐이다. 현대 한자 자형에서 襾는 西(서녘 서)와 닮았지만, 사실은 전혀 다른 글자이다. 西는 원래 새의 둥지를 그려 '서식하다'는 의미를 그렸고, 저녁이 되어 새가 둥지로 날아가는 방향이라는 뜻에서 '서쪽'의 의미가 나온 글자이다.

字形 襾 說文小篆

146-01

西(서녘 서): xī, 襾-0, 6, 80

字解 상형. 원래 나뭇가지를 얽어 만든 새의 둥지를 그려 '서식하다'는 의미를 그렸다. 이후 둥지는 해가 지는 저녁이 되면 새가 어김없이 날아드는 곳이고, 해는 서쪽으로 진다는 뜻에서 '서쪽'의 의미가 나왔고, 다시 西洋(서양)이나 서양식을 뜻하게 되었다. 그러자 원래의 의미는 木(나무 목)을 더한 栖(새 깃들일 서)로 되었고, 사람이 살 경우 다시 소리부를 妻(아내 처)로 바꾸어 棲(살 서)로 분화했는데, 아내(妻)와 함께하는 가정이 인간의 '서식처'임을 보여주고 있다. 현대의 자형에서 西는 襾(덮을 아)와 닮아 보이지만, 전혀 다른 글자이다.

字形 甲骨文 金文 古陶文 簡牘文 帛書 石刻古文 說文小篆 說文或體 說文古文 說文籀文

●단어●

西勢東漸(서세동점)
西洋(서양)
西域(서역)
西風(서풍)
西學(서학)
西海(서해)
○

東家食西家宿(동가식서가숙)
東問西答(동문서답)
東奔西走(동분서주)
東西(동서)
東西古今(동서고금)
紅東白西(홍동백서)

147

見(볼 견드러날 현): 见, jiàn, 見-0, 7, 52

字解 회의. 눈(目-목)을 크게 뜬 사람(儿-인)을 그려, 대상물을 보거나 눈에 들어옴
을 형상화했으며, 이로부터 보다, 만나다, 드러나다 등의 뜻이 나왔다.
다만 '드러나다'나 '나타나다' 등의 뜻으로 쓰일 때에는 '현'으로 구분해
읽는다.

字形 甲骨文 金文 古陶文 盟書
簡牘文 帛書 說文小篆

●단어●

見金如石(견금여석)   目不忍見(목불인견)   識見(식견)
見利思義(견리사의)   發見(발견)   謁見(알현)
見聞(견문)   百聞不如一見(백문불여일   意見(의견)
見本(견본)   견)   異見(이견)
見學(견학)   私見(사견)   接見(접견)
見解(견해)   相見禮(상견례)   參見(참견)
○   先見之明(선견지명)   偏見(편견)
管見(관견)   先入見(선입견)   會見(회견)

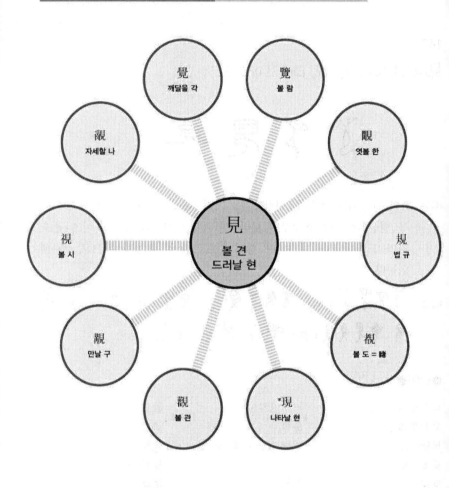

148

角(뿔 각): jiǎo, 角-0, 7, 60

角 自 肩 角

字解 상형. 갑골문에서 짐승의 뿔을 그렸는데, 무늬가 든 것이 특징이며, 모양으로 보아 소뿔로 보인다. 뿔은 머리에 달렸기 때문에 頭角(두각)에서처럼 '머리'를, 뾰족하거나 모난 모습 때문에 角度(각도)를, 머리를 뿔 모양으로 맸다는 뜻에서 總角(총각)을, 뿔피리로 쓰였기 때문에 五音(오음) 즉 宮(궁) 商(상) 角(각) 徵(치) 羽(우)의 하나를 지칭하게 되었다. 뿔은 겉은 단단하지만 속은 부드러워 속을 파내면 잔이나 악기는 물론 다양한 장식물로 쓸 수 있기에 그런 것들을 지칭하기도 한다.

字形 角 肩 自甲骨文 自 自 肩 金文 肩 肩 自 自 肩古陶文 肩盟書 肩 角 肩簡牘文 自 自古璽文 肩 說文小篆

●단어●

角弓(각궁)	光角(광각)	總角(총각)
角度(각도)	多角(다각)	八角(팔각)
角色(각색)	頭角(두각)	矯角殺牛(교각살우)
角逐(각축)	四角(사각)	蝸角之爭(와각지쟁)
○	直角(직각)	

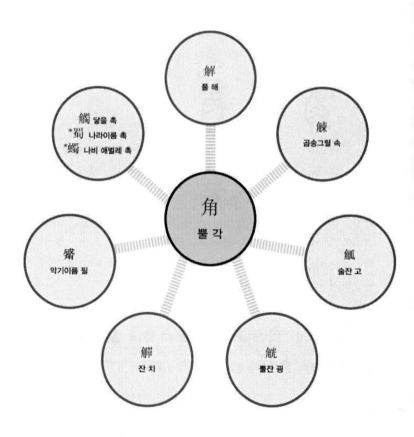

解 풀 해

觫 곱송그릴 속

觚 술잔 고

觥 뿔잔 굉

觴 잔 치

觱 악기이름 필

觸 닿을 촉
*蜀 나라이름 촉
*蠋 나비 애벌레 촉

角 뿔 각

149

言(말씀 언): yán, 言-0, 7, 60

字解 상형. 입과 혀 그리고 거기서 나오는 '말'을 상징하는 가로획이 더해진 것이 言(말씀 언)이라는 해석이 일반적이지만, 사실 言은 피리 모양의 악기의 입(reed)과 댓가지(竹·죽) 그리고 거기서 나오는 '소리'를 형상화한 것이라고 舌(혀 설)의 자형에서 풀이한 바 있다. 言이 악기의 '소리'에서 사람의 '말'로, 다시 말과 관련된 여러 뜻을 갖게 되었지만, 言으로 구성된 글자에는 일반적인 언어행위 외에도 말에 대한 고대 중국인들의 인식이 잘 반영되어 있다. 먼저, 말은 믿을 수 없는 거짓, 속임의 수단이었으며, 말을 잘하는 것은 능력이 아닌 간사함이자 교활함에 불과하였다. 그 때문에 말의 귀착점은 언제나 다툼이었다. 이처럼 言에는 부정적 인식이 두드러진다.

字形 甲骨文 金文 盟書 簡牘文 說文小篆

●단어●

言及(언급)	○	微言大義(미언대의)
言論(언론)	甘言利說(감언이설)	發言(발언)
言語(언어)	格言(격언)	方言(방언)
言語道斷(언어도단)	巧言令色(교언영색)	宣言(선언)
言中有骨(언중유골)	多言數窮(다언삭궁)	身言書判(신언서판)
言行(언행)	妄言(망언)	豫言(예언)
言行一致(언행일치)	名言(명언)	有口無言(유구무언)

遺言(유언)　　　　　助言(조언)
一言半句(일언반구)　　證言(증언)

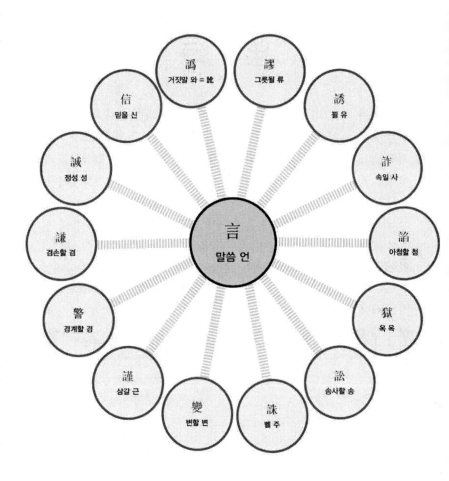

150

谷(골 곡): gǔ, 谷-0, 7, 32

字解 회의. 윗부분은 水(물 수)의 일부가 생략된 모습이고 아랫부분의 口(입 구)는 입구를 상징하여, 물이 흘러나오되 아직 큰 물길을 이루지 못한 산에 있는 샘의 입구를 그렸다. 그래서 『설문해자』에서도 "물이 솟아 나와 내(川·천)로 통하는 곳을 谷이라 하며, 水의 반쪽 모습으로 구성되었다." 라고 했다. 이처럼 谷은 내가 시작되는 산속 샘의 입구라는 뜻으로부터 산 사이로 우묵 들어간 '골짜기'를 의미하게 되었다. 골짜기는 '물길' 이자 사람이 다니는 좁은 통로이기도 했으며, 깊게 팬 골짜기는 크고 텅 빈 공간으로 넉넉함과 수용을 상징하기도 했다. 그러나 크고 깊은 협곡에 빠져 적의 매복이라도 만나는 날이면 나아가지도 물러서지도 못한다는 뜻에서 進退維谷(진퇴유곡)처럼 困境(곤경)을 뜻하기도 하였다. 하지만, 谷의 자형에 유의해야 하는데, 윗부분이 물을 그렸기 때문에 사실은 갑골문에서처럼 아래위 획 모두 중간이 분리되어야 하는데, 예서에 들면서 지금처럼 되어 버렸다. 이와 반대로 아래위 획 모두 붙어 人(사람 인)처럼 되면 '입(口) 둘레로 난 구비'를 뜻하는 '𠔏'자가 되는데, 卻 (물리칠 각)·哈(새가 울 곡) 등은 이 글자로 구성되었다. 이처럼 谷은 계곡을 지칭하거나 계곡의 상징을 말한다.

字形

214 부수한자 **327**

●단어●

溪谷(계곡)
深山幽谷(심산유곡)
進退維谷(진퇴유곡)

欲(하고자 할 욕)	谷+欠(하품 흠)	입을 크게 벌리고(欠) 텅 빈 계곡(谷)처럼 끝없이 바라는 것→'욕심'→'하고자 하다', 수요, 필요→이후 心(마음 심)을 더하여 慾(욕심 욕)으로 분화
浴(목욕할 욕)	水(물 수)+谷	계곡(谷)의 흐르는 물(水)에 자신의 몸을 내맡기고 몸을 씻으며 정신을 가다듬는 모습→목욕하다
裕(녁녁할 유)	衣(옷 의)+谷	입을 옷(衣)이 골짜기(谷)처럼 커 '여유가 있음'→녁녁하다, 풍족하다, 충분하다, 관대하다
俗(풍속 속)	人(사람 인)+谷	봄이 오면 계곡(谷)에 사람(人)들이 함께 모여 목욕하던 옛날의 습속→풍속→보통의, 대중의, 통속적인, 일반적인, 속되다→世俗(세속)
睿(깊고 밝을 예)	奴(뚫다 남을 잔)+目(눈 목)+谷	시신을 갖다 버리는(奴) 골짜기(谷)처럼 속 깊은 눈(目)을 가졌다는 뜻→명철하다, 통달하다

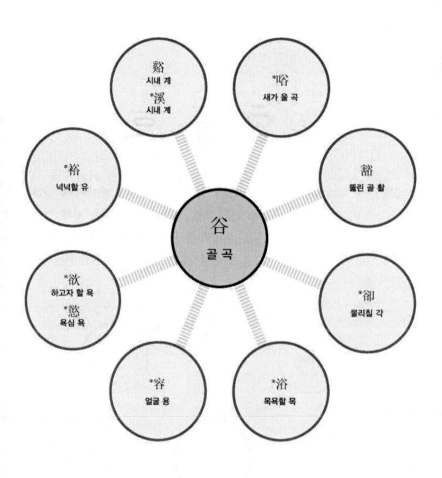

151

豆(콩 두): dòu, 豆-0, 7, 42

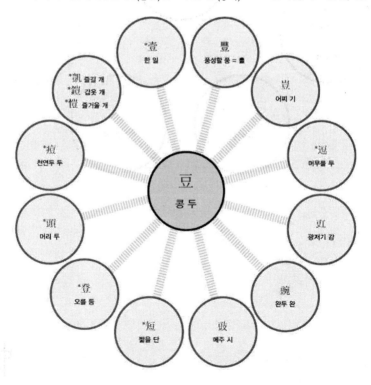

(字解) 상형. 大豆(대두)에서처럼 지금은 '콩'의 의미로 주로 쓰이지만, 원래는 곡식이나 음식을 담는 굽 높은 祭器(제기)를 그렸다. 콩은 원래 넝쿨과 깍지를 그린 未(콩 숙, 叔의 본래 글자)으로 썼는데, 이후 '아재비'라는 뜻으로 가차되자 원래 뜻은 艸(풀 초)를 더한 菽(콩 숙)으로 분화했다. 한편, 豆에 콩

壹
한 일

豐
풍성할 풍 = 豊

豈
어찌 기

*逗
머무를 두

*凱 즐길 개
*鎧 갑옷 개
*愷 즐거울 개

*痘
천연두 두

豆
콩 두

豇
광저기 강

*頭
머리 두

豌
완두 완

*登
오를 등

*短
짧을 단

豉
메주 시

을 주로 담았던 때문인지, 한나라 이후로 '콩'을 지칭할 때 菽 대신 豆
가 주로 쓰였고, 그러자 원래의 굽 달린 제기는 木(나무 목)을 더한 梪(나무
그릇 두)로 분화했으며, 콩을 뜻할 때에는 艸를 더하여 荳(콩 두)로 쓰기도
한다. 그래서 豆에는 원래의 '제기'와 이후의 '콩'이라는 뜻이 함께 들
어 있다. 또 豆는 아래로 받침대가 놓이고 위로 술 같은 장식물이 달
린 '북(壴주)'과 닮아 壴와 서로 혼용되기도 했다.

字形 甲骨文 金文 古陶文 簡牘文 說文小

篆 說文古文

●단어●

祿豆(녹두)

豆腐(두부)

豆乳(두유)

種豆得豆(종두득두)

수렵무늬 청동 두(豆).
사실적으로 묘사된
사냥하는 그림이
상감 처리되었다.
춘추 후기, 기원전
6세기 전기~기원전
476년. 높이
20.7센티미터,
아가리 넓이 17.5
센티미터, 무게
1.8킬로그램.
상해박물관 소장.

152

豕(돼지 시): shǐ, 豕-0, 7

字解 상형. 튀어나온 주둥이와 뚱뚱하게 살진 몸통, 네 발과 아래로 쳐진 꼬리를 가진 돼지를 형상적으로 그렸는데, 이미 가축화한 집돼지로 보인다. 이에 비해 彘(돼지 체)는 갑골문에서 화살(矢시)이 돼지 몸에 꽂힌 모습이어서 사냥으로 잡은 야생돼지임을 보여 주며, 豚(돼지 돈)은 '새끼 돼지'를 지칭하기 위해 豕(돼지 시)에 肉(고기 육)을 더해 만든 글자다. 야생 멧돼지는 육중한 몸을 가졌음에도 그 어떤 동물보다 빠르고 저돌적이며 힘이 센 것으로 유명하다. 이 때문에 豕는 사납고 힘이 넘치는 남성미의 상징으로 자리 잡았다.

字形 甲骨文 金文 簡牘文 說文小篆 說文古文

●단어●

魯魚亥豕(노어해시)
遼東豕(요동시)

멧돼지. 하남성 신야(新野) 출토. 한나라 화상석.

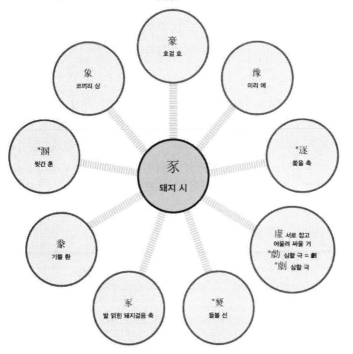

153

豸(발 없는 벌레 치): zhì, 豸-0, 7

字解 상형. 갑골문에서 입을 크게 벌리고 이빨을 드러낸 짐승을 그렸는데, 네 발은 둘로 줄였고 등은 길게 커다란 꼬리까지 잘 갖추어졌다. 『설문해자』에서는 긴 등뼈를 가진 짐승이 잔뜩 웅크린 채 먹이를 노려보며 죽이려 하는 모습을 그렸다고 했는데, 대단히 생동적으로 해설했다. 그래서 豸는 고양이 과에 속하는 육식 동물을 지칭한다. 하지만, 한나라 때의 『爾雅(이아)』에서는 "발이 있는 벌레를 蟲(벌레 충)이라 하고, 발이 없는 것을 豸라고 한다."라고 하여, 지렁이 같은 벌레를 말했으나, 실제 복합 한자에서는 이러한 용례를 찾아보기 어렵다.

字形 豸 豸 甲骨文 豸 金文 豸 簡牘文 豸 說文小篆

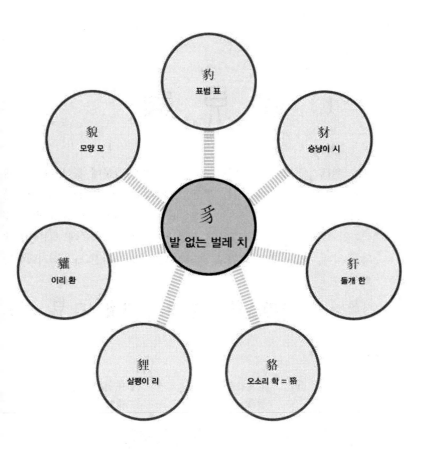

154

貝(조개 패): 贝, bèi, 貝-0, 7, 30

〔字解〕 상형. 껍데기를 양쪽으로 벌린 조개를 그렸다. 금문에 들어 아래로 세로획이 둘 더해졌는데, 이를 두고 조개를 꿰놓은 줄이라고도 하지만 조개의 입수관과 출수관으로 보인다. 조개는 고대인들이 즐겨 먹던 음식이었지만, 일찍부터 화폐로도 사용되었으며, 이 때문에 貝는 '조개' 외에 화폐, 재산, 부, 상행위 등과 관련된 의미를 가진다. 간화자에서는 贝로 쓴다.

〔字形〕 甲骨文 金文 古陶文 簡牘文 說文小篆

●단어●

貝物(패물)   貝柱(패주)   魚貝類(어패류)
貝葉(패엽)   貝塚(패총)   種貝(종패)

개오지 조개(海貝). 전국 시대. 기원전 550년 경.

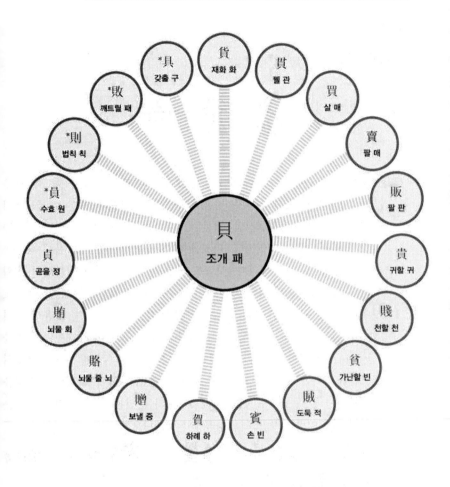

貝
조개 패

貨 재화 화

貫 꿸 관

買 살 매

賣 팔 매

販 팔 판

貴 귀할 귀

賤 천할 천

貧 가난할 빈

賊 도둑 적

賓 손 빈

賀 하례 하

贈 보낼 증

賂 뇌물 줄 뇌

賄 뇌물 회

貞 곧을 정

*員 수효 원

*則 법칙 칙

*敗 깨트릴 패

*具 갖출 구

155

赤(붉을 적): chì, 赤-0, 7, 50

字解 회의. 갑골문에서 大(큰 대)와 火(불 화)로 구성되어, 사람(大)을 불(火)에 태우는 모습인데, 예서 이후로 지금의 자형으로 변했다. 赤은 갑골문에서 이미 붉은색을 지칭했지만, 비를 바라며 사람을 희생으로 삼아 지내는 제사 이름으로도 쓰였는데, 다리를 꼬아 묶은 사람(交·교)을 불에 태우는 모습이 焂(태울 교)와 닮았다. 사람을 태울 정도라면 시뻘건 불꽃이 훨훨 타오르는 대단한 모습이었을 것이다. 이로부터 '벌겋다'는 뜻이 나왔고, 이 때문에 赤을 커다란(大) 불(火)로 해석하기도 한다. 한편, 붉은색은 피의 색깔이고 심장의 상징이기도 하다. 그래서 핏덩이로 태어난 아기를 赤子(적자)라 하며, 갓난아기처럼 아무것도 걸치지 않은 자연 그대로의 모습을 '赤裸裸(적나라)'라고 한다. 赤子는 옛날 임금에 대칭하여 백성을 지칭하는 말로 쓰기도 했고, 赤心(적심)이라는 말은 '조금도 거짓이 없는 참된 마음'이라는 뜻으로 마음속에서 우러나오는 충성심을 말한다.

字形 甲骨文 金文 古陶文 簡牘文 帛書 古璽文 說文小篆 說文古文

●단어●

赤裸裸(적나라)

赤道(적도)

赤米(적미)

赤壁賦(적벽부)

赤信號(적신호)

赤十字(적십자)

赤外線(적외선)

赤子(적자)

赤字(적자)

赤潮(적조)

赤血球(적혈구)

赤化(적화)

156
走(달릴 주): zǒu, 走-0, 7, 42

字解 회의. 갑골문에서 윗부분이 팔을 흔드는 사람의 모습이고 아랫부분은 발(止지)을 그려 '빠른 걸음으로 달려가는 모습'을 형상화했다. 소전체에 들면서 윗부분이 머리가 꺾인 사람을 그린 夭(어릴 요)로 변했고, 예서에 들면서 土(흙 토)로 잘못 변해 지금처럼 되었다. 빠른 걸음으로 달려가다가 원래 뜻이며, 이로부터 달려가다, 걷다, 왕래하다, 어떤 길을 가다, 떠나다, 원래의 맛을 잃어버리다 등의 뜻이 나왔다.

字形 [金文] [簡牘文] [說文小篆]

●단어●

走狗(주구)　　　　競走(경주)　　　　奔走(분주)
走馬加鞭(주마가편)　繼走(계주)　　　　夜半逃走(야반도주)
走馬看山(주마간산)　逃走(도주)　　　　完走(완주)
走者(주자)　　　　獨走(독주)　　　　疾走(질주)
走行(주행)　　　　東奔西走(동분서주)　滑走路(활주로)

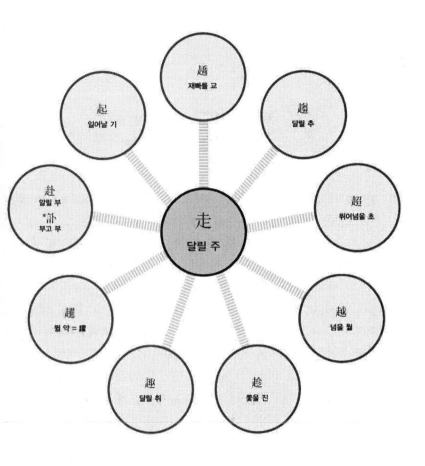

157

足(발 족): zú, 足-0, 7, 70

字解 상형. 지금은 '발'의 뜻으로 쓰이지만, 갑골문에서는 '다리'를 형상화했다. 윗부분은 금문에서처럼 둥근 꼴이 변한 것으로 膝蓋骨(슬개골무릎 앞 한 가운데 있는 작은 접시 같은 뼈)을, 아랫부분은 발(止·지, 趾의 원래 글자)을 상징해, 『설문해자』의 해석처럼 사람 몸의 아래에 있는 무릎 아래의 다리를 말했다. 하지만 足은 이후 '발'까지 뜻하게 되었으며, 畫蛇添足(화사첨족·원래 없는 뱀의 발까지 쓸데없이 그려 넣음)이나 鼎足(정족·솥발)처럼 다른 동물이나 기물의 발을, 때로는 山足(산족·산기슭)처럼 山麓(산록)도 뜻하게 되었다. 그리고 다리는 몸을 지탱해주는 기초였기에 充足(충족)이나 滿足(만족)처럼 '충실하다'는 뜻이, 다시 '충분하다'는 의미가 나왔다. 그러자 '다리'는 무릎 아래 다리 전체를 그렸던 또 다른 글자인 疋(발 소필 발)에 의해 주로 표현되었다. 그래서 足으로 구성된 한자는 다리나 발, 이의 동작과 관련된 뜻을 갖는데, 발은 다른 공간으로 이동할 수 있는 움직임의 상징이었고 발에 의해 남은 발자국은 시간의 경과와 인간이 걸어온 길을 나타낸다.

字形 甲骨文 金文 古陶文 簡牘文 說文小篆

- 축국도(蹴鞠圖). 축구(蹴球)를 현대 중국에서는 족구(足球zúqiú)라 하지만,
蹴球가 원래 이름이었음을 알 수 있다.

●단어●

足球(족구)　　　　蛇足(사족)　　　　　　充足(충족)
足跡(족적)　　　　三足烏(삼족오)　　　 濯足(탁족)
○　　　　　　　　 手足(수족)　　　　　　豊足(풍족)
高足弟子(고족제자)　安分知足(안분지족)　畵蛇添足(화사첨족)
滿足(만족)　　　　 自足(자족)　　　　　 洽足(흡족)
不足(부족)　　　　 鳥足之血(조족지혈)

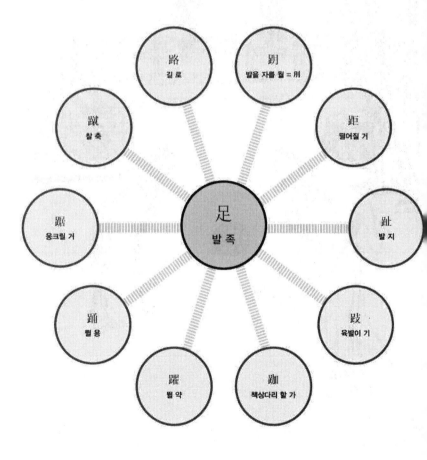

158

身(몸 신): shēn, 身-0, 7, 60

字解 상형. '몸'을 그렸다. 금문에서는 임신해 배가 불룩한 모습을 그렸는데, 배에 그려진 점은 '아이'의 상징으로, 아직 구체적 형태가 만들어지지 않은 상태를 말한다. 이후 머리가 형성되면 巳(여섯째 지지 사)로, 두 팔까지 생기면 子(아이 자)가 된다. 간혹 다른 자형에서는 뱃속에 든 것이 '아이'임을 더 구체화하기 위해 점 대신 머리와 두 팔이 자란 아이(子)를 넣은 경우도 보인다. 이처럼 身은 '임신하다'가 원래 뜻이며, 나아가 머리 아래부터 발 위까지의 '신체'를 지칭하게 되었는데, '사람의 몸을 그렸다'고 한 『설문해자』의 해석은 이를 반영한다. 이후 사물의 주체나 자기 자신을 뜻했고, 自身(자신)이 '몸소' 하는 것을 말하기도 했다. 그래서 身으로 구성된 한자들은 모두 '몸'과 관련된 의미를 가진다.

字形 甲骨文 金文 盟書 簡牘文 古璽文 說文小篆

●단어●

身分(신분)

身體(신체)

身體髮膚(신체발부)

功成身退(공성신퇴)

單身(단신)

代身(대신)

獨身(독신)

明哲保身(명철보신)

文身(문신)

保身(보신)

焚身(분신)

殺身成仁(살신성인)

修身齊家治國平天下(수신제가치국평천하)

立身揚名(입신양명)

自身(자신)

處身(처신)

出身(출신)

獻身(헌신)

孑孑單身(혈혈단신)

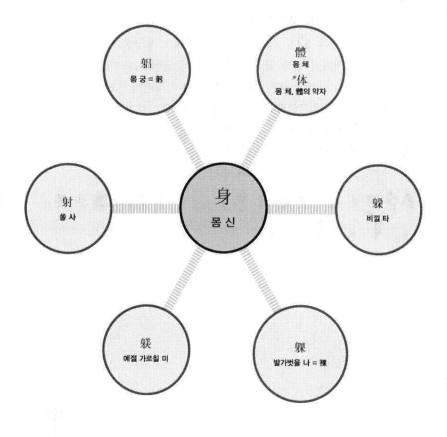

159

車(수레 거차): 车, chē, 車-0, 7, 70

字解 상형. 갑골문에서 마차를 간략하게 그렸는데, 금문에서는 두 바퀴와 중간의 차체와 이를 가로지르는 굴대(軸·축)에다 멍에(軛·액)와 끌채(輓·원)까지 완벽하게 표현되었다. 소전체에 들면서 지금처럼 두 바퀴는 가로획으로 차체는 네모꼴로 변했으며, 『설문해자』의 주문체에서는 戔(해칠 잔)을 더해 그것이 전쟁을 위한 전차임을 구체화했다. 고대 중국에서 마차는 다양한 용도로 쓰였다. 사람과 물건을 나르는 본래의 기능은 물론 전차나 사냥 수레로서의 기능도 함께 했다. 이 때문에 이후 수레처럼 軸에 의해 움직이는 동력장치를 지칭하여 水車(수차)나 自動車(자동차) 등까지 지칭하게 되었다. 다만, 사람이나 동물이 끄는 수레는 '거'로, 동력기관인 차는 '차'로 구분해 읽음에 유의해야 한다. 간화자에서는 초서체를 해서화한 车로 쓴다.

字形 甲骨文 金文 古陶文 簡牘文 古璽文 說文小篆 說文籀文

●단어●

車馬(거마)	車線(차선)	配車(배차)
車馬費(거마비)	車票(차표)	水車(수차)
車道(차도)	○	乘用車(승용차)
車輛(차량)	汽車(기차)	乘車(승차)

五車書(오거서)　　　電車(전차)　　　增車(증차)
自動車(자동차)　　　停車(정차)　　　下車(하차)
戰車(전차)　　　　　駐車(주차)

- 진시황 병마용 출토 금동 사두마차(秦立駕四馬銅車) 모형, 길이 225센티미터,
  높이 152센티미터. 진(秦) 나라, 기원전 221~209년.

류 수레 모형(우마차). 높이 39.5센티미터, 길이 45.8센티미터. 북조(北朝)~수
나라, 6세기 중엽~7세기 초기.

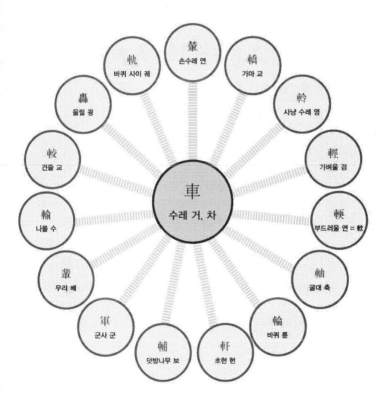

160

辛(매울 신): xīn, 辛-0, 7, 30

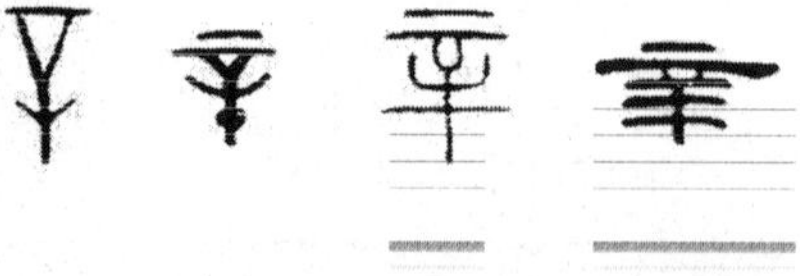

字解 상형. 갑골문에서 肉刑(육형)을 시행할 때 쓰던 형벌 칼을 그렸는데, 위쪽
은 넓적한 칼날 아래쪽은 손잡이다. 辛은 죄인에게 형벌을 집행하고,
노예들에게 노예 표지를 새겨 넣던 도구로 쓰였다. 그래서 辛은 고통
과 아픔(辛苦·신고)의 상징으로 쓰이며, 이 때문에 '맵다'는 뜻까지 지칭하
였다.

字形  甲骨文  金文 
古陶文  簡牘文  古璽文  說文小篆

●단어●
辛苦(신고)
辛辣(신랄)
辛勝(신승)
艱辛(간신)
千辛萬苦(천신만고)

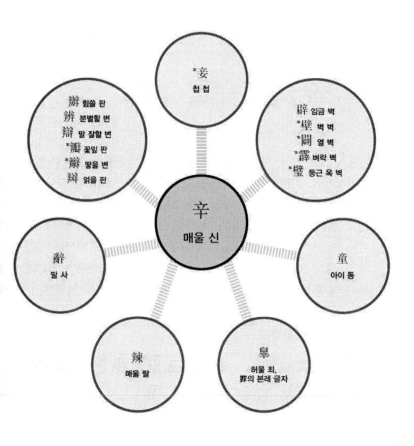

辛 매울 신

*妾 첩 첩

辟 임금 벽
*壁 벽 벽
*闢 열 벽
*霹 벼락 벽
*璧 둥근 옥 벽

童 아이 동

辜 허물 죄,
罪의 본래 글자

辣 매울 랄

辭 말 사

辦 힘쓸 판
辨 분별할 변
辯 말 잘할 변
*瓣 꽃잎 판
*辮 땋을 변
辮 얽을 판

161

辰(때 산지지 진): chén, 辰-0, 7

辰 辰 辰 辰

字解 상형. 자원에 대한 해석이 일치하지 않아, 갑골문에서 왼쪽의 세모꼴은 대합조개의 껍데기이며 오른쪽은 내민 혀로, 땅 위를 기어가는 조개의 모습을 그렸다고 한다. 하지만 이를 돌칼처럼 손에다 조개껍데기를 두 줄로 묶은 조개 칼로 보기도 하는데, 조개 칼은 익는 시기가 일정치 않은 기장이나 조를 수확하는 데 유용했던 도구이다. 어쨌든 辰은 '조개'가 원래 뜻이며, 농사 도구로서의 '조개 칼'의 상징이다. 하지만, 이후 간지자의 하나로 가차되었고, 다시 시간을, 또 때를 알려주는 '별'이라는 뜻까지 가지게 되었다. 그러자 원래의 뜻은 虫(벌레 충)을 더한 蜃(대합조개 신)으로 분화했다.

字形 甲骨文 金文 古陶文 簡牘文 石刻古文 說文小篆 說文古文

●단어●

辰韓(진한)	北辰(북신)	日月星辰(일월성신)
辰宿列張(진수열장)	星辰(성신)	壬辰倭亂(임진왜란)
○	時辰(시진)	誕辰(탄신)

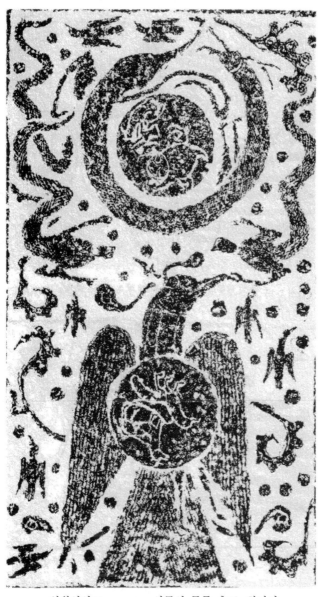

- 일월성상도(日月星象圖). 산동성 등주 출토. 한나라.
  85*180센티미터.

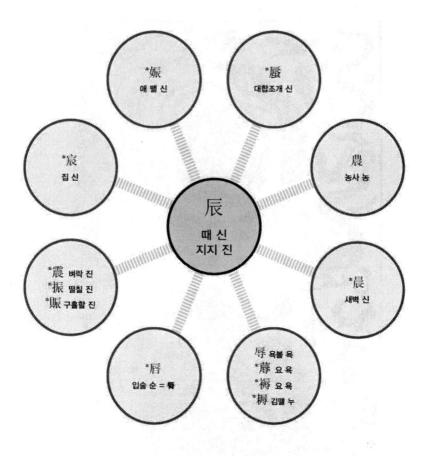

162

辵(쉬엄쉬엄 갈 착): [辶], chuò, 辵-0, 7

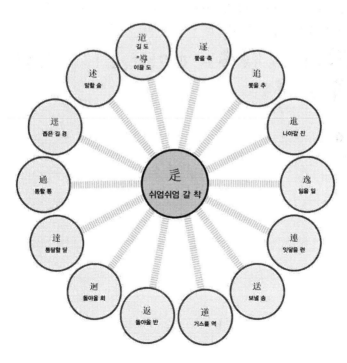

字解 회의. 갑골문에서 辵은 사거리(行·행)에 발(止·지)이 놓여 '길 가는 모습'을 형
상화했다. 금문에서는 좌우 동형인 行의 한쪽 부분이 줄어 彳(조금 걸을 척)
으로 변했고, 소전체에 들면서 아래위의 간격이 줄어 지금의 자형으로
변했다. 이후 다른 글자들과 결합할 때는 공간 이용의 효율을 위해 辶
으로 썼다. 이 때문에 辵으로 구성된 글자들은 逐(쫓을 축)이나 追(쫓을 추)
返(돌아올 반)이나 迴(돌아올 회) 등에서처럼 '걷는' 동작을 나타낸다.

163

邑(고을 읍): [阝], yì, 邑-0, 7, 70

字解 회의. 갑골문에서 위쪽이 囗(나라 국·에워쌀 위)으로 성을, 아래쪽은 卩(巴·병부 절)로 꿇어앉은 사람을 그려, 이곳이 사람이 사는 지역이자 상주하는 인구를 가진 疆域(강역)임을 상징적으로 그렸는데, 卩이 巴(땅이름 파)로 변해 지금의 자형이 되었다. 그래서 邑은 성읍, 수도, 거주지, 행정 구역 등을 뜻하였고, 춘추 시대 때에는 30家(가)를 1邑이라 했으며, 주로 지명을 나타내는 데 쓰였다. 다만 다른 글자들과 결합할 때에는 주로 오른쪽에 놓이며 글자의 균형을 고려해 阝으로 쓴다.

字形 甲骨文 金文 古陶文 簡牘文 古璽文 說文小篆

●단어●

邑内(읍내)

邑城(읍성)

都邑(도읍)

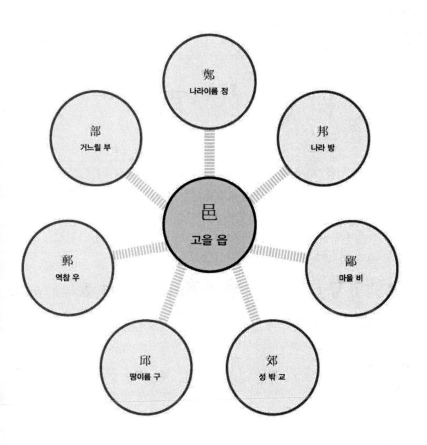

164

酉(열째 지지 유): yǒu, 酉-0, 7, 30

字解 상형. 원래 배가 볼록하고 목이 잘록하며 끝이 뾰족한 술독을 그렸는데, 자형이 변해 지금처럼 되었다. 뾰족한 끝은 황하 유역을 살았던 고대 중국인들이 모래 진흙으로 된 바닥에 꽂아두기 좋게 하였기 때문이다. 그래서 '술독'이 원래 의미이나, 이후 간지자로 가차되었고, 열 두 띠의 하나인 '닭'을 뜻하게 되었다.

字形 丣丣丣呂丣甲骨文 酉酉酉酉酉金文 酉酉古陶文 酉酉 酉簡牘文 酉古璽文 酉說文小篆 丣說文古文

●단어●

酉時(유시)
丁酉再亂(정유재란)

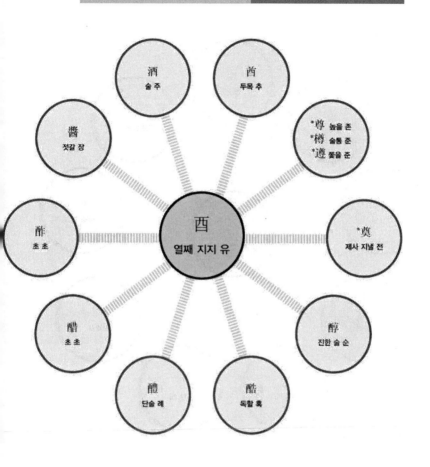

酒 술 주

酉 두목 추

*尊 높을 존
*樽 술통 준
*遵 좇을 준

醬 젓갈 장

酢 초 초

酉
열째 지지 유

*奠 제사 지낼 전

醇 진한 술 순

醋 초 초

醴 단술 례

酷 독할 혹

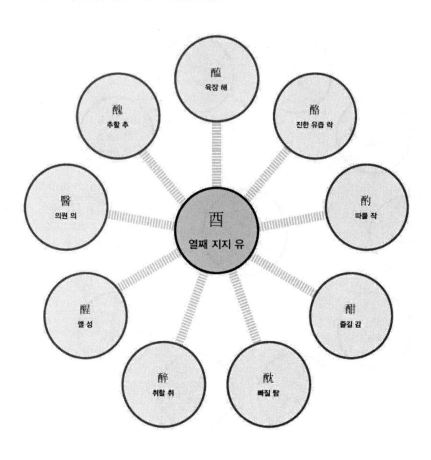

165

釆(분별할 변): biàn, 釆-0, 7

𖠱 𖠲 釆 𖠳

字解 상형. 釆은 '짐승의 발자국'을 그렸다. 어떤 짐승의 발자국인지를 알려면 자세히 살피고 분별해야하기에 따져가며 '분별하다'는 뜻이 나왔다. 이후 의미를 구체화하기 위해 田(밭 전)을 더한 番(순서 번)으로 논밭(田·전)에 남은 짐승의 발자국을 그렸다. 하지만, 番마저도 '순서' 등을 뜻하게 되자 다시 足(발 족)을 더한 蹯(짐승발자국 번)을 만들었다. 釆에서 파생된 悉(모두 실)은 마음(心·심)을 써 가며 '남김없이' 자세히 살핌을 말하며, 이로부터 '모두'의 뜻이 나왔다. 또 釋(풀 석)은 자세히 살펴서(釆) 적합한 것을 선택해(睪) '풀어냄'을 말한다.

字形 釆 說文小篆

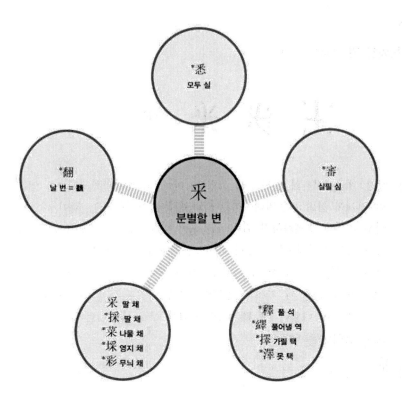

166

里(마을 리): lǐ, 里-0, 7, 70

字解 회의. 금문에서 田(밭 전)과 土(흙 토)로 이루어졌다. 田은 경작 가능한 농지를, 土는 농작물이 생장케 해주는 상징이다. 정착 농경을 일찍 시작했던 고대 중국에서 농지가 갖추어진 곳이 바로 정착할 수 있는 '마을'이었다. 고대 문헌에서 "다섯 집(家.가)을 鄰(이웃 린)이라 하고, 다섯 鄰을 里라고 한다."라고 했으니, 대략 하나의 마을(里)은 25家로 이루어졌던 셈이다. 현대 중국에서는 옷(衣.의)의 속을 뜻하는 裏(속 리)의 간화자로 쓰인다. 이처럼 里의 본래 뜻은 마을이고, 이로부터 鄕里(향리)라는 말이 나왔다. 나아가 里는 마을과 마을 사이의 거리를 재는 단위로 쓰였으며, 현대에 들어서는 물길(水.수)의 거리(里)를 재는 단위인 浬(해리 리)가 생겨났다.

字形 里 里 金文 里 里 里 古陶文 里 里 簡牘文 里 說文小篆

●단어●

里長(이장)	千里馬(천리마)	不遠千里(불원천리)
里程標(이정표)	千里眼(천리안)	鵬程萬里(붕정만리)
○	鄕里(향리)	五里霧中(오리무중)
三千里(삼천리)	萬里長城(만리장성)	一瀉千里(일사천리)

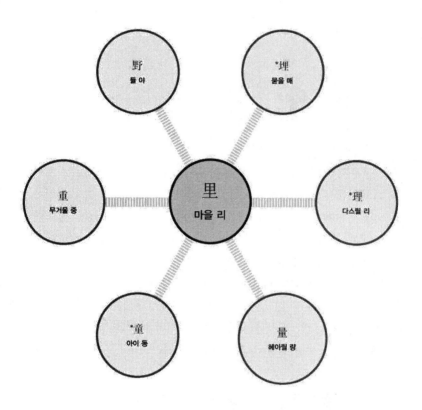

野
들 야

*埋
묻을 매

重
무거울 중

里
마을 리

*理
다스릴 리

*童
아이 동

量
헤아릴 량

167

金(쇠 금성 김): jīn, 金-0, 8

● 洼 金 金

字解 상형. 금문에서 청동 기물을 제조하는 거푸집을 그렸는데, 거푸집 옆의 두 점(?·빙, 氷의 원래 글자)은 청동의 재료인 원석을 상징한다. 이는 얼음(?)이 녹아 물이 되듯 동석을 녹여 거푸집에 붓고 이를 굳혀 청동 기물을 만들어 낸다는 뜻이다. 소전체에 들면서 두 점이 거푸집 안으로 들어가 지금의 자형이 되었다. 세계의 그 어떤 지역보다 화려한 청동기 문명을 꽃피웠던 중국이었기에 청동 거푸집을 그린 金이 모든 '금속'을 대표하게 되었고, 청동보다 강한 철이 등장했을 때에도 '쇠'의 통칭으로, 나아가 가장 값비싼 금속으로, 黃金(황금)과 現金(현금)에서처럼 '돈'까지 뜻하게 되었다.

字形 洼金 金 ≡金 金 金 金 金文 金 金 古陶文 金 金 金 金 金 簡牘文 金 金 古璽文 金 石刻古文 金 說文小篆 金 說文古文

●단어●

金利(금리)

金石(금석)

金屬(금속)

金額(금액)

金融(금융)

金科玉條(금과옥조)

金蘭之交(금란지교)

金石之交(금석지교)

金字塔(금자탑)
男兒一言重千金(남아일언중천
　　금)
罰金(벌금)
年金(연금)
賃金(임금)
資金(지금)
獎學金(장학금)
現金(현금)
黃金(황금)

청동기 명문 장식
도안. 상해박물관.

중국 청동기 모음. 미국 뉴욕 메트로폴리탄 박물관 소장.

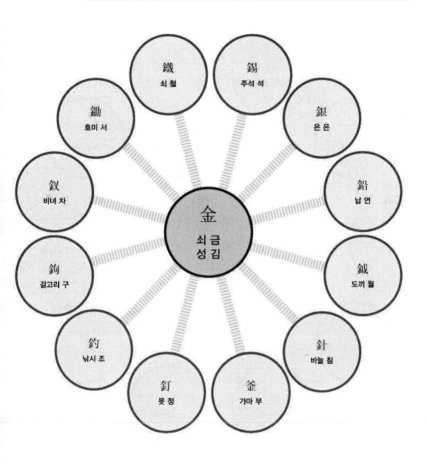

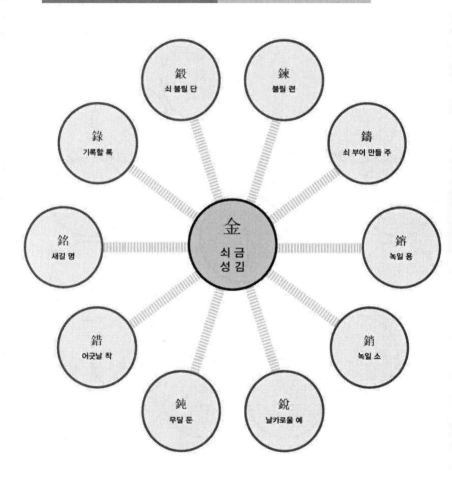

金
쇠 금
성 김

鍛
쇠 불릴 단

鍊
불릴 련

鑄
쇠 부어 만들 주

鎔
녹일 용

銷
녹일 소

銳
날카로울 예

鈍
무딜 둔

錯
어긋날 착

銘
새길 명

錄
기록할 록

168

長(길 장): 长, [镸], cháng, 長-0, 8

字解 상형. 머리칼을 길게 늘어뜨린 노인이 지팡이를 짚은 모습을 그렸는데, 때로 지팡이는 생략되기도 한다. 긴 머리칼은 나이가 들어 자신의 머리를 정리하지 못하고 산발한 것으로, 성인이 되면 남녀 모두 머리칼을 정리해 비녀를 꽂았던 夫(지아비 부)나 妻(아내 처)와 대비되는 모습이다. 이로부터 長에는 長久(장구)에서처럼 '길다'는 뜻과 長幼有序(장유유서)에서처럼 '연장자'라는 뜻이 생겼다. 정착 농경을 일찍부터 함으로써 경험이 무엇보다 중시되었던 중국에서, 그 누구보다 오랜 세월 동안 겪었던 나이 많은 사람의 다양한 경험은 매우 귀중한 지식이었기에, 이러한 경험의 소유자가 그 사회의 '우두머리'가 됐던 것은 당연했다. 달리 镸으로 쓰기도 하며, 간화자에서는 초서체로 간단하게 줄인 长으로 쓴다.

字形

●단어●

長考(장고)	長壽(장수)	意味深長(의미심장)
長官(장관)	長魚(장어)	家長(가장)
長久(장구)	長音(장음)	校長(교장)
長期(장기)	長點(장점)	敎學相長(교학상장)
長男(장남)	長篇(장편)	萬里長城(만리장성)
長短(장단)	○	不老長生(불로장생)

社長(사장) 年長者(연장자) 會長(회장)
成長(성장) 議長(의장) 訓長(훈장)
身長(신장) 助長(조장)
延長(연장) 總長(총장)

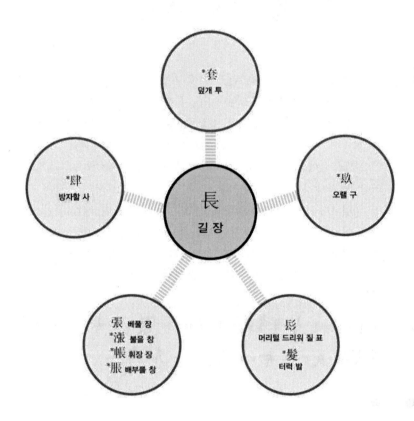

169

門(문 문): 门, mén, 門-0, 8, 80

門 門 門 門

字解 상형. 문짝(戶·호)이 두 개로 구성된 양쪽 '문'을 그렸는데, 갑골문에서는 문틀까지 사실적으로 그려졌다. 문은 벽이나 담에 의해 단절된 두 공간을 서로 통하게 한 소통의 장치였으며, 사람이나 물건이 드나드는 공간이었다. 그래서 門은 '소통'에 그 주된 의미가 있지만 닫으면 단절되기에 '단절'의 뜻도 함께 가진다. 그래서 '문'이 원래 뜻이며, 문처럼 생긴 조정 장치를 지칭하였으며, 또 같은 문을 사용한다는 뜻에서 가문의 뜻이 나왔으며, 다시 학술이나 종교의 '유파'를 지칭하게 되었다. 간화자에서는 门으로 줄여 쓴다.

字形 門 門 甲骨文   門 門 金文   門 門 門 古陶文   門 門 門 門 門 簡牘文

門 門 古璽文   門 說文小篆

●단어●

門閥(문벌)	○	杜門不出(두문불출)
門外漢(문외한)	口禍之門(구화지문)	班門弄斧(반문농부)
門前成市(문전성시)	大道無門(대도무문)	專門(전문)
門中(문중)	大門(대문)	正門(정문)
門戶(문호)	同門(동문)	窓門(창문)

170

은허(殷墟).
상나라 궁전
유적지 정문.
갑골문이
출토되었던
곳으로
2004년
유네스코
세계의
문화유산으로
지정되었다.

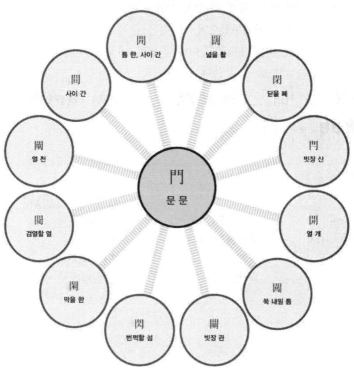

閒 통 한, 사이 간

闊 넓을 활

閒 사이 간

閉 닫을 폐

闌 열 천

門 문 문

閂 빗장 산

閱 검열할 열

開 열 개

閑 막을 한

闖 쑥 내밀 틈

閃 번쩍할 섬

關 빗장 관

阜(阝·언덕 부): fù, 阜-0, 8, 12

字解 상형. 황토지대에 반지하 식으로 만들어진 원시형태의 집에서 지하로 내려가는 흙 계단을 그렸는데, 세로 선은 수직 벽을 나머지는 흙을 깎아 만든 홈이다. 그래서 阜는 흙 계단이나 언덕, 흙으로 만든 구조물 등을 뜻한다. 예서체에 들면서 지금의 阜가 되었으며, 다른 글자들과 결합할 때는 계단을 하나 줄인 阝로 쓴다. 옛날, 황토 평원에서 집은 홍수를 피하고 적의 침입을 미리 관찰할 수 있도록 야트막한 언덕에 만들어졌고, 지상 건축물을 만드는 기술이 발달하기 전 반 지하식의 움막을 파 생활했다. 阜는 그런 움집을 드나드는 흙 계단을 말했다. 또 깎아지른 산이 없는 평원지대에서 이러한 언덕은 적을 막는 유용한 지형지물이기도 했다. 그래서 언덕은 군사 행동 때 진을 치는 중요한 근거지가 되기도 했다.

字形 𠂤 說文小篆 𨸏 說文古文

171

隶(미칠 이태): dài, yì, 隶-0, 8

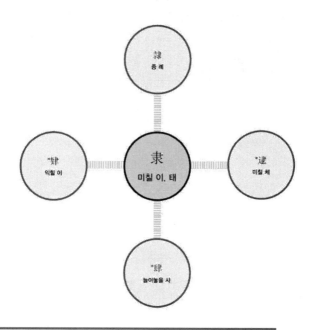

字解 회의. 隶는 손(又·우)으로 짐승의 꼬리를 잡은 모습인데, 『설문해자』에서는 "又와 尾(꼬리 미)의 생략된 모습이 의미부"라고 했다. 짐승을 뒤쫓아 꼬리 부분을 손으로 잡은 모습에서 '미치다'와 '따라잡다'라는 뜻이 나왔다. 이후 辵(쉬엄쉬엄 갈 착)을 더해 逮(미칠 체)를 만들었는데, 의미는 같다. 그래서 隶로 구성된 글자들에는 모두 잡은 짐승이라는 뜻이 있다. 예컨대, 隸(종 례)는 손에 잡힌 짐승이란 뜻에서 '隸屬(예속)'의 뜻이 나왔고, 肆(늘어놓을 사)는 長(길 장)과 隶로 구성되어 잡아온 짐승(隶)을 길게(長) 늘어놓고 파는 '가게'를 말했다.

'조전비(曹全碑)'. 성숙한 예서(隸書)의 전형으로 뽑힌다.

172

隹(새 추): zhuī, 隹-0, 8

字解 상형. 隹는 새를 그렸는데, 갑골문에서는 뾰족한 부리와 머리, 날개와 발까지 자세히 그려졌다. 『설문해자』에서는 "꼬리가 짧은 새를 隹라 하고, 꼬리가 긴 새를 鳥(새 조)라 한다."라고 했지만, 대단히 긴 꼬리를 가진 꿩(雉·치)에 隹가 들었고, 꼬리가 짧은 학(鶴)이나 해오라기(鷺·로) 등에 鳥가 든 것을 보면 꼭 그렇지도 않다. 또 '닭'은 鷄(닭 계)나 雞(닭 계)로 써 둘을 혼용하기도 한다. 그래서 자형에 근거해 목이 잘록하여 소리를 잘 내는 새를 鳥, 목이 짧아 잘 울지 못하는 새를 隹라 한다는 해석도 나왔다. 그러므로 隹로 구성된 글자들은 먼저, 雀(참새 작)이나 雁(기러기 안)이나 雅(메 까마귀 아)처럼 새의 종류를 나타내기도 하고, 集(모일 집)이나 雜(섞일 잡)처럼 새의 특성을 나타내기도 한다.

字形 𠁥 甲骨文 𠁥 金文 隹 石鼓文 𠁥 中山王鼎 隹 說文小篆

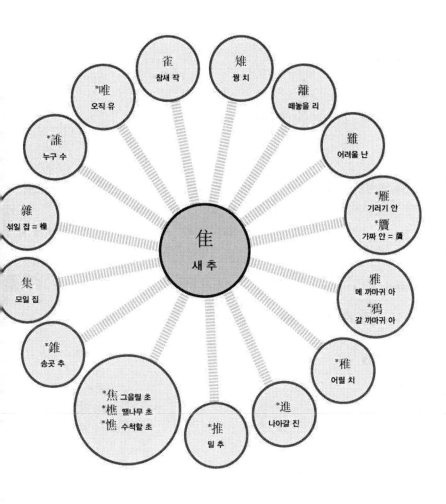

173

雨(비 우): yǔ, 雨-0, 8, 52

字解 상형. 갑골문에서 하늘에서 떨어지는 '비'를 그렸는데, 자형이 변해 지금처럼 되었다. 농경을 주로 했던 고대 중국에서 '비'는 생존과 직결되었기에 雨가 기상을 대표하는 글자가 되었다. 특히 가뭄은 농사에 치명적이었기에 기우제에 관한 의미와도 자주 연결된다.

字形 甲骨文 金文 古陶文 簡牘文 帛書 石刻古文 說文小篆 說文古文

●단어●

雨期(우기)	降雨(강우)	集中豪雨(집중호우)
雨傘(우산)	祈雨祭(기우제)	暴雨(폭우)
雨天(우천)	雷雨(뇌우)	暴風雨(폭풍우)
雨後竹筍(우후죽순)	梅雨(매우)	風雨(풍우)
雨後地實(우후지실)	雲騰致雨(운등치우)	豪雨(호우)
○	雲雨之情(운우지정)	

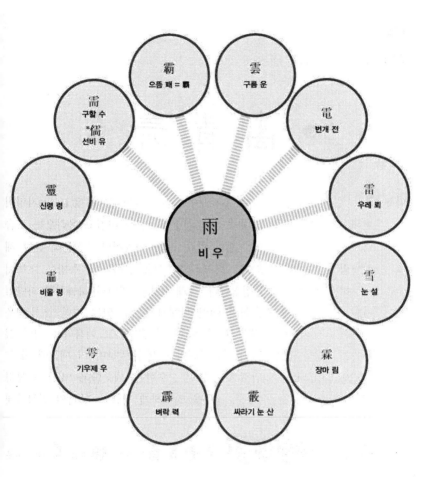

霸 으뜸 패 = 覇

雲 구름 운

電 번개 전

需 구할 수 *儒 선비 유

雷 우레 뢰

靈 신령 령

雪 눈 설

雨 비 우

零 비올 령

霖 장마 림

雩 기우제 우

霰 싸라기 눈 산

霹 벼락 력

174

靑(푸를 청): 青, qīng, 靑-0, 8, 80

● 甫 靑 靑

字解 형성. 금문에서 丹(붉을 단)이 의미부이고 生(날 생)이 소리부였는데, 자형이 변해 지금처럼 되었다. 生은 싹(屮·철)이 흙(土·토)을 비집고 올라오는 모습이고, 丹은 광정(井·정)에서 캐낸 염료(丶·주)를 상징한다. 『설문해자』의 해석처럼 靑은 음양오행에서 東方(동방)의 색을 말하는데, 동방은 초목이 생장하기 시작할 때의 상징이다. 그래서 靑은 바다나 하늘처럼 파랑이 아닌 봄날 피어나는 초목의 어린 싹에서 볼 수 있는 그런 '초록색'을 말한다. 막 피어나는 새싹의 색깔보다 더 순수하고 아름다운 색이 있을까? 그래서 靑은 푸른색 즉 자연의 순색을 말하며 이 때문에 '순수'와 '純正(순정)'의 뜻이 담겼으며, 그런 순수함은 '깨끗함'과 '빛남'의 상징이며, 이로부터 젊음, 청춘, 청년을 지칭하게 되었다. 중국의 간화자에서는 青으로 쓴다.

字形 甫甫金文 券旹舎旨 青 青 青 青 青簡牘文 嘗帛書 青說文小篆 米說文古文

●단어●

靑軍(청군)	靑史(청사)	靑少年(청소년)
靑年(청년)	靑寫眞(청사진)	靑松(청송)
靑銅(청동)	靑山(청산)	靑魚(청어)
靑綠(청록)	靑山流水(청산유수)	靑於藍(청어람)
靑梅(청매)	靑色(청색)	靑雲(청운)

靑瓷(청자)　　　　　　　靑天霹靂(청천벽력)　　　　丹靑(단청)
靑天(청천)　　　　　　　靑春(청춘)　　　　　　　踏靑(답청)
靑天白日(청천백일)　　　靑出於藍(청출어람)　　　獨也靑靑(독야청청)

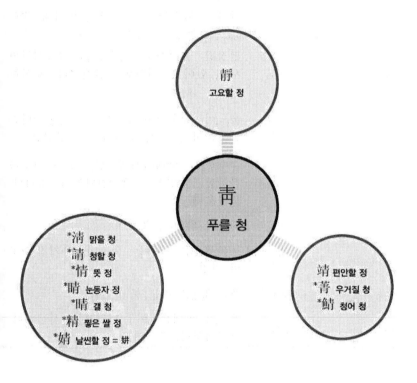

情(뜻 정)	心(마음 심)+靑	깨끗하고 순수한(靑) 마음(心)에서 우러나오는 '정'→애정, 정황, 상황
睛(눈동자 정)	目(눈 목)+靑	깨끗하고 순수한(靑) 눈빛(目)을 내 비추는 '눈동자'
精(찧은 쌀 정)	米(쌀 미)+靑	나락의 껍질을 깨끗하게(靑) 벗겨내 찧은(搗精도정) 쌀(米)→도정하다, 정화
靖(편안할 정)	立(설 립)+靑	평정된 깨끗하고 순수한(靑) 마음이라면서(立) 있어도 '편안함'→안정되다, 평안하다
淸(맑을 청)	水(물 수)+靑	물(水)이 깨끗하여(靑) 맑고 명징함→다른 불순물이 들지 않아 순수하고 정결함
請(청할 청)	言(말씀 언)+靑	순수한(靑) 상태에서의 말(言)이 무엇보다 간곡한 '청'임을 뜻함→찾아뵙다, 청하다, 모셔오다
晴(갤 청)	日(날 일)+靑	해(日)가 맑게(靑) 비추다
菁(우거질 청)	艹(풀 초)+靑	푸른색(靑)을 내뿜는 풀(艹)이 '우거짐'→꽃의 범칭
鯖(청어 청)	魚(고기 어)+靑	푸른색(靑)을 띠는 물고기(魚)
猜(샘할 시)	犬(개 견)+靑	개(犬)가 상대를 몹시 미워하듯 '시샘하다'→의심하다, 추측하다

175

非(아닐 비): fēi, 非-0, 8, 42

● 非 非 非

字解 지사. 이의 자원에 대해서는 의견이 분분하지만, 『설문해자』에서는 "위
배되다(違·위)는 뜻이며, 飛(날 비)자의 아랫부분 날개를 본떴다."라고 했다.
즉 날아가는 새의 모습을 그린 飛에서 머리와 몸통이 제외된 모습으
로, 왼쪽은 왼쪽 날개를 오른쪽은 오른쪽 날개를 그렸으며, 양 날개가
서로 반대 방향으로 나란히 펼친 데서 '나란하다'와 '등지다'의 뜻이 나
왔고, 다시 부정을 표시하는 단어로 쓰이게 되었다. 그래서 非로 구성
된 글자들은 주로 '나란하다'와 '위배되다'의 두 가지 뜻을 가진다.

字形 非 說文小篆

●단어●

非難(비난)	非凡(비범)	似而非(사이비)
非但(비단)	非常(비상)	是非(시비)
非禮勿視(비례물시)	非行(비행)	過恭非禮(과공비례)
非理(비리)	○	是是非非(시시비비)

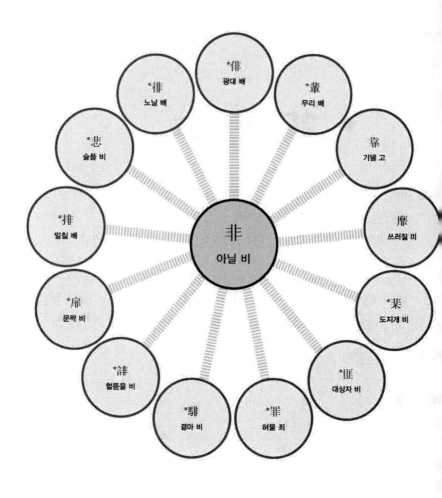

非
아닐 비

*俳
광대 배

*徘
노닐 배

*輩
무리 배

靠
기댈 고

靡
쓰러질 미

*棐
도지개 비

*篚
대상자 비

*罪
허물 죄

*騑
결마 비

*誹
헐뜯을 비

*扉
문짝 비

*排
밀칠 배

*悲
슬플 비

面(얼굴 면): miàn, 面-0, 9, 70

상형. 갑골문에서 얼굴의 윤곽과 눈(目·목) 하나를 그렸다. 눈은 사물을 볼
수 있다는 점에서, 또 그 사람의 인상을 가장 잘 나타내 줄 수 있다는
의미에서 얼굴의 가장 중요한 부분이라 생각되었기에 얼굴의 상징이
되었고, 두 개를 중복해 그릴 필요가 없어 하나만 그렸다. 소전체에서
는 目을 首(머리 수)로 변화시켜 의미를 더욱 명확하게 표현했다. 하지만,
예서체에 들면서 다시 원래의 目으로 되돌아갔다. 그래서 面은『설문
해자』의 해석처럼 '얼굴(顏前·안전)'이 원래 뜻이다. 눈과 눈썹, 코와 입이
갖추어진 '얼굴'은 한 사람을 가장 잘 대표해 줄 수 있는 상징적인 부
위이다. 그래서 즐거움은 물론 부끄러움(靦·전)도 얼굴(面)에 가장 먼저 나
타났던(見·견) 것이다. 그 때문인지 '몐즈(面子·체면)'는 중국인들에게 목숨만큼
이나 중요한 존재였다. 얼굴은 납작하며 옷으로 가려진 신체의 다른
부위와는 달리 겉으로 드러나는 부위이기에, 麵(麪·밀가루 면)과 같이 납작
한 것이나 사물의 表面(표면) 등의 뜻까지 가지게 되었다. 한자에서 '얼
굴'을 지칭하는 글자들이 몇 있는데, 현대 중국어에서는 面 대신 臉(뺨
검)을 자주 쓴다. 하지만, 臉은 위진 시대 쯤 되어서야 등장한 글자로,
원래는 '눈 아래에서 뺨 위까지의 부분'을 지칭하여 '뺨'을 뜻했고 頰(뺨
협)과 동의어로 사용되었다. 또 洗顔(세안·얼굴을 씻다)에서처럼 顔(얼굴 안)도 '얼
굴'이라는 뜻으로 쓰였지만, 顔은 원래 眉間(미간)을 지칭하여 '이마'를
뜻했고 額(이마 액)과 같이 쓰였다. 이렇게 볼 때, 臉은 面보다 훨씬 뒤에
등장하였지만, 현대에 들면서 점점 面의 지위를 대신해 왔음을 알 수
있다. 또 顔은 顔色(안색)에서처럼 주로 색깔이나 표정을 나타낼 때 주로

사용되지만, 面은 對面(대면·마주 대하다)이나 面刺(면자·면전에서 지적함) 등과 같이 '얼굴' 자체를 말하는데 자주 쓰인다는 차이를 가진다. 현대 중국에서는 麵(밀가루 면)의 간화자로도 쓰인다.

字形  古陶文 簡牘文 說文小篆

●단어●

面前(면전)
面接(면접)
○
假面(가면)
對面(대면)
四面楚歌(사면초가)
顔面(안면)
人面獸心(인면수심)
正面(정면)
眞面目(진면목)
鐵面皮(철면피)
表面(표면)

사람 얼굴이 주조된 청동기. 술그릇의 일종인 유(卣). 상나라.

177
革(가죽 혁): gé, 革-0, 9, 40

字解 상형. 벗겨 내 말리는 짐승의 가죽의 모습을 그렸다. 가죽은 털을 제거하고 무두질을 거쳐야 새로운 제품이 만들어진다. 그래서 革에는 革職(혁직)처럼 '제거하다'의 뜻이, 또 가공해 다른 제품을 만든다는 의미에서 變革(변혁)이나 革命(혁명)처럼 '바꾸다'의 뜻이, 다시 皮革(피혁)처럼 '가죽제품' 등의 뜻이 있게 되었다. 革으로 구성된 글자들을 보면 먼저, 가죽은 질김과 구속의 상징이었다. 또 가죽 제품을 지칭하는데, 특히 북방에서는 말이 주요한 운송과 수송 수단이었던지라, 말에 쓰는 제품에 관련된 것이 많다.

字形 單 萋 金文 芽 革 革 簡牘文 革 石刻古文 革 說文小篆 革 說文古文

●단어●

革帶(혁대)	○	變革(변혁)
革命(혁명)	改革(개혁)	易姓革命(역성혁명)
革新(혁신)	金革之世(금혁지세)	沿革(연혁)
革罷(혁파)	無血革命(무혈혁명)	皮革(피혁)

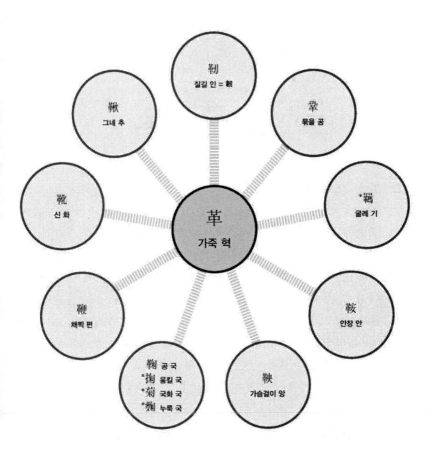

革
가죽 혁

靭
질길 인 = 靱

鞦
그네 추

鞏
묶을 공

靴
신화

覊
굴레 기

鞭
채찍 편

鞍
안장 안

鞠 공 국
*掬 움킬 국
*菊 국화 국
*麴 누룩 국

鞅
가슴걸이 앙

178

韋(에워쌀다룸가죽 위): 韦, wéi, 韋-0, 9, 12

字解 회의. 갑골문에서 성(口·국·위)을 두 발(舛·천)로 '에워싼' 모습이다. 발은 간혹 셋이나 넷으로 표현되기도 했으며, 성곽은 네모가 아닌 둥근 모습으로 표현되기도 했지만 의미는 같다. 그래서 韋는 '에워싸다'가 원래 뜻이고, 각각 반대 방향에서 포위한다는 뜻에서 '背馳(배치)되다'의 뜻도 가지게 되었다. 이후 韋가 무두질을 거친 가죽이라는 뜻으로 가차되자, 원래의 뜻은 다시 성곽(口)을 더한 圍(에워쌀 위) 그러한 동작(辵·착)을 강조한 違(어길 위) 그런 행위(行·행)를 강조한 衛(지킬 위) 등으로 분화했다. 하지만 幃(휘장 위)에서와 같이 韋로 구성된 합성자에는 아직도 원래의 모습이 남아, 원래의 성을 포위한 모습에서 '에워쌈'이나 '둥글다'는 뜻을 갖는데, 이 경우에는 주로 소리부까지 겸한다. 간화자에서는 초서체로 간단히 줄인 韦로 쓴다.

字形 甲骨文 金文 盟書 簡牘文 石刻古文 說文小篆 說文古文

●단어●

韋編三絶(위편삼절)

衛(지킬 위)	行(갈 행)+韋	성을 에워싸고(韋) 지키는 행위(行)→지키다, 보위하다, 방어하다
圍(둘레 위)	囗(나라 국·에워쌀 위)+韋	성(囗) 둘레를 사방으로 에워싸(韋) 지키는 모습→포위하다, 주위
違(떨어질 위)	辵(쉬엄쉬엄 갈 착)+韋	성을 지키지(韋) 않고 떠나다(辵)→'벗어나다', '위반하다'
瑋(옥 이름 위)	玉(옥 옥)+韋	'둥글게(韋)' 생긴 옥(玉)
暐(햇빛 위)	日(날 일)+韋	태양(日)을 주위(韋)로 화려하게 빛나는 '햇빛'
偉(훌륭할 위)	人(사람 인)+韋	성을 지켜내어(韋) 자신들을 안전하게 해 주는 사람(人)→훌륭하고 뛰어나다→키가 크다, 건장하다
諱(꺼릴 휘)	言(말씀 언)+韋	말(言)로 언급하기를(韋) 꺼리다→피하다
褘(아름다울 위)	衣(옷 의)+韋	선왕의 제사 때 입는 꿩의 도안이 그려진 왕후의 의식용 복장(衣)→'아름답다'
緯(씨 위)	糸(가는 실 멱)+韋	베를 짤 때의 가로로 들어가는 실(糸) 經(날 경)과 상대되는 개념→동서 방향
葦(갈대 위)	艸(풀 초)+韋	'갈대', 갈대 잎을 엮어 만든 작은 배

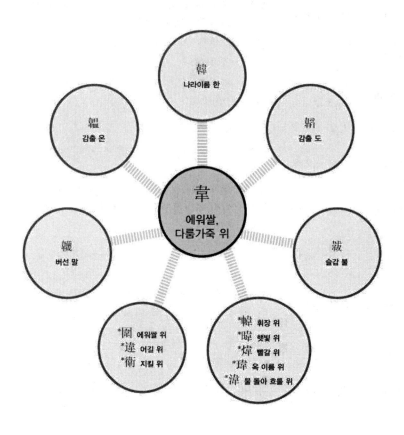

韋
에워쌈,
다룸가죽 위

韓
나라이름 한

韞
감출 온

韜
감출 도

韣
버선 말

韍
슬갑 불

*圍 에워쌀 위
*違 어길 위
*衛 지킬 위

*幃 휘장 위
*暐 햇빛 위
*煒 빨갈 위
*瑋 옥 이름 위
*潿 물 돌아 흐를 위

179

韭(부추 구): [韮], jiǔ, 韭-0, 9

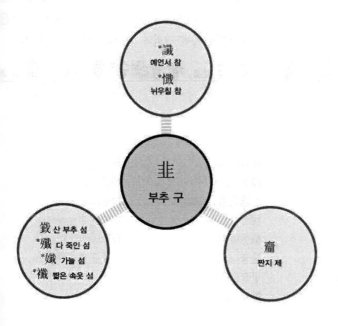

字解 상형. 땅위로 자라난 '부추'를 그렸는데, 아래쪽의 가로획은 땅을, 안쪽의 두 세로획은 줄기를, 양쪽으로 뻗어난 나머지 부분은 잎을 상징하며, 셋을 그려 많음을 표시했다. 이후 의미를 더 강화하고자 艸(풀 초)를 더한 韮(부추 구)를 만들었다.

字形 簡牘文 說文小篆

●단어● 韭菜(구채)

*讖 예언서 참
*懺 뉘우칠 참

韭
부추 구

韱 산부추 섬
*殲 다 죽일 섬
*纖 가늘 섬
*襯 짧은 속옷 섬

齏 짠지 제

180

音(소리 음): yīn, 音-0, 9, 60

字解 지사. 言(말씀 언)과 가로획(一)으로 구성되어, 피리(言)에서 나오는 소리(一)를 형상화했으며, 이로부터 소리, 음악, 소식 등의 뜻이 나왔다. 원래는 言과 자원이 같았지만, 금문에 들면서 추상부호인 가로획이 더해져 言과 구분되었다. 言은 대로 만든 피리를 그린 것으로 보인다. 音은 사람의 소리나 개인 차원의 의사소통 필요성보다는 공동체의 위기를 알리거나 마을의 중요한 회의를 소집하기 위한 도구였던 것으로 보인다. 이처럼 音은 악기를 이용하여 인간이 멀리 전달할 수 있는 '소리'가 원래 뜻이며, 이후 音樂(음악)은 물론 모든 '소리'를 지칭하게 되었다. 그래서 音으로 구성된 글자들은 음악이나 '소리'와 관련을 갖는다. 나아가 음악은 제사나 연회에서 주로 사용되었기에 연회와 관련된 음악을 지칭한다.

字形 金文 古陶文 盟書 簡牘文 說文小篆

●단어●

音聲(음성)　　　　觀音(관음)　　　　長音(장음)
音樂(음악)　　　　錄音(녹음)　　　　鄭音(정음)
音節(음절)　　　　亡國之音(망국지음)　知音(지음)
音調(음조)　　　　發音(발음)　　　　表音文字(표음문자)
音標(음표)　　　　福音(복음)　　　　和音(화음)
○　　　　　　　　騷音(소음)　　　　訓民正音(훈민정음)
同音異義(동음이의)　子音(자음)
高音(고음)　　　　雜音(잡음)

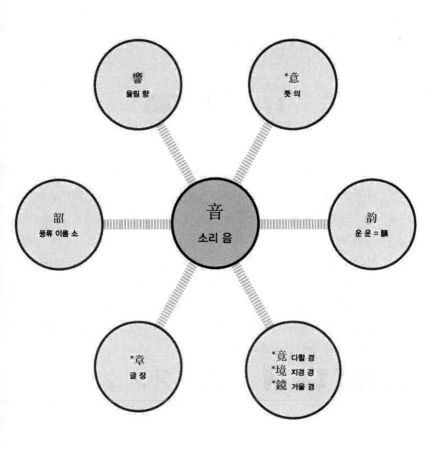

響
울림 향

*意
뜻 의

韶
풍류 이름 소

音
소리 음

韻
운 운 = 韻

*章
글 장

*竟 다할 경
*境 지경 경
*鏡 거울 경

181

頁(머리 혈): 页, xié, yè, 頁-0, 9

字解 상형. 갑골문에서 사람의 머리를 형상적으로 그렸는데, 위의 首(머리 수)와 아래의 儿(사람 인)으로 이루어졌다. 소전체에 들면서 首의 윗부분을 구성하는 머리칼이 없어지면서 지금의 모습이 되었다. 그래서 頁은 '머리'가 원래 뜻이며, 이후 '얼굴'이나 얼굴 부위의 명칭이나 이와 관련된 의미가 있다. 하지만, 頁이 책의 '쪽(페이지)'이라는 뜻으로 가차되면서 豆(콩 두)를 더한 頭(머리 두)가 만들어졌는데, 豆는 굽이 높고 위가 둥그런 제사 그릇을 그려 사람의 머리를 연상하게 한다. 頁로 구성된 글자들을 보면 머리나 얼굴의 여러 부위를 나타내거나 머리와 관련된 속성을 말한다. 간화자에서는 页로 줄여 쓴다.

字形 甲骨文 金文 簡牘文 說文小篆

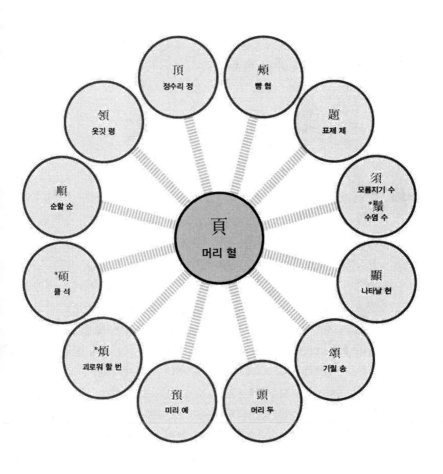

頁
머리 혈

頂 정수리 정

頰 뺨 협

題 표제 제

須 모름지기 수
*鬚 수염 수

顯 나타날 현

頌 기릴 송

頭 머리 두

預 미리 예

*煩 괴로워 할 번

*碩 클 석

順 순할 순

領 옷깃 령

風(바람 풍): 风, fēng, 風-0, 9, 60

字解 형성. 虫(벌레 충)이 의미부이고 凡(무릇 범)이 소리부로, 봉새(虫)가 일으키는 바람(凡)을 말한다. 갑골문에서 鳳(봉새 봉)과 같이 쓰였는데, 높다란 볏과 화려한 날개와 긴 꼬리를 가진 봉새를 그렸다. 어떤 경우에는 발음을 표시하기 위해 凡(帆의 원래 글자)을 첨가하기도 했는데, 돛을 그린 凡이 더해진 것은 돛단배를 움직이는 바람의 중요성을 강조하려는 것이기도 했다. 소전체에 들면서 鳳의 鳥(새 조)를 虫으로 바꾸어 風으로 분화시켰는데, 한자에서 새나 물고기나 곤충이나 짐승 등이 모두 '虫'의 범주에 귀속될 수 있었기 때문이다. 중국의 신화에서처럼 고대 중국인들은 바람의 생성원리를 잘 이해하지 못해 커다란 봉새의 날갯짓에 의해 '바람'이 만들어진다고 생각했고 그래서 鳳과 風이 같이 쓰였다. 상나라 때의 갑골문에 이미 동서남북의 사방 신이 등장하며 사방 신이 관장하는 바람에 제사를 올렸다는 기록도 보이는데, 바람은 비와 함께 농작물의 수확에 가장 영향을 주는 요소 중의 하나였던 때문이다. 이처럼 風의 원래 뜻은 '바람'이다. 바람은 한꺼번에 몰려와 만물의 생장에 영향을 주기 때문에 風俗(풍속) 風氣(풍기) 作風(작풍)에서처럼 한꺼번에 몰려다니는 '유행'이라는 뜻을 갖게 되었고, 國風(국풍)에서처럼 특정 지역의 풍속을 대표하는 노래나 가락을 뜻하기도 했으며, 다시 風聞(풍문)에서처럼 '소식'이라는 뜻도 갖게 되었다. 風으로 구성된 한자는 '바람'의 종류를 지칭하기도 한다. 간화자에서는 风으로 줄여 쓴다.

字形 甲骨文 簡牘文 說文小篆 說文古文

風格(풍격)
風景(풍경)
風氣(풍기)
風浪(풍랑)
風流(풍류)
風馬牛不相及(풍마우불상
　　　　　　　급)
風物(풍물)
風俗(풍속)
風水(풍수)
風樹之嘆(풍수지탄)
風習(풍습)
風前燈火(풍전등화)

風潮(풍조)
風餐露宿(풍찬노숙)
風土(풍토)
風化(풍화)
○
家風(가풍)
强風(강풍)
堂狗風月(당구풍월)
馬耳東風(마이동풍)
微風(미풍)
美風(미풍)
美風良俗(미풍양속)
屛風(병풍)

朔風(삭풍)
逍風(소풍)
順風(순풍)
逆風(역풍)
熱風(열풍)
吟風弄月(음풍농월)
淸風明月(청풍명월)
秋風(추풍)
秋風落葉(추풍낙엽)
颱風(태풍)
暴風(폭풍)
學風(학풍)
薰風(훈풍)

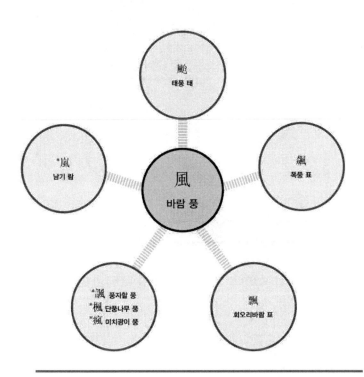

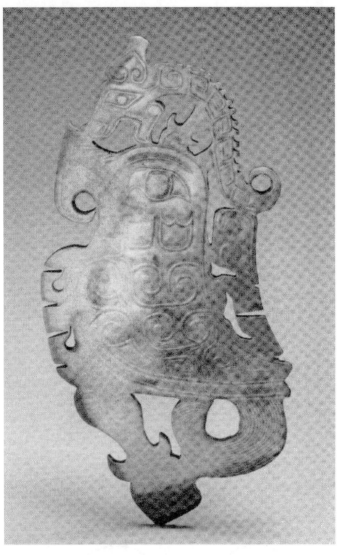

용(龍)과 봉(鳳) 모양으로 조각된 상나라 때의 옥. 기원전
13~11세기.

183

飛(날 비): 飞, fēi, 飛-0, 9, 42

字解 상형. 『설문해자』에서는 "새가 날갯짓하며 날아오르는 모습을 그렸다"라고 했다. 중심선은 몸체를, 아래는 양쪽으로 펼쳐진 새의 깃을, 윗부분은 머리와 새털을 형상화해, 하늘을 향해 세차게 날아오르는 새의 모습을 잘 그렸다. 이후 새는 물론 蟲飛(충비), 飛雲(비운), 飛煙(비연) 등과 같이 곤충, 구름, 연기 등이 날아오르는 것까지도 통칭하게 되었으며, 나아가 飛閣(비각높은 전각)에서처럼 날아오를 듯 '높게' 지어진 건물을, 飛報(비보·급한 통지)처럼 날아갈 듯 '빠른' 모습을 뜻하기도 했다. 또 飛廉(비렴)은 고대 중국에서 바람을 관장하던 신을 말했는데, 이것을 우리말 '바람'의 어원으로 보기도 한다. 飛가 세차게 위로 날아오르는 것을 말한다면, 翔(빙빙 돌아 날 상)은 날갯짓(羽·우)을 하며 이리저리 빙빙 도는 것을 말하는데, 소리부로 쓰인 羊(양 양)을 한나라 때의 '석명'이라는 책에서는 사람이 이리저리 배회하다는 뜻의 佯(헤맬 양)과 같은 것으로 풀이했다. 또 蜚(바퀴 비)는 원래 곤충(虫·충)이 날아오르는(非·비, 飛의 아랫부분) 것을 말했지만, 종종 飛와 같이 쓰인다. 간화자에서는 날개 털 하나만 남긴 飞로 쓴다.

字形 金文 簡牘文 說文小篆

●단어●
飛翔(비상)
飛躍(비약)
飛行(비행)
雄飛(웅비)
烏飛梨落(오비이락)

魂飛魄散(혼비백산)

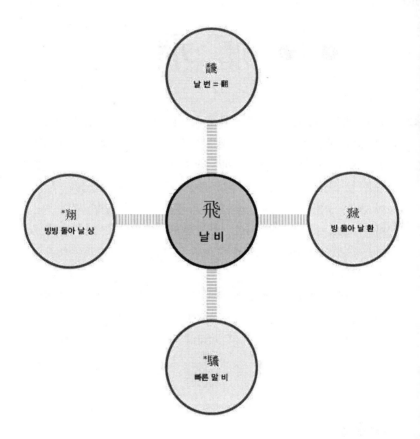

184

食(밥 식먹일 사): shí, 食-0, 9

字解 상형. 그릇에 담긴 음식을 그렸다. 위는 그릇의 뚜껑이고, 아래는 두루마리 발(卷足·권족)을 가진 그릇이며, 두 점은 피어오르는 김을 형상화했다. 소복하게 담긴 음식으로 보아 이는 '밥'으로 추정된다. 그래서 食의 원래 뜻은 '음식'이며, 이로부터 양식, 먹(이)다, 끼니 등을, 다시 양식을 받는다는 뜻에서 俸祿(봉록)까지 뜻하게 되었다. 다만 '먹이다'는 뜻으로 쓰일 때에는 '사'로 읽는데, 이후 司(맡을 사)를 더한 飼(먹일 사)로 구분해 표현했다.

字形 甲骨文 金文 古陶文 簡牘文 說文小篆

●단어●

食堂(식당)	斷食(단식)	蠶食(잠식)
食量(식량)	簞食瓢飮(단사표음)	主食(주식)
食事(식사)	無爲徒食(무위도식)	菜食(채식)
食水(식수)	門前乞食(문전걸식)	寒食(한식)
食言(식언)	飮食(음식)	好衣好食(호의호식)
食慾(식욕)	衣食住(의식주)	
食品(식품)	一簞食一瓢飮(일단사일표음)	
間食(간식)		

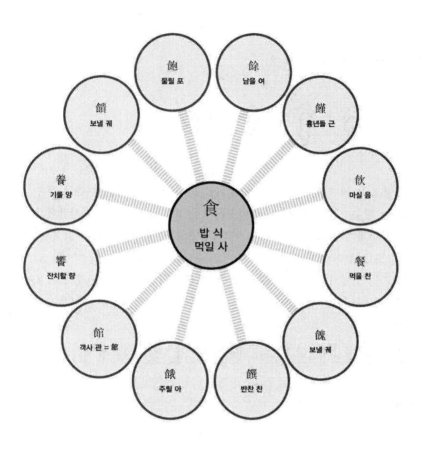

食
밥 식
먹일 사

餘 남을 여
饉 흉년들 근
飮 마실 음
餐 먹을 찬
餽 보낼 궤
饌 반찬 찬
餓 주릴 아
館 객사 관 = 舘
饗 잔치할 향
養 기를 양
饋 보낼 궤
飽 물릴 포

185

首(머리 수): shǒu, 首-0, 9, 52

字解 상형. 자형에 대해서는 의견이 분분하다. 『설문해자』에서는 소전체에 근거해 윗부분은 머리칼을 아랫부분은 얼굴로 사람의 '머리'를 그렸다고 했는데, 갑골문을 보면 비슷하다. 하지만, 갑골문의 首는 사람의 머리라기보다는 오히려 동물의 머리를 닮았고, 금문은 위가 머리칼이라기보다는 사슴뿔을 닮았다. 그래서 최근에는 『설문해자』와는 달리 '사슴의 머리'를 그렸다는 설이 제기되었다. 청동기 문양 등에도 자주 등장하는 사슴은 전통적으로 중국인들에게 중요한 동물이었음이 분명하다. '무늬가 든 사슴 가죽'을 그린 慶(경사 경)의 자원에서처럼, 사슴의 가죽을 결혼 축하선물로 보낼 정도로 사슴은 생명과 관련된 제의적 상징이 많이 들어 있는 동물이다. 그래서 사슴은 '죽음을 삶으로 되살리고, 사람들의 생명력을 충만하게 하며, 심지어 불로장생도 가능하게 하는' 동물이라 믿었으며, 옛날 전쟁에서는 전쟁의 승리를 점쳐주는 존재로 여겨지기도 했다. 지금도 여전히 중요한 약재로 쓰이는 사슴의 뿔은 매년 봄이면 새로 자라나는 특징 때문에 생명의 주기적 '순환'의 상징이었다. 그래서 道(길 도)는 이러한 사슴의 머리(首)가 상징하는 순환과 생명의 운행(辵착)을 형상화한 글자로 볼 수 있다. 금문에서 道는 首와 行(갈 행)과 止(발 지)로 구성되었지만, 이후 行과 止가 합쳐져 辵이 되어 지금의 道가 되었다. 그래서 철학적 의미의 '道'는 그러한 자연의 순환적 운행을 따르는 것, 그것이 바로 사람이 갈 '길'이자 '道'였다. 그리하여 道에는 '길'이라는 뜻까지 생겼고, 여기에서 파생된 導(이끌 도)는 道에 손을 뜻하는 寸(마디 촌)이 더해진 글자로, 그러한 길(道)을 가도록 사람들을

잡아(寸) 이끄는 모습을 형상화했다. 여하튼 首는 '머리'라는 뜻으로부터, 우두머리, 첫째, 시작 등의 뜻을 갖게 되었다.

字形 〔갑골문 그림들〕甲骨文 〔금문 그림들〕金文 〔고도문 그림들〕古陶文 〔백서 그림〕帛書 〔그림〕

〔간독문 그림〕簡牘文 〔설문소전 그림〕說文小篆

●단어●
首丘初心(수구초심)
首肯(수긍)
首都(수도)
首尾一貫(수미일관)
首相(수상)
首席(수석)
○
頓首再拜(돈수재배)
部首(부수)
匕首(비수)
元首(원수)
鶴首苦待(학수고대)

186

香(향기 향): xiāng, 香-0, 9, 42

字解 회의. 禾(벼 화)와 曰(가로 왈)로 구성되어, 햅쌀로 갓 지은 향기로운 밥이 입으로 들어가는 모습을 형상화했다. 갑골문에서는 용기에 담긴 곡식(禾)의 모습을 그렸는데, 윗부분은 곡식을 아랫부분은 그릇이고, 점은 곡식의 낱알을 상징한다. 이후 소전체에 들면서 윗부분은 黍(기장 서)로 아랫부분은 甘(달 감)으로 변해, 이러한 곡식이 어떤 곡식인지를 더욱 구체적으로 표현했고, 향기로움을 단맛 나는 모습으로 변화시켰다. 예서에 들어서는 윗부분이 이미 가장 대표적 곡식으로 자리 잡은 벼(禾)로, 아랫부분은 입에 무엇인가 든 모습(曰)으로 변했다. 그래서 香의 원래 뜻은 새로 수확한 곡식으로 갓 지어낸 밥의 '향기'이다. 이후 향기로운 모든 것을 지칭하게 되었고, 향기로움으로부터 향기, 향료, '훌륭하다', 맛이 좋다. 편안하다, 인기가 있다는 뜻까지 갖게 되었다. 香이 조상신에게 새로 수확한 곡식으로 밥을 지어 추수에 대한 감사를 표하기 위한 제례의 모습을 그린 때문인지, '향은 신에 대한 경의와 정화를 상징하며, 인간과 신이 대화할 때 신의 '분신'을 전해주는 매체로 기능하기도 한다. 그래서 香이 든 한자들은 모두 '향과 관련된 뜻을 가진다.

字形 說文小篆

香氣(향기)
香料(향료)
香水(향수)
香草(향초)
香臭(향취)
墨香(묵향)
芳香(방향)
焚香(분향)
麝香(사향)
千里香(천리향)

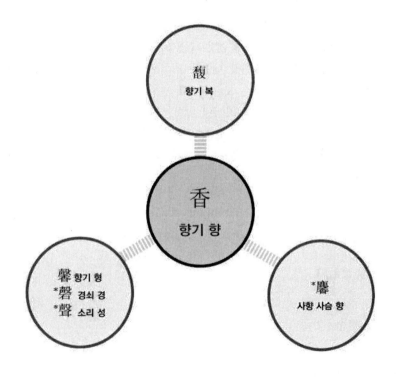

187

馬(말 마): 马, mǎ, 馬-0, 10, 50

字解 상형. 갑골문에서 '말'을 그렸는데, 긴 머리와 큰 눈, 멋진 갈기와 발과 꼬리가 모두 갖추어진 매우 사실적인 모습이다. 이후 단순화되긴 했지만 지금도 발이 네 점으로 바뀐 것을 제외하면 대략의 모습을 찾아볼 수 있다. 말은 거칠긴 하지만 훈련만 거치면 수레를 끌고 물건을 나르는 등 유용한 수송수단이 됨은 물론 속도가 빨라 전쟁을 치르는 데에도 대단히 적합한 동물이었다. 그래서 『설문해자』의 말처럼 말의 특성은 '포악한 성질(怒·노)과 강한 힘(武·무)'으로 개괄될 수 있을 것이다. 간화자에서는 초서체로 马로 쓴다.

字形 甲骨文 金文 古陶文 盟書 簡牘文 帛書 古璽文 說文小篆 說文古文 說文籒文

●단어●

馬耳東風(마이동풍)
車馬(거마)
犬馬之勞(견마지로)
競馬(경마)
塞翁之馬(새옹지마)

乘馬(승마)
愛馬(애마)
泣斬馬謖(읍참마속)
走馬看山(주마간산)
竹馬故友(죽마고우)

天高馬肥(천고마비)
出馬(출마)
下馬評(하마평)

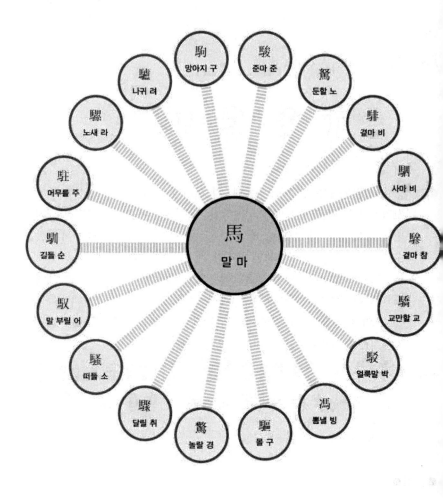

188

骨(뼈 골): gǔ, 骨-0, 10, 40

字解 회의. 소전체에서부터 등장하는데 冎(살 베어내고 뼈만 앙상히 남을 과, 剮와 같은 글자)에 肉(고기 육)이 더해진 모습으로, 살이 붙은 '뼈'를 잘 형상화했다. 冎는 갑 골문에서 卜(점 복)과 뼈로 구성되어, 당시 거북딱지와 함께 점복에 주로 사용되었던 소의 어깻죽지 '뼈'를 그렸다. 그래서 骨은 원래는 『설문해 자』의 해석처럼 '살이 붙은 뼈'를 지칭했으나 이후 '뼈'의 통칭으로 변 했다. 뼈는 사람의 몸을 구성하는 근간이며, 기둥을 나타내는 상징이기 도 하다. 그래서 骨에는 氣骨(기골)이라는 뜻이 생겼고, 風骨(풍골)처럼 문 학작품에서 기풍과 필력이 웅건한 스타일을 가리키기도 했다. 이처럼 骨로 구성된 글자는 주로 뼈와 관련된 의미나 신체부위, 기풍 등을 나 타낸다.

字形 簡牘文   古璽   說文小篆

●단어●

骨格(골격)
甲骨文(갑골문)
遺骨(유골)
刻骨難忘(각골난망)
言中有骨(언중유골)

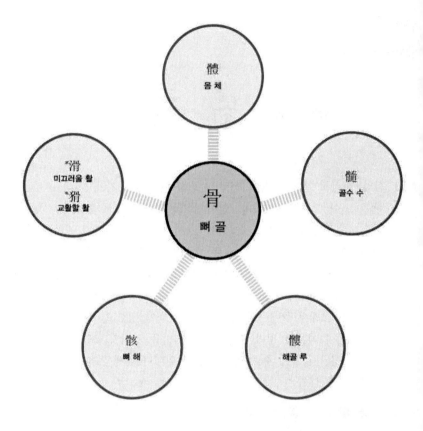

189

高(높을 고): [高], gāo, 高-0, 10, 60

高 高 高 高

字解 상형. 갑골문에서처럼 윗부분은 지붕이고, 중간은 몸체를, 아랫부분은 기단으로, 땅을 다져 만든 기단 위에 높게 지은 건축물을 그렸는데 자형이 변해 지금처럼 되었다. 금문에 들면서는 여러 층의 구조로 변했는데, 한나라 때 출토된 건물 모형에서는 이미 **5~6층** 건물까지 등장했다. 그래서 高는 '높다'가 원래 뜻이고, 이로부터 高尙(고상)함이나 지위의 높음까지 뜻하게 되었다.

高가 의미부로 쓰인 글자들은 모두 '높다'는 뜻을 가지는데, 嵩(높을 숭)은 높은(高) 산(山·산)이라는 뜻으로 소림사가 있는 곳으로 잘 알려진 嵩山을 지칭한다. 中嶽(중악)으로도 불리는 嵩山은 그 높이가 **1천5백여** 미터로 높지는 않으나 중원의 평평한 평지에서 우뚝 솟은 산이라 여느 산보다 높고 웅위하며 신비한 느낌을 주었을 것이다. 또 鎬(호경 호)는 섬서성 西安(서안)에 위치했던 周(주)나라의 수도를 말했지만, 원래는 "데우는 용기를 말한다"라고 풀이한 『설문해자』의 해석처럼 "키가 큰(高) 청동기(金·금)를 말했다. 커다란 청동기는 九鼎(구정)의 전설에서 보듯 한 왕국의 상징이었고, 그러한 상징 기물이 보관되어 있는 곳, 그곳이 '수도'였다.

그리고 蒿(쑥 호)는 쑥쑥 곧게 높이 자라는 식물(艸·초)인 '쑥'의 특성을, 膏(살찔 고)는 살(肉·육)이 불룩하게 높이(高) 솟아 살찐 모습을 잘 표현했다. 또 稿(볏짚 고)는 원래 탈곡을 위해 높이(高) 쌓아 놓은 곡식(禾·화)을 말했는데 이후 가공이 필요한 '草稿(초고)'라는 뜻까지 생겼다.

字形 高 高 高 高 甲骨文 高 高 金文 高 高 高 高 高 古陶文 高 高 高 高 高

簡牘文 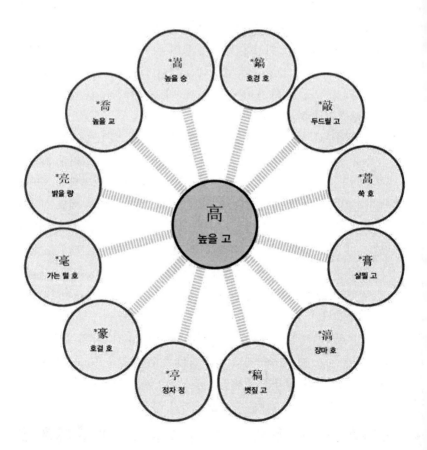石刻古文 高 說文小篆

●단어●

高價(고가)　　　　高等(고등)　　　　高速(고속)
高句麗(고구려)　　高齡(고령)　　　　最高(최고)
高級(고급)　　　　高山(고산)　　　　天高馬肥(천고마비)

高
높을 고

*嵩
높을 숭

*鎬
호경 호

*敲
두드릴 고

*蒿
쑥 호

*膏
살찔 고

*滈
장마 호

*稿
볏짚 고

*亭
정자 정

*豪
호걸 호

*毫
가는 털 호

*亮
밝을 량

*喬
높을 교

敲(두드릴 고)	高+攴(칠 복)	높게 지은 집(高)의 문을 두드리는 모습→글을 지을 때 여러 번 생각하여 고치고 다듬음, 推敲(퇴고)
膏(기름 고)	肉(고기 육)+高	기름기가 적당히 든 고기(肉)가 최고(高)라는 뜻→살찐 고기→사물의 정수
稿(볏짚 고)	禾(벼 화)+高	탈곡을 위해 높이(高) 쌓아 놓은 볏단(禾)→가공이 필요한 것→草稿(초고)→원고나 글
暠(흴 고)	日(날 일)+高	해(日)가 높이(高) 떠 밝은 모습→희다
槁(마를 고)	木(나무 목)+高	나무(木)가 높이(高) 자라 말라 죽다→고목=藁(마를 고), 稾(마를 고)
毫(가는 털 호)	高+毛(털 모)	높게(高) 자란 털(毛)→가늘게 보임→대단히 작은 물건→대단히 작은 물건을 재는 척도와 단위
豪(호걸 호)	高+豕(돼지 시)	멧돼지(豕) 등에 난 높고(高) 거센 털처럼 '힘센 사람'이 호걸이자 우두머리임을 뜻함→豪傑(호걸), 豪放(호방)하다→특수한 힘을 가진 사람
鎬(호경 호)	金(쇠 금)+高	"키가 큰(高) 청동기(金)"(『설문해자』)→커다란 청동기는 왕국의 상징→首都(수도)
蒿(쑥 호)	艸(풀 초)+高	쑥, 쑥쑥 곧게 높이(高) 자라는 식물(艸)의 특성을 반영
縞(명주 호)	糸(가는 실 멱)+高	높은(高) 품질의 비단(糸)→가늘고 흰 비단
碻(굳을 확)	石(돌 석)+高	키가 큰(高) 돌(石)처럼 견고하다→튼튼하다, 견실하다

190

髟(머리털 드리워질 표): biāo, 髟-0, 10

字解 회의. 髟는 소전체에서부터 등장하는데, 왼쪽은 長(길 장)의 변형이고 오른
쪽은 彡(터럭 삼)이다. 髟는 사실 지팡이를 짚고 머리를 길게 드리운 나이
든 사람을 그린 長에서 분화한 글자인데, 長이 '길다'와 '나이 든 사람'
즉 '우두머리'라는 뜻으로 쓰이게 되자 다시 彡을 더했다. 그래서 髟로
구성된 한자는 髮(터럭 발) 鬚(수염 수) 髡(머리 깎을 곤) 鬃(상투 종) 등에서처럼 주로
'머리칼'과 관련된 뜻이 있다.

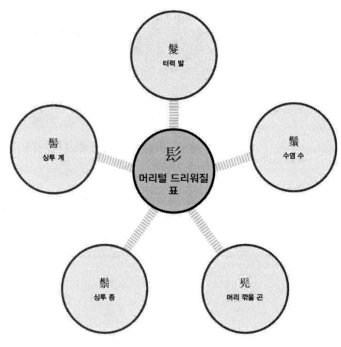

191

鬥(싸울 투): 斗, dòu, 鬥-0, 10

字解 회의. 鬥는 갑골문에서 두 사람이 서로 상대하여 싸우는 모습을 그렸는데, 마주한 사람의 머리칼이 위로 치솟아 화를 내며 싸우는 모습임을 구체화했다. 『설문해자』에서는 소전체에 근거해 "병사가 싸우는 모습으로, 무기는 뒤에 있다."라고 했지만, 맨손으로 싸우는 모습이지 무기를 가진 병사의 싸움이라 보기는 어렵다. 해서에 들면서는 소리부인 豆(콩 두)와 손동작을 강조한 寸(마디 촌)이 더해져 鬪(싸움 투)가 되었다. 이 때문에 鬥가 든 글자는 鬨(싸울 홍), 鬮(고함지를 함), 鬧(시끄러울 뇨), 鬩(다툴 혁)에서처럼 모두 '싸움'과 관련되어 있다. 현대 중국의 간화자에서는 발음이 같은 斗(말 두)에 통합되었다.

字形 甲骨文 簡牘文 說文小篆

191-01

鬪(싸움 투): 斗, [鬦, 鬬], dòu, 鬥-10, 20, 40

字解 형성. 원래는 서로 마주 보며 두 손으로 싸우는 모습을 그린 鬥(싸울 투)로 썼는데, 예서에 들면서 소리부인 豆(콩 두)와 손동작을 강조한 寸(마디 촌)이 더해져 지금의 鬪가 되었다. 달리 鬦나 鬬로 쓰기도 한다. 간화자에서는 斗(말 두)에 통합되었다.

字形 甲骨文 簡牘文 說文小篆

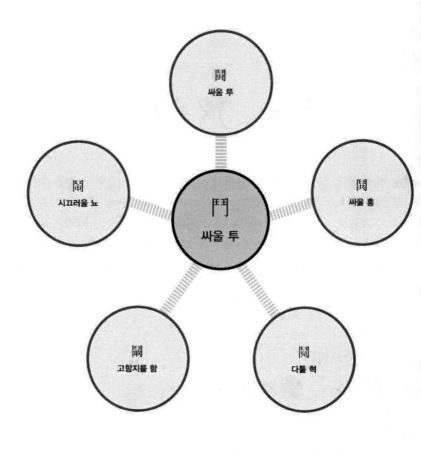

192

鬯(울창주 창): chàng, 鬯-0, 10

📙字解 상형. 지금은 잘 쓰지 않지만, 옛날에는 매우 중요한 글자여서 갑골문부터 등장한다. 『설문해자』에서는 "찰기장과 향초를 섞어 향기가 나게 한 술로 신을 내리게 할 때 쓴다. 凵(입 벌릴 감)은 그릇을, 중간(※)은 쌀을, 아래쪽의 匕(비수 비)는 술을 뜨는 국자를 그렸다."라고 풀이했지만, 소전체에 따른 풀이로 보인다. 갑골문을 보면, 위쪽은 두 귀를 가진 시루 모양의 용기이고, 아래쪽은 국자(匕)가 아닌 내린 술을 받는 그릇이며, 중간의 ※나 ×로 표시된 부분은 기장과 누룩 등을 버무린 술의 재료로 보인다. 중국의 술은 전통적으로 과일주가 아닌 곡주였는데, 기원전 70세기까지 기원이 거슬러 올라간다. 기장이나 수수쌀조 등의 곡물과 이를 발효시킬 누룩을 섞어 일정 기간 보관하면서 발효를 시키고, 술이 익으면 대나무 등으로 만든 용수를 받고 고인 맑은 술을 떠내면 淸酒(청주)가 되고 남은 찌꺼기에 물을 섞어 걸러내면 濁酒(탁주)가 된다. 그러지 않고 익은 술을 솥에 넣고 끓여 증류시켜 만든 것이 燒酒(소주)이고, 이 과정을 반복하면 도수가 높은 술을 얻을 수 있다. 중국술은 燒酒가 주를 이루었고, 鬯은 그런 모습을 그린 것으로 추정된다.

📙字形 甲骨文 金文 說文小篆

●단어●

鬯草(창초) 鬱鬯酒(울창주)

193

鬲(솥 력막을 격): lì, 鬲-0, 10

字解 상형. 鬲은 청동기의 대표인 세 발 솥(鼎·정)과 닮았으되 다리(足·족)의 속이 비어 물이 빨리 데워지도록 고안된 청동 솥을 그렸다. 제사의 희생으로 쓸 양을 자주 삶았던지 羊(양 양)이 더해진 자형도 종종 등장한다. 물론 모든 용기가 질그릇에서 시작하듯, 鬲도 陶器(도기)에서 시작했으나 청동기가 유행하자 이를 강조하기 위해 金(쇠 금)을 더한 鎘(다리 굽은 솥 력)을 만들기도 했다. 그래서 鬲은 '솥'이나 '삶다'는 뜻과 관련된다. 중국 문명의 대표로 평가되는 청동기 문명은 그 역사가 오래되어 기원전 5천년 경에 이미 천연동이 사용되었음이 확인되었고, 기원전 4천5백 년경의 서안 반파 유적지에서 발견된 청동 조각은 동 65%, 아연 25%, 주석 2%, 납 6% 등으로 되어 이후의 청동에 근접해 있다. 이러한 역사를 가진 청동시대의 기술은 상나라에 이르러 최고조에 달하였으며, 다양하고 수준 높은 예술품들이 만들어졌다.

字形 甲骨文 金文 古陶文 簡牘文 石刻 古文 說文小篆 說文俗體

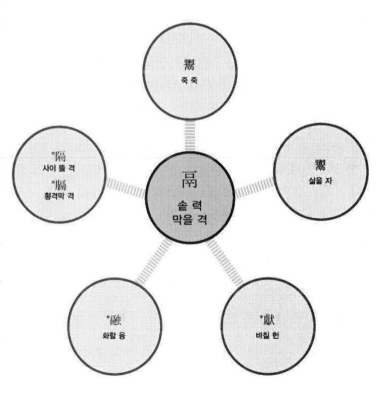

194

鬼(귀신 귀): guǐ, 鬼-0, 10, 32

字解 상형. 원래 얼굴에 커다란 가면을 쓴 사람을 그린 글자다. 곰 가죽에다 눈이 네 개 달린 커다란 쇠 가면을 덮어쓴 '주례'에 등장하는 方相氏(방상씨)의 모습처럼, 鬼는 역병이나 재앙이 들었을 때 이를 몰아내는 사람의 모습에서 형상을 가져왔다. 그래서 鬼는 두 가지 의미를 동시에 가진다. 첫째는 재앙이나 역병과 관련된 부정적 의미가 하나요, 둘째는 인간이 두려워하고 무서워해야 할 인간보다 위대한 어떤 존재를 칭하는 의미이다. 고대 한자에서 여기에다 제단(示시)을 더한 모습은 후자의 의미로 '鬼神(귀신)'이 제사의 대상임을 나타내었고, 攴(칠 복)이나 戈(창 과)를 더해 내몰아야 하는 대상이라는 전자의 의미를 표현하기도 했다. 그래서 鬼는 '귀신'과 관련된 의미가 있는데, 귀신은 단지 몰아내어야만 하는 존재이기도 했지만, 동시에 인간이 두려워해야 할 위대한 존재이기도 했으며, 그래서 嵬(높을 외)에서처럼 '높다'는 뜻을 가진다. 아울러 인간의 조상으로 섬겨야 할 대상, 제사의 대상이기도 했다.

字形 甲骨文 金文 盟書 簡牘文 說文小篆 說文古文

• 초나라 때의 칠기(漆器)에 그려진 귀신의 형상. 손에 창을 들었는데, 이 모습이 畏(두려워할 외)자의 원형이다.

●단어●

鬼神(귀신)
鬼才(귀재)
魔鬼(마귀)
神出鬼沒(신출귀몰)
餓鬼(아귀)
惡鬼(악귀)

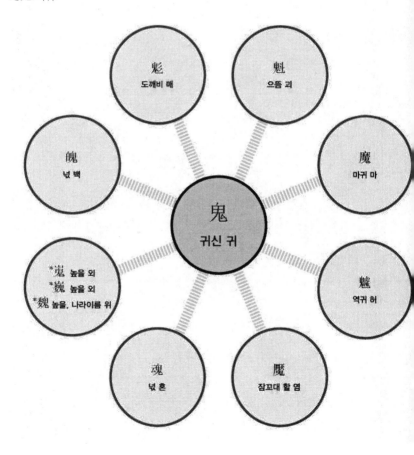

195

魚(고기 어): 鱼, yú, 魚-0, 11, 50

《字解》 상형. 갑골문에서 물고기의 입, 몸통과 지느러미와 비늘, 꼬리 등이 구체적으로 표현되었다. 예서에 들면서 꼬리가 灬(火·불 화)로 변했고, 현대 중국의 간화자에서는 다시 가로획으로 변해 鱼가 되었다. 그래서 '물고기'가 원래 뜻이고, 물고기를 잡는 행위는 물론 어부까지 뜻하기도 했는데, 이후 水(물 수)를 더한 漁(고기 잡을 어)로써 구분해 표시했다. 그래서 魚는 물고기의 종류, 고기잡이 행위와 관련되어 있으며, 물고기는 귀하고 맛난 음식의 대표였다.

魚로 구성된 글자들을 보면, 먼저, 물고기의 종류를 말하여, 魛(웅어 도)는 긴 칼(刀·도)처럼 생긴 물고기를, 鰒(전복 복)은 배가 바람 든 자루처럼(复·복) 불룩한 물고기를 말한다. 나아가 魚는 물에 사는 생물까지 광범위하게 지칭하기도 하는데, 鮑(전복 포)는 둥근 껍질에 둘러싸인(包·포) '전복'을, 鰕(새우 하)는 익히면 붉은 색을 띠는(叚·가) '새우'를, 鱷(악어 악)은 사람을 놀라게 하는(噩·악) '악어'를 말한다.

둘째, 고기잡이 행위를 말하여, 釣(낚을 조)는 갈고리(勺·작) 모양의 낚시로 고기를 잡는 것을 그렸는데, 낚시가 뼈가 아닌 쇠(金·금)로 만들어지자 釣(낚시 조)를 만들었다.

셋째, 생선은 귀하고 맛난 음식의 대표였다. 鮮(고울 선)은 원래 魚가 3개 중첩된 鱻으로 써 물고기의 新鮮(신선)함을 그렸는데, 이후 魚와 羊(양 양)의 결합으로 변했다. 魚는 해산물의 대표요 羊은 육 고기의 대표로 이들 모두 '신선할' 때 고유의 맛을 낼 수 있었을 것이다. 신선한 고기는 때깔이 '곱고', 그런 고기는 '흔치 않은' 음식이었을 것이다. 다만 '드물

다'는 뜻은 따로 尟(尟드물 선)으로 썼는데, 이는 대단히(甚심) 적다(少소), 정
말(甚시) 드문(少) 존재라는 뜻이다.

또 魯(나라 이름 로)는 원래 魚와 口(입 구)로 이루어져, 생선(魚)의 맛(口)을 상징
적으로 표현했고 이로부터 '훌륭하다'는 뜻이 나왔다. 魯는 지금의 산
동성을 지칭하는데, 그곳은 공자의 고향으로 유명한 魯나라가 있던 곳
이고, 황하 유역에서 유일하게 해안과 접해 신선한 해산물이 많이 생
산되던 '훌륭한' 곳이었다. 유명한 고사 魚魯不辨(어로불변)은 魚자와 魯자
를 구별하지 못할 정도로 무식함을 이르는 말이다.

字形　(甲骨文)　(金文)　(古陶文)　(盟書)　(簡牘文)　(古璽文)　(說文小篆)

● 인면상과 물고기가 그려진 홍도로 된 동이(紅陶盆). 아가리 직경 44센티미
터, 높이 19.3센티미터. 서안 반파(半坡) 출토. 기원전 40~45세기. 장식이
달린 모자를 쓴 사람은 제사장으로 보이며, 물고기는 당시 그들이 숭배
했던 토템으로 추정된다.

魚東肉西(어동육서)　　　○　　　　　　　養魚(양어)
魚雷(어뢰)　　　　　　乾魚(건어)　　　　魚頭肉尾(어두육미)
魚類(어류)　　　　　　水魚之交(수어지교)　緣木求魚(연목구어)
魚網(어망)　　　　　　鰐魚(악어)　　　　人魚(인어)

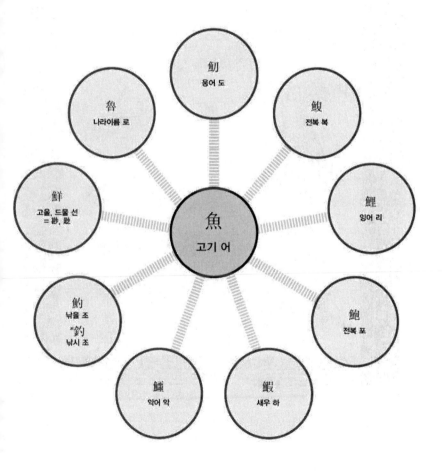

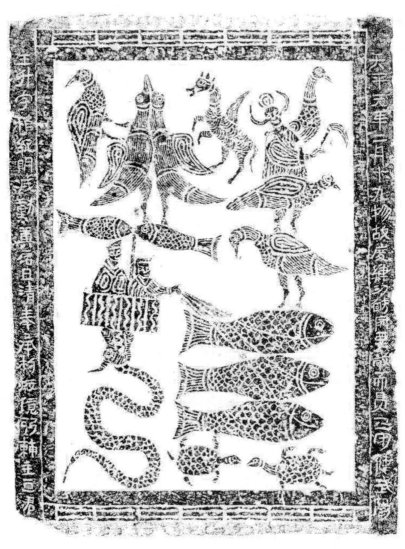

- 승선도(升仙圖). 하늘로 올라가 신선이 되면 마음대로 부릴 수 있는 거북,
물고기, 뱀, 새, 기린 등이 그를 호위하고 있다. 북조(北朝) 시대, 동위(東魏).
535년.

196

鳥(새 조): 鸟, niǎo, 鳥-0, 11, 42

字解 상형. 갑골문에서 부리, 눈, 꽁지, 발을 갖춘 새를 그렸다. 『설문해자』에서는 꽁지가 긴 새의 총칭이 鳥(새 조)라고 했다. 하지만, 꽁지가 짧은 두루미(鶴학)에 鳥가 들었고 꽁지가 긴 꿩(雉치)에 隹(새 추)가 든 것을 보면 꼭 꽁지가 긴 새만을 지칭한 것도 아니다. 소전체에 들면서 눈이 가로획으로 변해 더욱 두드러졌고, 예서체에서는 꼬리가 네 점(灬·火·불 화)으로 변했다. 鳥에서 눈을 없애 버리면 烏(까마귀 오)가 된다. 烏는 눈이 없어서가 아니라 몸이 검은색이어서 눈이 잘 구분되지 않기 때문이다. 까마귀는 다 자라면 자신을 키워준 어미에게 먹이를 갖다 먹이는(反哺·반포) 효성스런 새(孝鳥·효조)로 알려졌다. 새는 하늘과 땅 사이를 마음대로 오가는 영물로, 하늘의 해를 움직이게 하는 존재로, 바람을 일으키는 신으로 간주하기도 했다. 그래서 다리가 셋 달린 三足烏(삼족오)가 태양에 등장하고, 장대 위에 나무로 만든 새를 앉힌 솟대를 만들기도 했다. 간화자에서는 필획을 간단하게 줄인 鸟로 쓴다.

字形 甲骨文 金文 簡牘文 說文小篆

●단어●

鳥瞰圖(조감도)

鳥類(조류)

鳥獸(조수)

鳥足之血(조족지혈)

鳥盡弓藏(조진궁장)

吉鳥(길조)
白鳥(백조)
鳳鳥不至(봉조부지)
不死鳥(불사조)
比翼鳥(비익조)
一石二鳥(일석이조)

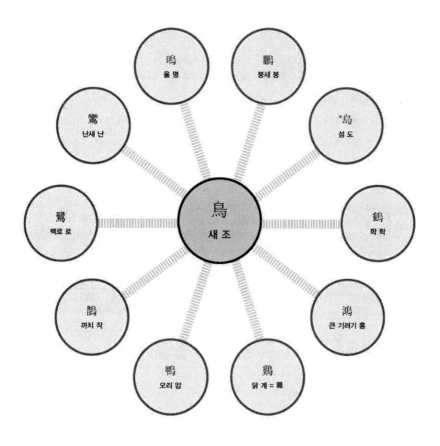

197

鹵(소금 로): 卤, [滷], lǔ, 鹵-0, 11

🗨️字解 상형. 금문에서부터 등장하는데, 소금을 정제하는 모습을 그려, 안쪽의
※는 巖鹽(암염·돌소금)과 같은 소금의 원재료를, 바깥쪽은 포대를 형상화한
것으로 보인다. 현대 중국의 간화자에서는 ※를 ×로 줄여 卤로 만들었
다. 이후 소금물에서 소금이 만들어짐을 강조하여 水(물 수)를 더한 滷(소
금밭 로)가 만들어지기도 했다. 『설문해자』에서는 鹵를 두고 "西(서녘 서)의
생략된 모습을 그렸고 (중간의 ※는) 소금을 그렸다."라고 했는데, 西가
새의 둥지처럼 얽은 대광주리를 지칭한다는 것을 고려한다면, 이는 소
금 호수나 웅덩이에서 퍼낸 소금물을 대광주리에 담아 불순물을 제거
하고, 다시 불에 끓여 만들어 내는 중국 전통의 소금 제조 방법(再製鹽·재
제염)을 염두에 둔 해석이라 생각된다. 『설문해자』에 의하면 그 당시 이
미 "安定(안정·지금의 감숙성에 있는 지명)이라는 곳에 소금을 생산하는 鹵縣(노현)이
있고, 산서성 서남부의 中條山(중조산) 북쪽 기슭에는 길이 51리, 넓이 7
리, 둘레 1백16리에 이르는 解池(해지)라는 유명한 소금 호수가 있다."라
고 했는데, 解池는 지금도 유명한 소금 산지이다. 간화자에서는 卤로
줄여 쓴다.

🗨️字形 🐚金文 🐚石刻古文 🗨️說文小篆

198

鹿(사슴 록): lù, 鹿-0, 11, 30

字解 상형. 사슴을 그렸는데, 화려한 뿔과 머리와 다리까지 사실적으로 그려졌다. 그래서 '사슴'이 원래 뜻인데, 이후 사슴의 종류는 물론 사슴과에 속하는 짐승을 통칭하거나 사슴의 특징과 관련된 의미를 표시하게 되었다.

字形  甲骨文  金文  簡牘文  說文小篆

●단어●

鹿角(녹각)

鹿茸(녹용)

鹿皮(녹피)

指鹿爲馬(지록위마)

逐鹿者不見山(축록자불견산)

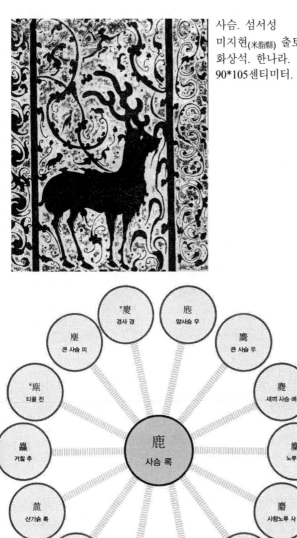

사슴. 섬서성
미지현(米脂縣) 출토
화상석. 한나라.
90*105센티미터.

麋 큰 사슴 미
*麛 경사 경
麀 암사슴 우
麌 큰 사슴 우
*塵 티끌 진
麑 새끼 사슴 예
麤 거칠 추
鹿 사슴 록
麕 노루 균
麓 산기슭 록
麝 사향노루 사
麟 암 기린 린
麞 노루 장
麗 고울 려
麇 고라니 포

지록위마(指鹿爲馬) 한나라 화상석. 진시황이 죽자 그의 측근이었던
조고(趙高)가 진시황의 어린 아들 호해(胡亥)를 황제로 세웠다. 자신의 권세를
시험하고자 황제 호해에게 사슴을 바치면서 이렇게 말했다. "폐하, 말(馬)을
바치오니 거두어 주시오소서." "승상께서는 농담도 잘 하시오. 사슴을
두고 말이라고 하다니요(指鹿爲馬)!" 그러자 호해가 좌우의 신하를
둘러보면서 말했다. "어떻소? 그대들 눈에도 말로 보이오?" 그러자 대부분
그렇다고 인정하였다. 일부 부인한 사람은 이후 죄를 씌워 죽여 버렸다.
그 후로 궁중에는 조고의 말에 반대하는 사람이 하나도 없었다고 한다.
이 때문에 指鹿爲馬는 윗사람을 농락하여 권세를 마음대로 함을 이르거나
모순된 것을 끝까지 우겨서 남을 속이는 것을 비유하는 말로 쓰인다.
교수신문에 의해 2014년 한국 사회를 대표하는 고사성어로 선택되기도
했다.

199

麥(보리 맥): 麦, mài, 麥-0, 11, 32

字解 형성. 夊(뒤져서 올 치)가 의미부이고 來(올 래)가 소리부로. '보리'를 말한다. 원래는 來(올 래)로만 썼고 이후 긴 뿌리를 뜻하는 夊가 더해져 만들어진 글자인데, 來는 이삭이 핀 '보리'를 그렸다. 보리는 인류가 가장 보편적으로 재배한 식량으로, 메소포타미아 지역이 원산지이며, 거기서 서쪽으로는 그리스와 로마를 거쳐 유럽으로 퍼져 나갔으며, 동쪽으로는 중앙아시아를 거쳐 중국으로 들어왔다. 이 때문에 '보리'를 그린 來에 '오다'는 뜻이 생겼고, 그러자 다시 원래의 '보리'를 나타낼 때에는 보리의 특징인 긴 뿌리(夊)를 그려 넣어 麥으로 분화한 것으로 추정된다. 그래서 麥은 보리와 관련된 의미를 지닌다. 간화자에서는 윗부분의 來를 초서체로 쓴 麦으로 쓴다.

字形 甲骨文 金文 簡牘文 說文小篆

●단어●

麥秀之嘆(맥수지탄)
麥芽(맥아)
麥酒(맥주)
小麥(소맥)
菽麥(숙맥)

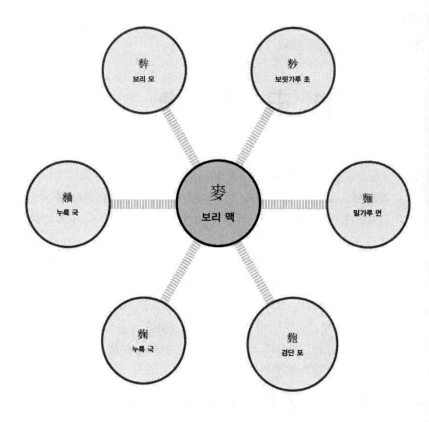

200

麻(삼 마): [蔴], má, 麻-0, 11, 32

麻 金文 麻 說文小篆

字解 형성. 广(집 엄)과 두 개의 木(나무 목)으로 구성되어, '삼'을 말한다. 이는 삼나무(木)에서 벗겨 낸 삼 껍질을 작업장(广)에 널어놓고 말리는 모습을 그렸는데, 삼나무(木)에서 껍질이 분리된 모습이 사실적으로 표현되었으며, 广은 금문에서 의미와 형체가 비슷한 厂(기슭 엄)으로 표기되었다. 삼은 인류가 일찍부터 사용했던 자연 섬유의 하나이다. 중국의 경우, 갑골문이 사용되었던 殷墟(은허) 유적지에서 大麻(대마)의 종자와 삼베의 조각이 발견됨으로써 당시 삼베가 이미 방직의 원료로 사용되었음을 알 수 있다. 삼은 키가 3미터 정도까지 쑥쑥 자란다. 그래서 麻中之蓬(마중지봉)은 '삼(麻)밭의 쑥(蓬)'이라는 뜻으로, 곧게 자란 삼밭에서 자란 쑥은 저절로 곧게 자란다는 뜻이다. 이렇듯 큰 키로 곧게 자란 삼의 줄기를 삶은 물에 불려 껍질을 분리시키고 이를 잘게 찢어 실로 만들고 베를 짜서 사용한다. 달리 艸(풀 초)를 더한 蔴(삼 마)로 쓰기도 한다.

字形 麻 金文 麻 說文小篆

●단어●

麻衣(마의)
大麻(대마)
麻中之蓬(마중지봉)
快刀亂麻(쾌도난마)

磨(갈 마)	麻+石(돌 석)	삼(麻) 실을 만들고자 삼 껍질을 여러 가닥으로 쪼개고 이를 비벼 꼬아 만들 듯 돌(石)을 갈아서 다듬다→연마하다, 연구하다
魔(마귀 마)	麻+鬼(귀신 귀)	온 정신을 마비시키는(麻) 귀신(鬼)이나 사악한 세력을 지칭→산스크리트어의 마라(魔羅, ·波羅·악마)의 음역자로 쓰여 소란, 파괴, 장애를 지칭
痲(저릴 마)	疒(병들어 기댈 녁)+麻	대마(麻)를 피운 듯 모든 신경이 마비되는 병(疒)적 현상
靡(쓰러질 미)	麻+非(아닐 비)	곧게 높이 자란 삼(麻)이 양옆(非)으로 쓰러진 모습→넘어지다, 쓰러지다→물러나다, 순종하다, 좋다, 시작하다
麾(대장기 휘)	麻+毛(털 모)	삼대(麻)처럼 곧게 높이 솟은 털(毛)로 만든 수로 장식된 깃발, 즉 대장의 깃발
摩(갈 마)	麻+手(손 수)	손(手)으로 마찰시키다→갈다, 연마하다
糜(죽 미)	麻+米(쌀 미)	쌀(米)을 삼대(麻) 문드러지듯 푹 삶아 만든다는 뜻→문드러지다, 상하다, 소비하다, 낭비하다

대마(大麻)

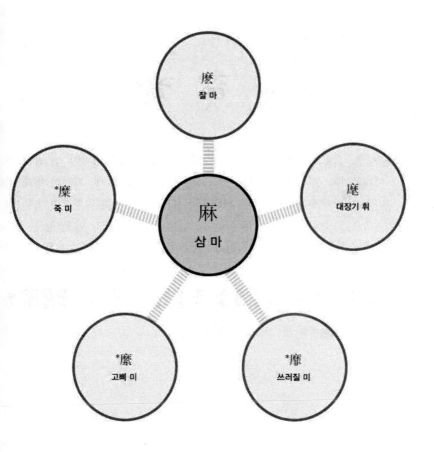

201

黃(누를 황): 黃, huáng, 黃-0, 12, 60

字解 상형. 갑골문에서 옥(玉·옥)을 실로 꿰어 매듭을 지운 자락이 두 갈래 아래쪽까지 늘어진 아름다운 장식 옥(佩玉·패옥)을 그렸는데, 자형이 변해 지금처럼 되었다. 장식 옥이 원래 뜻이고, 길상을 뜻하는 황색의 옥을 패옥으로 주로 썼고, 이 때문에 누르다는 뜻이 나왔고, 이후 황하 강을 지칭하기도 했다. 그러자 원래 뜻은 玉(옥 옥)을 더한 璜(서옥 황)을 만들어 분화했다. 간화자에서는 필획을 줄인 黄으로 쓴다.

字形 甲骨文 金文 古陶文 簡牘文 帛書 說文古文 說文小篆

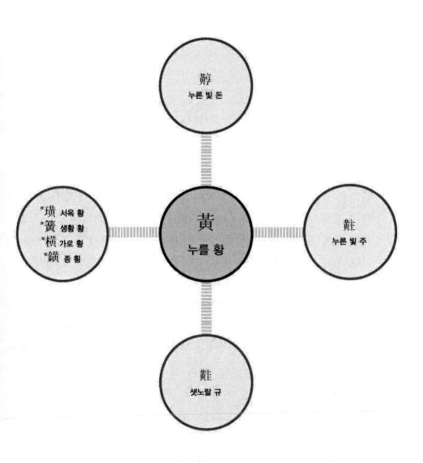

黍(기장 서): shǔ, 黍-0, 12, 10

字解 회의. 갑골문을 보면 가지가 여럿 난 '기장'을 그렸고, 여기에 水(물 수)가 더해진 모습이다. 기장은 옛날부터 술을 담그는 주요 재료였으므로 술을 상징하기 위해서 水가 더해진 것으로 풀이한다. 하지만 『설문해자』에서 黍를 두고 "조(禾·화)에 속하면서 차진 것을 말한다"라고 풀이한 것처럼 水를 차진 것의 상징으로 풀이하기도 한다. 기장은 분명히 술을 담그는 주요한 재료였고, 조에 비해 차진 것도 사실이다. 그래서 기장의 주요 속성인 '차지다'는 것을 강조하기 위해 소리부인 占(차지할 점)을 더한 黏(차질 점)이 만들어졌는데, 이후 쌀(米·미)이 생산됨으로써 粘(끈끈할 점)이 만들어졌다. 기장은 옥수수처럼 건조한 지역에서도 잘 자라며 빽빽하게 자라난다. 黎(검을 려)는 쟁기질을 해 기장을 빽빽하게 많이 심은 것을 말한다. 빽빽하게 자란 기장 밭에 들면 캄캄했을 것이다. 그래서 黍에는 '많다'는 뜻도 생겼다. 그러자 원래 뜻은 黑(검을 흑)을 더한 黧(검을 려)로 분화했다.

字形 甲骨文 金文 簡牘文 說文小篆

●단어●

黍稷(서직)

黑(검을 흑): hēi, 黑-0, 12, 50

● 𪐴 𪐗 黑

字解 상형. 금문에서 얼굴에 墨刑(묵형)을 당한 사람을 그렸다. 墨刑은 옛날 형벌 중 비교적 가벼운 형벌로, 얼굴에다 문신을 새기는 형벌이다. 소전체에 들면서 아랫부분은 炎(불 탈 염)으로 윗부분은 네모꼴의 굴뚝이나 창문(囪창)으로 바뀌어, 불을 땔 때의 그을음이 창문이나 굴뚝에 묻어 있음을 표시했다. 『설문해자』에서는 이 자형에 근거해 "불에 그슬린 색깔을 말한다"라고 했다. 어쨌든 '검은' 색을 나타내는 데는 문제가 없다. 그래서 黑으로 구성된 글자들은 검은색을 대표하며, 검은색이 주는 더럽고 부정적 인식을 반영하기도 한다. 또 검은색으로 표시된 것이라는 점에서 '점'이나 '주근깨', 나아가 '잠잠함'을 뜻하기도 한다.

字形 𪐴 𪐗 𪐴 金文 𪐴 𪐗 古陶文 𪐴 盟書 𪐴 𪐗 簡牘文 𪐗 𪐗 古璽 𪐗 說文小篆

●단어●

黑幕(흑막)	黑白論理(흑백논리)	黑板(흑판)
黑白(흑백)	黑白不分(흑백불분)	黑海(흑해)
黑色(흑색)	黑色宣傳(흑색선전)	近墨者黑(근묵자흑)
黑心(흑심)	黑人(흑인)	明暗(명암)
黑牛(흑우)	黑字(흑자)	暗黑天地(암흑천지)
黑猫白猫(흑묘백묘)	黑點(흑점)	漆黑(칠흑)

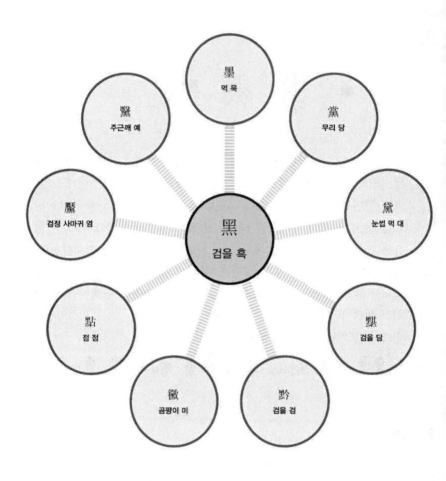

204

黹(바느질 할 치): zhǐ, 黹-0, 12

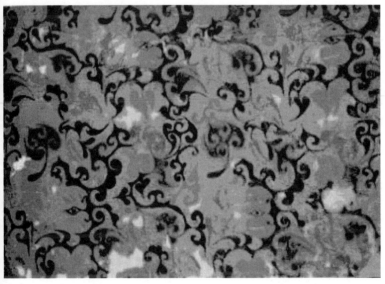

==

字解 상형. 금문에서 아래위의 옷감을 바느질해 연결한 모습을 그렸으며, 이로부터 '바느질'의 의미를 그렸다. 소전체에 들어 자형이 가지런하게 변하면서 지금의 자형이 되었다. 그래서 黹로 구성된 글자들은 모두 '바느질'이나 '수(繡)'와 관련된 의미가 들어 있다.

字形 𢁋𢁋𢁋 𢁋𢁋𢁋 金文 黹 說文小篆

• 수를 놓은 비단. 서한(西漢) 시대, 기원전 2세기. 마왕퇴 한묘 출토.

205

黽(맹꽁이 맹힘쓸 민): měng, 黽-0, 13.

字解 상형. 黽은 갑골문과 금문에서 개구리의 위에서 본 모습을 그렸는데, 머리와 둥근 몸통과 두 앞 다리와 뒷다리가 사실적으로 그려졌다. 소전체에 오면서 정형화되었는데, 머리통과 불룩한 배를 가진 몸과 꼬리까지 그려졌다. 개구리는 꼬리가 없지만, 올챙이 때 났던 꼬리로부터 변해왔음을 상징적으로 표현했다. 黽은 '개구리'가 원래 뜻인데, 이후 '맹꽁이'를 뜻하게 되었다. 黽으로 구성된 한자를 보면, 黿(자라 원)이나 鼇(자라 오)나 鱉(자라 별)에서처럼 개구리처럼 양서류이면서 모양도 비슷하게 생긴 '자라'나 '거북'을, 다시 鼉(악어 타)에서처럼 '악어'까지 뜻하게 되었다. 또 모양의 유사성 때문인지 鼄(거미 주)에서처럼 '거미'를 나타내기도 했다.

字形 甲骨文 金文 說文小篆 說文籀文

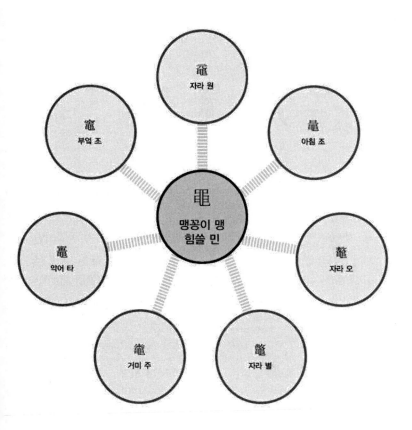

206

鼎(솥 정): dǐng, 鼎-0, 13, 12

字解 상형. 고대 청동기 중 가장 대표적인 기물로, 세 발(足·족)과 볼록한 배(腹·복)와 두 귀(耳·이)를 가졌는데, 발에 무늬를 그려 화려함을 돋보이게 하기도 했다. 소전체로 오면서 두 귀와 몸통이 합쳐져 目(눈 목)으로 잘못 변해 지금의 자형이 되었다. 세 발은 균형을 잡는데 가장 이상적인 구도로 알려졌다. 그래서 鼎立(정립)은 솥(鼎)의 세 발이 균형을 잡고 선(立) 것처럼 세 나라나 세력이 팽팽하게 대립하는 것을 말한다. 네 발로 된 것도 보이지만 세 발로 된 것이 정형이며, 네 발로 된 것은 方鼎(방정)이라 불렀다. 鼎으로 대표되는 청동기는 권력의 상징이었기 때문에, 고대 중국이 9개의 주(州·주)로 나뉘었던 것처럼 九鼎(구정)은 국가 정통성의 대명사였다. 그래서 鼎革(정혁)은 국가 정통성의 상징인 솥(鼎)을 바꾼다(革)는 뜻으로 革命(혁명)과 같은 뜻이다. 또 定鼎(정정)은 솥(鼎)을 제자리에 놓았다(定)는 뜻으로부터 나라를 다스리는 대업을 시작했다는 뜻이 나왔고, 問鼎(문정)은 "솥(鼎)에 대해 수소문한다(問)"라는 뜻으로부터 '권력을 넘보다'는 뜻이 나왔다. 이 때문에 고대 중국에서는 鼎의 사용도 엄격하게 규정되었는데, 천자는 9세트, 제후는 7세트, 사대부는 5세트의 솥을 사용하게 했다고 한다. 鼎으로 구성된 글자들은 모두 '솥'이라는 의미가 들어 있다.

字形 甲骨文 金文 簡牘文
說文小篆

鼎談(정담)　　　　　　問鼎(문정)　　　　　　　三國鼎立(삼국정립)

鼎立(정립)　　　　　　鐘鼎(종정)

九鼎(구정)　　　　　　問鼎輕重(문정경중)

• '사모무정(司母戊鼎)' 상나라 때의 대표적인 정으로 지금까지
  발견된 가장 크고 무거운 청동 솥이다. 중국 국가박물관
  소장. 1939년 하남성 안양(安陽)시 무관촌(武官村)에서 발
  견되었으며, 높이 133센티미터, 아가리 너비 78센티미터,
  아가리 길이 110센티미터, 무게 875킬로그램이다.

207

鼓(북 고): gǔ, 鼓-0, 13, 32

字解 회의. 壴(악기이름 주)와 攴(칠 복)으로 구성되었는데, 壴는 윗부분이 술로 장식된 대 위에 놓인 북을 그렸고 攴(攵)은 북채를 쥔 손을 그려, 북을 치는 모습을 그렸다. 여기에서 북은 들고 다니거나 매달아 쓰는 북이 아니라, 굽이 높은 받침대 위에 올려놓은 북이다. 전쟁터에서는 받침대에 바퀴를 달아 이동하기 쉽게 했을 것이다. 북은 鼓吹(고취)에서처럼 전쟁터에서 군사들의 사기를 북돋우는 주요한 악기였으며, 시계가 없던 시절에 시간을 알려주던 도구이기도 했다. 그래서 성에는 鼓樓(고루)가 설치되었다.

字形 甲骨文 金文 古陶文 簡牘文 說文小篆

●단어●

鼓舞(고무)
鼓手(고수)
鼓吹(고취)
申聞鼓(신문고)
膠柱鼓瑟(교주고슬)

● 건고무(建鼓舞). 동한 시대. 51(세로)*52(가로)*14(두께) 센티미터. 하남성 서주(徐州) 출토, 서주 한화상석관 소장. 호랑이 모양의 받침대 위에 놓은 북, 윗부분에는 우보화개(羽葆華盖), 덮개 위에 새가 두 마리 조각되었으며, 건고(建鼓) 양쪽으로는 두 사람이 북채를 쥐고 북을 치고 있다.

208

鼠(쥐 서): shǔ, 鼠-0, 13, 10

字解 상형. 쥐를 그린 상형자인데, 갑골문에서는 벌린 입과 긴 꼬리를 특징적으로 그렸다. 소전체에서는 벌린 입과 이빨을 더욱 강조하여 앞니로 물건을 씹는 齧齒(설치) 동물의 특징을 잘 표현했고, 털이 난 두 발과 긴 꼬리까지 잘 갖추어진 모습으로 변했는데, 지금의 鼠의 원형이 되었다. 『설문해자』에서 "쥐는 구멍을 파는 동물의 대표이다"라고 한 것처럼, 쥐는 구멍을 잘 파기 때문에 구멍을 파고 사는 동물의 대표가 되었다. 또 鼠牙雀角(서아작각)은 쥐(鼠)의 어금니(牙)와 참새(雀)의 부리(角)라는 뜻인데, 이는 『시경·소남』의 「이슬 내린 길(行露·행로)」이라는 시에 나온 이야기로 "쥐가 이가 없는데 어떻게 담장을 뚫었으며, 새가 부리가 없는데 어떻게 지붕을 뚫었겠는가?"라는 말에서부터, 진실 공방에 관한 소송을 뜻하게 되었다. 그런가 하면 鼠憑社貴(서빙사귀)라는 말도 있는데, 쥐(鼠)가 사당(社)의 존귀함(貴)에 기대어(憑) 목숨을 보전한다는 뜻으로, 굴을 판 쥐는 이를 없애려 해도 사당을 부술까 두려워 내버려 둔다는 의미로, 狐假虎威(호가호위)와 비슷한 말이다.

字形 🐀甲骨文 🐁🐀簡牘文 🐀帛書 鼠 說文小篆

●단어●
鼠憑社貴(서빙사귀)
鼠牙雀角(서아작각)
袋鼠(대서)
社鼠(사서)

鼫鼠(석서)
泰山鳴動鼠一匹(태산명동서일필)

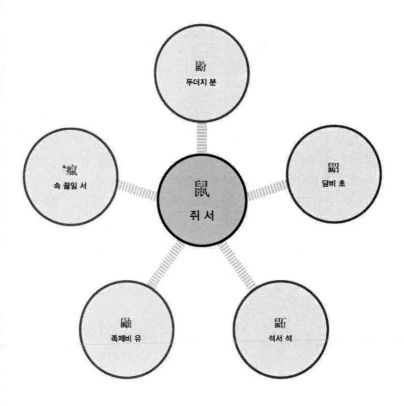

209

鼻(코 비): bí, 鼻-0, 14, 50

> **字解** 형성. 코를 그린 自(스스로 자)와 소리부인 畀(줄 비)로 구성된 형성자로, 自가 원래 의미인 '코'를 나타내지 못하고 일인칭 대명사로 쓰이게 되자 소리부를 더하여 분화한 글자이다. 그렇게 본다면 鼻는 이미 두 개의 글자가 합쳐져 만들어진 합성자에 해당하기 때문에 더는 분리될 수 없는 최소의 단위라는 부수에 해당하기 어렵고, 그래서 부수로 세워져서는 아니 될 글자이다. 鼻는 鼻祖(비조)에서처럼 '시초'나 '처음'이라는 뜻을 갖는데, 『正字通(정자통)』에 의하면 태 안에서 일정 정도 자라서 나오는 "태생 동물은 코의 형태부터 먼저 형성되기 때문에 鼻祖라는 말이 생겼다."라고 했다. 鼻로 구성된 글자는 많지 않지만 모두 '코'와 관련된 의미를 갖는다.

> **字形** 𦣻 𦥯 𦥯 簡牘文 鼻 說文小篆

●단어●

鼻炎(비염)
鼻音(비음)
鼻祖(비조)
阿鼻叫喚(아비규환)
耳目口鼻(이목구비)
耳懸鈴鼻懸鈴(이현령비현령)

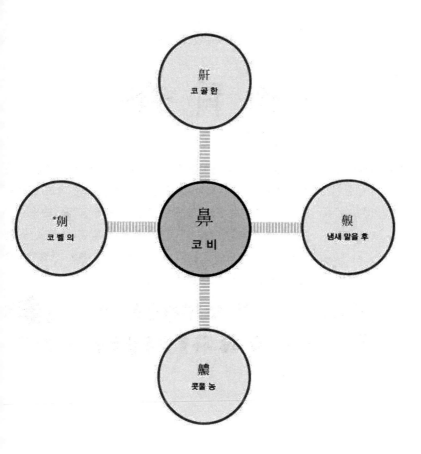

210

齊(가지런할 제): 齐, [亝, 斉], qí, 齊-0, 14, 32

字解 회의. 갑골문에서 帝와 같이 가지런하게 써, 자라난 이삭을 여럿 그렸다. 끝이 뾰족한 것으로 보아 보리 이삭으로 추정되며, 셋 혹은 넷으로 많음을 표시했다. 소전에 들면서 자형의 균형을 위해서 가로획이 둘(二이) 더해져 지금처럼 되었다. 그래서 '가지런하다'가 원래 뜻이고, 이로부터 바르게 정돈된, 엄숙한, 삼가다 등의 뜻까지 나왔다. 간화자에서는 초서체로 간단하게 줄여 齐로 쓴다.

字形 甲骨文 金文 簡牘文 古陶文 石刻古文 說文小篆

211

齒(이 치): 齿, chǐ, 齒-0, 15, 42

田　　　公　　　齒　　　酋

字解　형성. 입속의 이를 그린 아랫부분과 여기에 소리부인 止(발 지)가 더해진 구조로, '이'를 뜻한다. 갑골문에서는 소리부인 止 없이, 입속의 이빨을 사실적으로 그렸다. 戰國(전국) 시대 때의 금문에서부터 소리부인 止가 더해졌는데, 이후 자형이 조금 변해 지금처럼 되었다. 간화자에서는 아랫부분을 간단히 줄여 齿로 쓴다.

그래서 齒는 이빨의 통칭으로 쓰이며, 깨무는 도구를 말하기도 한다. 예컨대, 齒科(치과)는 '이빨(齒)을 치료하는 의학의 한 분과(科)'를 말하며, 齒石(치석)은 '침에서 나온 석회분이 이빨(齒) 뿌리에 침전되어 돌(石)처럼 굳어진 것'을 말하며, 齒와 牙(어금니 아)가 결합한 齒牙는 '이'의 점잖은 말로 쓰인다. 이빨은 우리 몸에서 음식물을 섭취하는 가장 많이 쓰는 부위의 하나이기에 잘 상하기 쉽다. 그래서 이는 상하기 쉽고, 상한 이(蟲齒·충치)만큼 심한 통증(齒痛·치통)도 없다. 그래서 튼튼한 이는 큰 복의 상징으로 쓰인다.

齒로 이루어진 고사 성어를 보면, "서로 이해관계가 밀접한 사이에 어느 한쪽이 망하면 다른 한쪽도 그 영향을 받아 온전하기 어려움'을 뜻하는 脣亡齒寒(순망치한)은 "입술(脣)이 없어지면(亡) 이(齒)가 시리게 된다(寒)'는 뜻이며, 억울한 일을 당해서 반드시 복수나 재기를 하겠다는 마음을 표현할 때 자주 쓰이는 切齒腐心(절치부심)은 "이(齒)를 끊고(切) 마음(心)을 썩히다(腐)'는 말로 臥薪嘗膽(와신상담)과 같은 뜻으로 쓰인다.

또 齒는 이후 "톱니바퀴"를 이르는 한자말인 齒輪(치륜)에서처럼 톱니나 써레의 이빨 등과 같이 이빨처럼 생긴 것을 뜻하기도 했으며, 나아가 이빨처럼 들쭉날쭉한 것을 말하기도 했다.

그런가 하면, 齒는 齡(나이 령)에서처럼 '나이'를 뜻하기도 하는데, 이빨의 모습을 보고 소나 말의 나이를 판단한다는 뜻에서 '이'가 '나이'를 상징하게 되었다. 예컨대, 소는 대체로 아래턱 앞니 1개가 영구치이면 24~32개월, 2개가 영구치이면 29~37개월 등의 식으로 나이를 계산한다고 한다.

簡牘文 古璽文 說文小篆

●단어●

齒科(치과)	齒痛(치통)	白齒(백치)
齒輪(치륜)	○	脣亡齒寒(순망치한)
齒石(치석)	犬馬之齒(견마지치)	脣齒(순치)
齒牙(치아)	丹脣皓齒(단순호치)	幼齒(유치)
齒藥(치약)	同齒(동치)	切齒腐心(절치부심)
齒列(치열)	拔齒(발치)	蟲齒(충치)

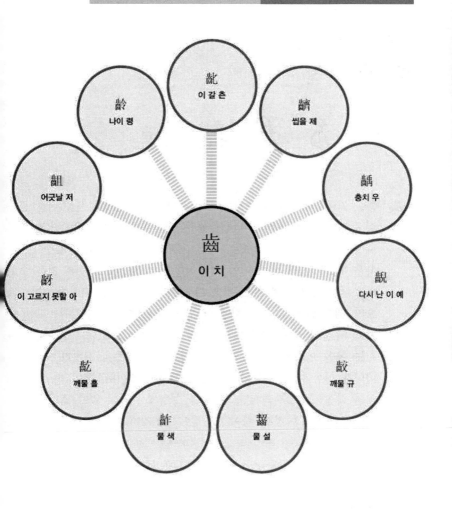

齒
이 치

齔
이 갈 츤

齊
씹을 제

齲
충치 우

齯
다시 난 이 예

齩
깨물 교

齧
물 설

齚
물 색

齕
깨물 흘

齖
이 고르지 못할 아

齟
어긋날 저

齡
나이 령

212

龍(용 룡): 龙, lóng, 龍-0, 16, 40

🗨️字解 상형. 갑골문에서 龍을 그렸는데, 뿔과 쩍 벌린 입과 곡선을 이룬 몸통이 특징적으로 표현되었다. 금문에서는 입 속에 이빨이 더해졌고, 소전체에서는 입이 肉(고기 육)으로 변해 지금의 자형이 대체로 갖추어졌다. 용을 두고 "비늘로 된 짐승의 대표이다. 숨어 몸을 드러내지 않을 수도 있고, 나타나 드러낼 수도 있다. 가늘게 할 수도 있고 크게 할 수도 있으며, 짧게 할 수도 있고 길게 할 수도 있다. 춘분이 되면 하늘로 올라가고, 추분이 되면 연못으로 내려와 잠긴다."라고 했다. 『설문해자』에서는 용을 이렇게 신비한 존재로 표현했는데, 용은 실존하는 동물이 아니라 상상 속의 동물이기 때문에 그랬을 것이다. 龍이 서구에서는 악의 화신으로 묘사되지만, 중국 등 동양에서는 더 없이 귀하고 좋은 길상의 존재로 여겨져, 황제의 상징이기도 하다. 임금의 얼굴을 龍顔(용안), 임금이 입는 옷을 龍袍(용포) 임금이 앉는 의자를 龍床(용상)이라 한다. 중국인들은 자신들을 스스로 '용의 후예'라고 표현한다. 용은 물과 관련되어 비를 내려주는 존재로 알려졌는데, 瀧(비 올 롱)은 용이 내리는 비를 형상적으로 그렸다. 이 때문에 기우제를 지낼 때 용을 만들어 강에 넣기도 했다. 虹(무지개 홍)은 갑골문에서 두 마리의 용이 연이어져 물을 빨아들이는 모습으로 표현되기도 했다. 龍으로 구성된 한자들은 모두 '용'을 뜻하거나 '용'이 갖는 이미지와 관련되어 크고 높다는 뜻을 가진다. 현대 중국의 간화자에서는 龍의 초서체를 해서체로 고친 龙으로 쓴다.

🗨️字形 甲骨文 金文 古陶文

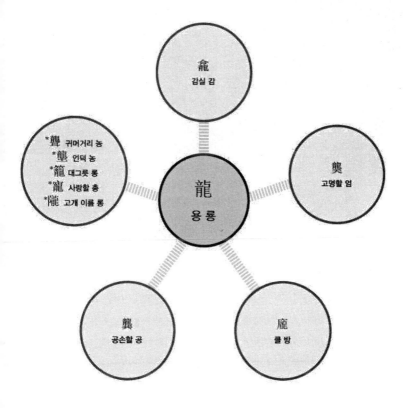

龍 簡牘文 帛書 古璽文 說文小篆

●단어●

龍頭蛇尾(용두사미) 龍虎相搏(용호상박) 臥龍(와룡)
龍門(용문) 恐龍(공룡) 潛龍(잠룡)
龍王(용왕) 登龍門(등용문) 畫龍點睛(화룡점정)

龕
감실 감

*聾 귀머거리 농
*壟 언덕 농
*籠 대그릇 롱
*寵 사랑할 총
*隴 고개 이름 롱

龍
용 룡

龑
고명할 엄

龔
공손할 공

龐
클 방

• 용무늬가 새겨진 쟁반(盤). 상나라, 기원전 13~11세기. 대만 고궁박물원 소장.

瓏(옥 소리 롱)	玉(옥 옥)+龍	굽은 용(龍) 모양으로 만든 옥기(玉)의 소리→'玲瓏(영롱)하다'
寵(사랑할 총)	宀(집 면)+龍	집안(宀)에 토템으로 삼았던 용(龍)의 형상을 모셔 놓고 신의 축복을 빔→은총, 총애
瀧(비 올 롱)	水(물 수)+龍	降雨(강우)의 신인 용(龍)이 내려주는 물(水)→비가 내리거나 내리는 모양
籠(대그릇 롱)	竹(대 죽)+龍	대(竹)를 엮어 만든 그릇→큰 상자에 대충대충 다 집어넣다→분명하지 않다, 대충대충 하다
聾(귀머거리 롱)	龍+耳(귀 이)	귀(耳)가 먼 사람
壟(언덕 롱)	龍+土(흙 토)	흙(土) 언덕
朧(흐릿할 롱)	月(달 월)+龍	달빛(月)이 흐릿함
龐(클 방)	广(집 엄)+龍	크고 높은(龍) 집(广)→방대하고 크다
襲(엄습할 습)	龘(두 마리의 용 답삽)의 생략형+衣(옷 의)	죽은 사람에게 입히는 옷, 죽은 사람에게 여러 겹의 옷을 입히다→중복되다, 반복하다→습관, 세습, 인습→襲擊(습격)의 뜻으로 가차

龜(거북 귀갈라질 균나라 이름 구): 龟, [龜], guī, jūn, qiū, 龜-0, 16

字解 상형. 거북을 그대로 그렸는데, 갑골문에서는 측면에서 본 모습을 금문에서는 위에서 본 모습을 그렸다. 볼록 내민 거북의 머리(龜頭귀두) 둥근 모양에 갈라진 무늬가 든 등딱지, 발, 꼬리까지 구체적으로 잘 그려졌다. 소전체와 예서체에서 거북의 측면 모습이 정형화되었고 지금의 龜가 되었다. 거북은 수 천 년을 산다고 할 정도로 장수의 상징이었기 때문에 그 어떤 동물보다 신비한 동물로, 그래서 신의 계시를 잘 전해 줄 수 있다고 생각했다. 게다가 중앙을 중심으로 동서남북의 네 방향으로 튀어나와 모가 진 모습은 당시 사람들이 생각했던 땅의 모형과 유사했기 때문에, 이 지상 세계에서 일어나는 모든 일을 신과 교통시킬 수 있다고 생각했으며, 그것이 거북딱지를 가지고 점을 치게 된 주된 이유였을 것이다. 거북딱지를 점복에 사용할 때에는 먼저 홈을 파, 면을 얇게 만들고 그곳을 불로 지지면 卜(점 복)자 모양의 균열이 생기는데, 이 갈라진 모습을 보고 길흉을 점친다. 그래서 龜는 '거북'이 원래 뜻이지만 龜裂(균열)에서처럼 '갈라지다'는 뜻도 가지는데, 이때에는 '균'으로 읽힘에 유의해야 한다. 또 지금의 庫車(고차) 부근의 실크로드 상에 있던 서역의 옛 나라 이름인 '쿠짜(龜茲·구자)'를 표기할 때도 쓰이며, 이때와 같이 지명으로 쓰이면 '구'로 읽힌다. 간화자에서는 龟로 쓴다.

字形 甲骨文 金文 古陶文 簡牘文 說文小篆 說文古文

龜旨歌(구지가)

龜鑑(귀감)

龜甲(귀갑)

龜船(귀선)

龜兎之說(귀토지설)

龜裂(균열)

현무(玄武). 사천성 노산현(蘆山縣) 출토. 한나라 화상석.

龠(피리 약): yuè, 龠-0, 17

字解 상형. 관이 여럿으로 된 多管(다관) 악기를 그렸는데, 갑골문에서는 대로 만든 피리를 실로 묶었고, 피리의 소리를 내는 혀(reed)까지 그려졌다. 위의 부분은 입으로 보기도 하고, 스(삼합 집)으로 보아 피리 여럿을 모아 (스) 놓은 것을 상징하는 것으로 보기도 한다.

字形 甲骨文 金文 簡牘文 說文小篆

도판 참고문헌

- (明)宋應星(저), 曹小鷗(주석), 『天工開物圖說』, 山東畵報出版社, 2009.
- (明)王圻, 『三才圖會』, 上海古籍出版社, 2011(5쇄).
- 戴五三(편저), 『考工記圖說』, 山東畵報出版社, 2003.
- 東京國立博物館·九州國立博物館(편), 『特別展--臺北故宮博物院'神品至寶'』, 2014.
- 武利華(주편), 『徐州漢畵像石』, 線裝書局, 2001.
- 上海博物館(편), 『上海博物館 藏品精華』, 上海書畵出版社, 2004.
- 邵文良(外)(편저), 『中國古代體育文物圖集』, 人民體育出版社, 1986.
- 스티브 길버트(저), 이순호(역), 『文身, 禁止된 패션의 歷史』, 도서출판 르네상스, 2014(2쇄).
- 尹紹亭(저), 『雲南物質文化』(農耕卷), 雲南敎育出版社, 1996.
- 張道一, 『漢畵故事』, 重慶大學出版社, 2007(2쇄).
- 張道一, 『畵像石鑑賞』, 重慶大學出版社, 2009.
- 中國文物交流中心(편), 『出土文物三百品』, 新世界出版社, 1992.
- 秦石蛟(편저), 『中國剪紙圖形』, 湖南美術出版社, 2000.
- 馮其庸(題評), 劉輝(解讀), 『漢畵解讀』, 文化藝術出版社, 2006.
- 河永三, 『漢字의 世界: 起源에서 未來까지』(개정판), 신아사, 2014.
- 漢昆文化事業有限公司(편), 『中國古代文明』, 1983.
- 漢城百濟博物館, 『돌, 깨어나다—東北亞 石器 테마 旅行』, 2013.
- 許進雄(저), 洪憙(역), 『中國古代社會—文字와 人類學의 透視』, 동문선, 2004(4쇄).

하영삼(河永三)

경남 의령 출생으로, 경성대학교 중국학과 교수, 한국한자연구소 소장, 인문한국플러스(HK+)사업단 단장, 세계한자학회(WACCS) 상임이사로 있다. 부산대학교 중문과를 졸업하고, 대만 정치대학에서 석·박사 학위를 취득했으며, 한자에 반영된 문화 특징을 연구하고 있다.

저서에 『한자어원사전』, 『100개 한자로 읽는 중국문화』, 『한자와 에크리튀르』, 『한자야 미안해』(부수편, 어휘편), 『연상 한자』, 『한자의 세계: 기원에서 미래까지』, 『제오유의 정리와 연구(第五游整理與研究)』, 『한국한문자전의 세계』 등이 있고, 역서에 『중국 청동기 시대』(장광직), 『허신과 설문해자』(요효수), 『갑골학 일백 년』(왕우신 등), 『한어문자학사』(황덕관), 『한자왕국』(세실리아 링퀴비스트, 공역), 『언어와 문화』(나상배), 『언어지리유형학』(하시모토 만타로), 『고문자학 첫걸음』(이학근), 『수사고신록(洙泗考信錄)』(최술, 공역), 『석명(釋名)』(유희, 선역), 『관당집림(觀堂集林)』(왕국유, 선역)등이 있으며, "한국역대자전총서"(16책) 등을 공동 주편했다.